河合秀和

クレメント・アトリー

チャーチルを破った男

中公選書

目次

序章――クレメント・アトリー再考 …… 11
チャーチル政権への道／アトリーの社会主義／人民の平和／チャーチルとアトリー／運命の人／労働党の道／イギリス社会主義再考

第一章　家庭、教育、社会主義 …… 35
少年時代／オックスフォードに入学／人生の転機／社会主義／独立労働党に入党

第二章　従軍、結婚、下院議員 …… 57
1　ライムハウス選出の下院議員に　57
第一次大戦に従軍／ステプニーの市長に／ヴァイオレットと結婚／下院議員としての出発／初の労働党政権

2　労働党の三一年政変　80
保守党政権時代の始まり／ゼネストとその敗北／サイモン委員会／インド問題への関与／一九二九年と失業問題／マクドナルドの「裏切り」と挙国一致内閣

第三章　指導者修業……103
五二議席の労働党／党内対立のなかでの指導者代行／ヒットラーの政権掌握／国際連盟をめぐる論議／三人の党指導者候補／党指導者に

第四章　チャーチルとアトリー……129
1　ファッシズムの台頭　129
軍縮をめぐるチャーチルの反応／世論は国際連盟を支持／ヒットラー進駐と党方針の狭間で／スペイン内戦勃発／混迷深める労働党／エドワード八世をめぐる危機／政府の再軍備計画をめぐって
2　破綻する宥和政策　156

『労働党の展望』／転機となったボーンマス大会／アトリーとチャーチルの有和政策批判／ズデーテン割譲とミュンヘン協定／移りゆく政局／開戦／「戦争目的」／ソ連のフィンランド侵攻／倒閣、チャーチル政権の誕生

第五章　副首相……………………………………………………………185

1　アメリカの参戦　185

有和政策の終わり／小内閣でのアトリーとチャーチル／ルーズヴェルト大統領三選と党内からの批判／何のための戦争か／独ソ戦の開始と真珠湾攻撃／ビーヴァーブルックの政変

2　「始まりの終わり」　208

北アフリカ戦線／トーチ作戦と戦況の好転／ベヴァリッジ報告の衝撃／連立解消

第六章　首相……227

1　労働党の大勝　227

総選挙に向けて／開票前夜／チャーチルを降す／労働党の勝因／ポツダム会談／組閣／終戦と財政危機

2　帝国の終焉　253

パレスチナ問題と対米関係／アメリカ訪問／チャーチルとの対決／新内閣と閣僚たち／国有化の進展／社会保障関連法案／帝国から連邦へ／アトリー政権の外交・軍事政策／パレスチナ分割／インド独立

3　イギリス再建政策の結実　295

トルーマン・ドクトリンとマーシャル計画／一九四七年の危機／一九四八年党大会／健康問題と引退説

第七章　第二次アトリー政権……313

再び総選挙／一九五〇年の外交危機——シューマン計画と朝鮮戦争／ワ

シントンに飛ぶ／政権の危機／ベヴァン辞職／一九五一年総選挙／労働党下野

第八章　晩年……341
党指導者にとどまる／長老外交／アトリーとチャーチル、最後の対決／党指導者を辞任／同志アトリー

あとがき　357
クレメント・アトリー年表　365
人名索引　374

クレメント・アトリー——チャーチルを破った男

序章――クレメント・アトリー再考

チャーチル政権への道

ヨーロッパにおける第二次世界大戦は、一九三九年九月、ヒットラーのドイツによるポーランド侵攻にたいし、英仏が宣戦して始まった。最初の八か月間は「口先だけの戦争」と呼ばれた奇妙な戦争であった。ドイツ軍はポーランドにたいして猛攻を仕掛けて、数週間の戦闘で占領したが、フランス軍は独仏国境のマジノ要塞に立てこもって一歩も出撃せず、イギリス空軍はベルリンを空襲したものの、落としたのは爆弾ではなく、宣伝ビラだけであった。

それというのも、英仏の政府がドイツとの「宥和」は可能である、ヒットラーの要求をいくらかでも呑めばまだ平和の維持が可能であると信じ、戦争が始まってからも宥和による妥協的な平和に希望をつないでいたからである。ヨーロッパの政府と国民は第一次大戦の経験から、大国間の大戦争は勝者にも敗者にも甚大な犠牲を強いることをよく知っていた。にもかかわらず、彼らは第一次大戦の後のヨーロッパに安定した平和を築くのに失敗し、現実に二度目の大戦が始まってしまっていたのである。

大戦勃発直前の八月半ば、ドイツとソ連は独ソ不可侵条約を結び、九月末にポーランドを分割してそれぞれに自国の安全を図った。しかしこのことにより、ソ連軍とドイツ軍はポーランド分割の線に沿って初めて直接対峙することになった。極東の日本は当時、ノモンハンでソ連軍と死闘を続けていたが、同盟交渉を熱心に進めてきたドイツがソ連と和解したのを見て、平沼内閣は「欧州の天地は複雑怪奇」であるという声明を残して辞職している。同じ年の一一月末、ソ連は自国の安全のために領土の一部分割を要求してフィンランドに侵攻し、フィンランド軍の頑強な抵抗を受けた。そしてそれまでは（日本の満州占領をはじめ）いくつかの侵略行為を黙認してきた国際連盟がにわかに奮起し、ソ連を除名し、英仏はフィンランド救援のために一〇万の遠征軍を準備した。英仏はドイツとの本格的な戦争は極力避けようとしてきたが、ソ連とは戦争になっても構わない、むしろそれによってドイツとの戦争を棚上げにできると考えているかのようであった。イギリスでこの作戦を主として担当したのは、第一次大戦勃発の時と同様、開戦とともに海軍大臣に就任していたウィンストン・チャーチルであった。

彼はイギリス保守党の中で、ヒットラーとの宥和は不可能である、宥和しようとすればさらに彼の野望を募らせるだけであると考えていたきわめて少数の政治家の一人であった。戦前三八年の九月、時の保守党のチェムバレン首相がヒットラーの要求を容れてチェコスロヴァキア分割を定めたミュンヘン協定を結んだ時、チャーチルは下院で、ヒットラーは「さらにもう一杯の苦い盃を差し出してくるであろう」と警告していた。そしてまさにそのために、彼は戦争挑発を企む危険な政治家ではないかとして、一九三〇年代のイギリス政界でほとんど完全に孤立することになったのである。二九年の総選挙で労働党に敗れて下野してからは、保守党が政権に復帰しても閣僚就任の声は一向にかからず、なんども失望を味わわされた。第二次大戦開戦とともに、ようやく海軍大臣に就任できたのである。

イギリス陸軍の大陸での戦闘は不活発であったが、チャーチル海相の下、イギリス海軍は大西洋でも北海でも積極的に戦って戦果を挙げ、国民の士気を支えていた。彼はフィンランド救援には反対であったが、きわめて巧妙な作戦を閣議に提案した。フィンランドに達するには、まずノルウェーとスウェーデンを通らねばならない。その途上でドイツへの鉄鋼石積み出しが行われているノルウェーのナルヴィク港を占領し、さらにはスウェーデンの鉄鉱石鉱山を破壊するという作戦であった。こうして、反ソ戦争をヒットラーにたいする戦争に転換させようとしたのである。

翌四〇年の四月四日、チェムバレン首相は保守党の集会で、イギリスの再軍備が着々と進捗しているのを自讃して、「ヒットラー氏はバスに乗り遅れた」という（後に悪名が高くなった）有名な一句をはいている。しかし実際に乗り遅れていたのは英仏の側であった。その演説の五日後にはドイツ軍はデンマークを占領し、ノルウェーの重要な港湾をすべて掌握した。制空権は完全にドイツ軍の手中にあり、作戦は失敗に終わった。

先の第一次大戦でチャーチル海相は、大陸での塹壕戦の停滞を破るために、地中海のダーダネルス海峡を突破してトルコのガリポリ半島に上陸するという迂回作戦を提唱し、作戦に失敗して失脚している。それと同じように、ノルウェー作戦の失敗は彼の失脚をもたらすのではないかと噂された。しかし五月の七日、八日に行われた下院の討議で失敗の責任を問われたのは、海相ではなくて首相であった。保守党のエメリー議員は、一七世紀のいわゆる長期議会にたいするクロムウェルの言葉を引き、首相にたいして「去れ……神の名において去れ」と演説した。第一次大戦期の首相ロイド・ジョージは、失敗の全責任を負って首相を擁護したチャーチルにたいして、「同僚たちに爆弾の破片が当たらないようにする防空壕の役を引き受けない」よう要請した。政府の信任決議では、それまで政府を支持してきた議員のうち四一人が野党とともに反対に回り、さらに六〇人が棄権した。保守党内の反乱分子は、首相の交代と労働党、自由党との連立政権を要求した。

翌九日、チェムバレン首相と、それまで宥和政策を担当してきたハリファックス外相、それにチャーチル海相も加わり、首相官邸に議会労働党の指導者クレメント・アトリーとグリーンウッドを迎えた。チェムバレン政権には参加できないと言う労働党にたいし、首相は重ねて参加を要請し、アトリーたちはあらためて、戦時連立内閣へ参加するか、チェムバレン首相のもとで参加するかという二つの質問を党に持ち帰った。労働党の二人が辞去した後、首相はチャーチルに、ハリファックス首相の下で政府に参加するかどうかを尋ねた。チャーチルはその日の昼食の席で閣僚のウッドに、そのような質問があれば沈黙を守るか、少なくとも自分からは口を開かないと約束していた。二分ばかりの気まずい沈黙の後、ハリファックスが口を開き、貴族で上院議員である自分が首相になるのは不適切だろうと言った。次いでチャーチルが口を開き、「国王から組閣を委任されるまでは野党とは連絡しない」と発言した。雄弁で知られたチャーチルが、沈黙によって首相就任に同意したのである。

翌五月一〇日の早朝、西部戦線の奇妙な沈黙を破って、ドイツ軍がオランダ、ベルギーに電撃的に侵攻した。チェムバレン首相には、このような非常事態で首相を交代するべきではないと主張する口実ができた。しかし午後の閣議で、前日にチャーチルに沈黙を約束させたウッドが、今こそ首相が辞任する時であると発言した。午後五時、党大会の準備のためにボーンマスで全国執行委員会を開催していた労働党から、「新しい首相の下で」政権に参加する用意があるという電話があった。労働党を代表して電話をしたのは、アトリーであった。

午後六時、チャーチルはバッキンガム宮殿で組閣の大命を受けた。その夜、新首相は主要閣僚の任命に取り掛かっている。内外の戦争関係の決定と執行を担当する五人の戦時小内閣には、アトリーが国璽尚書卿という古い名称の閣僚に就任し、事実上の副首相になった。労働党からは他に副党首格のグリーンウッドが無任相として加わっていた。一般の閣僚にも労働党議員が多数入閣していた。この挙国一致内閣において、ようやく本書の主人公アトリーが、イギリス政治の表舞台に登場する。

アトリーの社会主義

時にチャーチルは一八七四年生まれの六五歳、アトリーは九年遅れて一八八三年の生まれであった。彼の公式の伝記を執筆したケネス・ハリスは、伝記の冒頭、この年、「資本主義のもっとも破壊的な批判者カール・マルクスが死に、資本主義のもっとも建設的な批判者ジョン・メイナード・ケインズが生まれている」と書き出している。

チャーチルは、イギリスの政治体制は海外植民地も含めて、世界史上もっとも優れた自由な制度であると確信していたから、ヒットラーの強襲にたいして何の恐れも躊躇もなく立ち向かうことができた。それにたいしてアトリーは、イギリス社会は貧困と不平等、失業と無知を抱えて改革を必要としており、しかも個々の問題点の改革ではなく体系的な改革、つまりは革命を必要としていると信じる社会主義者であった。またイギリス帝国の改造も避けられないと信じていた。この二人に限って言えば、生まれた年の九年の差が、イギリスの過去と未来にたいする展望の仕方の違いを生み出していたようである。

歴史家A・J・P・テーラーは、「結局のところ、彼〔チャーチル〕は支配階級に敵対してきた人民を〔政府に〕招き入れることによって成功した」と言う。強いて言うならば、この招き入れられた「人民」を代表していたのはアトリーであった。チャーチルは海相就任以降、（この当時異例のことであったが）ラジオ放送によって国民の戦意を高め、世論の支持を集めていた。始まったばかりの世論調査によると、彼の放送を聴取して彼に最大の支持を寄せていたのは「低所得者層の二一歳から三〇歳までの男性」、つまり戦場と工場において主要な戦力をなしている人々であった。その多くは労働組合員であり、組合員は自動的に労働党に集団加入していた。

それだけではない。それまで労働党とこの党が掲げる社会主義とは無縁であった、いわゆる中流階級の人々が、この党に引き寄せられていた。開戦直後に立法された帝国防衛法は、イギリスのすべての人と資源を戦争の必要のために徴用する権利を政府に与えていたが、すべての人に義務が課せられれば、人々は当然ながら平等への要求を強めざるを得ない。

ところで作家ジョージ・オーウェルは、一九四〇年の秋、大変な速さでエッセイ「ライオンと一角獣――社会主義とイギリス国民の天賦の才能」を書き上げた（ライオンと一角獣はイギリスの国章を飾る二頭の動物である）。スペイン内戦に参加した経験から、戦争に勝つには社会革命が必要であるというのが彼の持論であったが、彼は大胆にも「イギリス革命はすでに数年前から始まっていた。ダンケルクから軍隊が撤退した時から、それに弾みがついた。イギリスの他のすべてのものがそうであるように、この革命は眠そうな、いやいやながらの様子で起こっているが、それでも起こっているのだ」と書いている。ヒットラーとムッソリーニは愛国心の力を理解しており、それを理解できなかった人々から政権を奪ったが、イギリスでは中流階級の中で長年培われてきた愛国心が、この社会革命を推進しているというのである。

第一次大戦が終結した一九一八年以来、それ以前にイギリスには存在していなかった新しいものが登場した。はっきりしない社会階級に属する人々である。「一九一〇年には衣服、作法、発音の仕方によってこの島国に住む人々の階級を即座に判断することができた。いまではもはやそうではない……技術者、高賃金の熟練労働者、飛行士と機械工、無線の専門家、映画製作者、大衆ジャーナリストと工業化学者は、新しい文明に属している……彼らははっきりしない社会層で、そこでは古い階級の別は崩れ始めている」。

政治的には、「イギリスで真面目に論じるに足る社会主義政党は、一つしかない。労働党である」と、オーウェルは言う。しかし彼は、労働党に幻想を抱いていなかった。むしろきわめて手厳しい支持者であった。労働党が第一次大戦後に定めた綱領は、社会主義の究極の目標として「生産手段の共同所有」を謳っていたが、オーウェルは、その目標自体は社会主義ではないと考えていた。現にソ連共産主義では、土地を含め生産手段の国有化の上に寡頭制支配が成立した。ヒットラーの下では国有化は行われなかったが（それがドイツの中流階級がナチズムに共感した一つの理由でもあった）、戦争のためには社会主義的な政策を採用せざるを得なくなっている。

「イギリス労働党は大きな変革を何ら達成できなかった。純粋に国内的な問題以外に、真にそれ独自の政策を有していなかったからである。それは基本的に賃上げと労働条件の改善に没頭している労働組合の党であったし、今もそうである。そのことは、過去数年の危機を通して労働党がイギリス資本主義の繁栄に直接的な利益を有していたことを意味している。その党はとりわけ、イギリス帝国の維持に利益を有していた。イギリスの富はもっぱらアジアとアフリカから引き出されていたからである」。

またこの党は、「何ら根本的な変革を目指してはいなかった。理論としてはマルクス主義しかなかった。それはドイツの理論をロシア人が解釈したものであって、イギリスにはうまく移植されなかった」。しかしイギリスがヒットラーに征服されることがなければ、「一年以内に、むしろ六か月以内にこれまでかつて存在しなかったもの、「特殊にイギリス的な社会主義運動」の実現を見ることになるであろう」。このエッセイはパンフレットで出版され、二刷で一万二千部売れ、それまでのオーウェルの著作では二番目のベストセラーになった。

オーウェルの予想がいかに実現するかは本文で見ることにして、戦争そのものは六年続いた。チャーチルはイギリス一国でも戦い続けると決意していたが、ソ連とアメリカの参戦がなければ勝利は望めないと考えていた。ソ連の参戦は一九四一年六月のヒットラーのソ連侵攻で実現した。アメリカの参戦は同じ年の一二月、日本の真珠湾攻撃で実現した。ニュースで真珠湾攻撃を聞いた時のチャーチルは、「結局のところわれわれは勝ったのだ」と語ったが、その声は喜びで弾んでいたという。戦争は文字通り世界戦争になった。それとともに、イギリスは新しい二つの同盟国と提携して戦うことになるであろう。チャーチル首相は首脳会談のために度々国外に飛び、その留守、首相の代役を務めたのはアトリーであった。彼は首相以上にイギリスの内政と外交に精通していたと言う論者もいる。

人民の平和

一九四五年四月、ヒットラーはベルリンの総統官邸の地下壕で自殺し、死体は妻の死体とともにガソリンで焼かれた。日本との戦争はまだ続いていたが、それは終わるまでにもう一年を要するだろうと推測されていた。

チャーチルとアトリーは、対日戦争が終わるまで連立政権を継続したいと考えていた。しかし戦後のイギリスの再建構想をめぐる世論の動きは、挙国一致体制によっていつまでもせき止めてはおけなかった。戦後の再建の構想は数多く発表されていたが、なかでも有名だったのは義務加入制の社会保険で「揺りかごから墓場まで」の社会福祉計画を発表したベヴァリッジ報告であった。数万部が印刷され、戦場でも配布された。兵士たちは自分たちが何のために戦っているのか、戦後に何を求めるかを知った。人々は起草者の名を親しく「人民のウイリアム」と呼ぶようになった。この報告はドイツ語にも翻訳され、ドイツ兵には空からまかれたビラで届いていた。ヒットラーが自殺した地下壕にあった書類の中にも入っており、それにはナチ保健省の官僚の手で「ドイツの社会保険制度より数段優れている」という書き込みがあった。

戦前イギリスの最後の総選挙は、一九三五年に行われていた。イギリスには成文憲法がなく、五年ごとに総選挙を行うことを定めた人民代表法などの法律は憲法的な法律と呼ばれていたが、議会は普通の法律と同じく自由に改廃することができた。そしてチャーチルの挙国一致政権の下では、総選挙は延期されていた。議員が死去したり引退したりすると、各選挙区での補欠選挙では前議員の所属政党にたいする反対党は対立候補者を立てず、政党間の政治休戦が保たれていた。

もともとイギリスの各選挙区の政党は自立性が高く、一九四五年に入ると、選挙区労働党は特に強く総選挙の即時実施を求めていた。国内の政治休戦はもはや維持できなかった。同年五月、チャーチル首相はアトリー副首相に連立の解消を通告し、政権を保守党中心の選挙管理内閣に改造し、七月五日を投票日として総選挙を行った。普通、イギリスの総選挙の結果は投票日の深夜までにすべて判明するが、この総選挙に限ってはヨーロッパとアジアの戦線に従軍している軍人たちの投票を集めるため、投票結果が集計されるまでに三週間を要した。

五月の世論調査では、「戦争を勝利に導いたチャーチル」への支持率は八〇%台に達していた。誰もが彼の党、保守党の勝利を予想していた。しかし投票結果は、労働党の地滑り的な大勝であった。前回、一九三五年の総選挙と比べると、保守党支持から労働党支持への票の「揺れ」は一二ポイント、労働党は過去最大の多数を下院で獲得した。保守党は前回の当選者のほぼ半数を失い、二一三議席にとどまり、有力な閣僚経験者の多くが落選した。逆に労働党は前回の二倍以上の議席を獲得した。労働党は党史の上で初めて下院の多数議席を占めて政権についた。イギリス国民は、「人民の戦争」で勝利するという課題はチャーチルに託したが、戦後イギリスの再建、いわば「人民の平和」を築くという課題は労働党に託したのである。

チャーチルとアトリー

政治史において個々の政治家の人物と、政治家としての業績を区別するのは容易なことではない。しかしチャーチルとアトリーは、その人柄、政治家としての手法においてきわめて対照的であった。チャーチルは自分の置かれた状況を劇的に構成し、その中にあって歴史を作り、いわば歴史と自分の一体感を持ち、そして自ら多くの歴史書を書いた。それにたいしてアトリーは常に寡黙であり、表現は常に控えめであった。チャーチルが「光栄ある」とか「輝かしい」とか形容する人物や事件についても、「さして悪くはない」と言う程度であった。チャーチルは閣議では時として饒舌であったが、アトリーは聞き役に徹し、敏速に決議に達した。チャーチルはいくらか議論した上で（もっぱら自分がしゃべったが）閣議が自分に従うことを望んでいた。いわば議論による独裁者であろうとした。現実に彼は制度的にも個人的な威信においてもスターリンやルーズヴェルトにも劣らぬ権限と威信を有していた。アトリーは彼のこの強大な権力について、「チャーチルは権力の悪用の仕方を知らなかった」と評している。これはその控えめな表現にもかかわらず、むしろチャーチルにたいする最高の賛辞であったと言ってもよいであろう。

戦時内閣における同僚、副首相のアトリーについてチャーチルが評したいくつかの言葉は、今も伝説として残っている。その一つが、「羊の皮を着た羊」であった。これは「羊の皮を着た狼」という、見た目と違って実は恐ろしい人物にたいする表現をもじったもので、アトリーは見た目通りまったく恐ろしくない、いわば普通の人物だという意味である。「謙虚な人で、謙虚でなければならないところが多い」という評もある。ここでは謙虚という美徳が、謙虚だけ、謙虚であるのが当然の人という酷評に逆転している。一九四五年総選挙の最中に、チャーチルが、この総選挙でアトリーが勝つというよもやの可能性について秘書コルヴィルと論じ合った時には、首相官邸の「ダウニング街一〇番地に空車のタクシーが着いて、そこからアトリー氏が降りてきた」と語っていた。これはチャーチルの独創ではなく、フランス演劇界の大女優サラ・ベルナールについて言われた言葉をもじったものであった。ベルナールの場合は、彼女を乗せた「空車」のタクシーは劇場の前に着く。彼女は恐ろしく痩身なことで有名であったが、アトリーが首相になるとしても同様にやせ細って影が薄い存在だと言わんとしているかのようであった。この時期のチャーチルは、明らかにアトリーを見くびっていた。

チャーチルは一九四五年、総選挙に敗れて首相官邸をアトリーに明け渡す前に、イギリス官僚制の頂点にある財務省事務次官の承諾を得て、戦時の関係公文書をすべて自宅に移し、『第二次大戦史』六巻の執筆にとりかかっている。そこではチャーチルは、自分を確固とした国民的な支持の上に立っているかのように描いており、彼にたいする批判的な言動は望ましからざるエピソードとしてしか扱われていない。挙国内閣の影の下で地殻変動のように成長していた国民意識の変化、同年の総選挙で労働党が大勝に至る胎動はほとんど記されていない。そして当時は政府公文書は五〇年間公開しないという規則があったために、戦時中のイギリス史はいわばチャーチルの独占状態にあった。ポール・アディソンの『一九四五年への道』（一九七五年）やケネス・モーガンの『人民の平和』（一九八四年）などの歴史研究が著されるのは、五〇年規則が三〇年規則に改められて以後のことであった。

運命の人

一九四五年選挙から二〇年後、ある放送記者がこの選挙での労働党の大勝を記念してアトリーと会見している。アトリーは五五年に党首を辞任し、伯爵に叙されて上院に移っていた。記者はまず七月のあの日のアトリーの感慨を尋ねた。「やらねばならない仕事がある、それを自覚しただけである」というのが答えであった。記者は、このアトリーに典型的な寡黙な応答にひるまず、重ねて訊いた。労働党はあの総選挙で過去最大の議席を獲得した。「アトリー卿、あなたは……」。

アトリーは、それ以前の労働党の戦いにもずっと参加していた。三一年の総選挙で党が壊滅的な敗北を喫し、五二議席に転落した時にも、ロンドンの労働者地区イースト・エンドで毎夜のようにうす暗い街灯の下で街頭演説をしていた。三五年には下院労働党の指導者に選ばれ、党勢を徐々に回復していき、四〇年のイギリス史上最悪の暗黒の時期にチャーチルと連立し、そして四五年にはきわめて野心的なイギリス改革の綱領を掲げて政権についた。

チャーチルは首相に就任した四〇年五月一〇日の夜、「私は運命とともに歩いているように感じた。そして私の過去の生涯はこの時、この試練のための準備に他ならないと感じた」と、『第二次大戦史』に書いている。「アトリー卿、あなたは、ウィンストン・チャーチルが大いに書き立てているような運命の人という感動を感じなかったのですか」。しかし答えは相変わらずそっけなかった。「いや、私は運命感など、あまり持っていない……お判りだろうが、私は政治的英雄などではない」。そして勝利の絶頂で政権を追われたチャーチルについては、「私はあのオールド・ボーイについて、気の毒に思っている」とだけ語った。

一九四五〜五一年のアトリー政権は大きな業績を残した。それは今もイギリスの政治・社会構造の骨格を形成している。その記念碑的な業績は、医療を国有化し、国民に無料の医療を提供した国民保険制度であった。この制度が成立してから三週間後の四八年七月二八日、アトリー首相は戦後最初のロンドン・オリムピックの開会をラジオで宣言している。二〇一二年に開催された二度目のロンドン・オリムピックの開会式では、この制度の下で働く医師や看護師の姿がイギリスの最善のものを代表するかのように、演出されていた。忘れがちなことだが、国民保険制度は、包括的で普遍的な保険、福祉・家族手当の中の一本の柱に過ぎなかった。戦前の失業と福祉の制度には、家族のすべての成員の所得を算入して、家族全体として一定以上の収入があれば手当を差し引くという悪名高い家計調査なるものが付きまとっていた。しかし国民保険は、このような貧民対策とはきっぱり絶縁していたのである。いわばそれは国家と国民の間に結ばれた新しい社会契約であった。その前提として、ほぼ完全な雇用があった。それは一九三〇年代の大不況期における三五〇万人の大量失業、地域によっては失業率七〇%にも達していた失業の時代からの革命的な絶縁であった。

社会福祉政策と並行して、産業国有化も進んだ。イングランド銀行、炭鉱、電力、鉄道が国有化された。外交の分野ではアトリー政権は国際連合、北大西洋条約機構（NATO）の創設にアメリカと並んで指導的な役割を果たした。旧植民地のインド、ビルマ（現ミャンマー）、セイロン（現スリランカ）には独立が与えられ、イギリス帝国はイギリス連邦に改造された。しかし、パレスチナとイランからのイギリスの撤退は、失敗に終わっている。朝鮮戦争の勃発とともに、ソ連の脅威にたいして西ヨーロッパを防衛するという課題とアメリカとの協調との狭間に置かれた政権は、秘密裡に、正式の閣議にもかけずに「独立の核兵器」の製造に踏み切っている。

労働党の道

アトリー政権は、歴史の一つの流れの到達点であった。一九世紀末のイギリスに労働運動の結集が始まり、組合の権利と保険制度の成立を目指す戦いが始まった。一八六七年と八四年の選挙法改革によって都市と農村の労働者階級にまで選挙権が拡がっていたが、当時の労働運動は自由党を通じて労働者の改革の要求を実現しようとしていた。この「自由党の尻尾」という立場を脱する、独立の政党の結成を目指して九三年に独立労働党が生まれ、一九〇〇年には全国的な労働者代表委員会が成立している。アトリーが兄トマス（トム）とともに一九〇八年に入党したのは、この独立労働党であった。この党は一九〇六年に労働党に集団加入しており、下院議員選挙をはじめとする選挙戦では労働党として戦うことになった。ついでに言えばチャーチルは、一九〇〇年の総選挙に保守党議員として初当選しており、保守党が伝統的な自由貿易政策からイギリス帝国を関税障壁で囲い込む政策に転向したのに反対して自由党に移り、党内最左翼の急進派に属していた。一九〇五年に成立した自由党政権では、チャーチルは商務長官として最初の失業保険法を成立させている。後年のチャーチルが、社会福祉国家政策の最初の布石を置いたのは自分であると自負した所以であった。

第一次大戦後、一九一八年の総選挙では、自由党政権の首相ロイド・ジョージは、戦場で戦った「英雄たちに相応しい家」を約束したが、その希望は大戦後の不況のために裏切られた。戦争で重傷を負ったアトリーにも大きな失望であった。労働党は二三年と二九年の総選挙で、議席は少数であったが、自由党の閣外協力を得て政権についている。アトリーは二二年に下院議員に当選し、マクドナルド首相の議員秘書としてもっぱらインド政策の作成に参加している。

しかし第二次マクドナルド政権は、二九年に始まる世界的な大不況に直面させられ、失業保険の予算を削減した。閣議の反対にあってマクドナルドは総辞職を表明するが、国王の示唆を受けて、保守党、自由党とのいわゆる挙国政権に踏み切った。労働党はこの党首の「裏切り」にあって、党首と主要閣僚を除名して総選挙に臨み、大敗北を喫している。アトリーが、僅か五二議員の下院労働党の指導者に選ばれたのは、三五年のことであった。このような苦難の道のりが、四五年の最初の労働党多数政権へと続くのである。

アトリーの足跡をたどりながら、第二次大戦の終結に至るイギリス史と戦後のアトリー政権とを一つの構図の中で展望するのが、本書の一つの目的である。まずは、作家ジョージ・オーウェルの言う「特殊にイギリス的な社会主義運動」なるものの特殊性について、アトリーが社会主義者としての道をたどる時期までを、あらかじめ展望しておきたい。

イギリス社会主義再考

カール・マルクスが死に、クレメント・アトリーが生まれたのは一八八三年、それから二年後の八五年に、イギリスで「社会主義の復活」が始まったと、エンゲルスが書いている。「真相はこうである。イギリスの産業が世界市場で独占的な地位を占めていた間は、イギリスの労働者階級はある程度その独占的利益の分け前に与っていた……それがオーウェン主義の死滅以来、イギリスに社会主義がなかった理由である。その独占が打ち破られるとともにイギリスの労働者階級は、特権的な地位を奪われるであろう……そしてそれが、イギリスに再び社会主義が生まれる理由である」。たしかに一八九三年には、独立労働党が結成されていた。

一九世紀の前半、フランスではフーリエが、イギリスではオーウェンが社会主義を名乗っていた。産業社会の悪は、政治ではなく社会的な手段によってしか克服できないと考えられていた。しかしこの二つの運動は創始者の高齢化とともにいわば宗派に転落していた。したがってエンゲルスがマルクスとともに『共産党宣言』(一八四八年)を執筆した時には、「とても社会主義を名乗る気にはならなかった」と、『宣言』一八八八年英語版の序文に注記している。しかし世紀の後半、ヨーロッパ諸国でマルクス主義の政党が結成され始めると、それぞれ社会党か社会民主党、つまりは社会主義の党と名乗っていく。その時期、労働者階級はまだ選挙権を持っていなかった。まず選挙権を、「民主主義を戦い取らねばならない」が、しかし労働者階級の票を集めるには社会主義を掲げねばならぬと考えられていたのである。

さらにエンゲルスは、一八九二年に、前出の八五年に記した文章にこう書き足していた。「「イギリスに社会主義が復活している」ことについては言うまでもない。しかもそれはふんだんに生まれている――あらゆる色合いの社会主義が存在している。意識的な社会主義に無意識的な社会主義、散文的な社会主義に詩的な社会主義、労働者階級の社会主義に中流階級の社会主義、まさしくあの忌まわしい物の中でももっとも忌まわしい社会主義が尊敬すべきものになったばかりか、現に夜会服に身を包んでサロンの長椅子に物憂げに憩っているのである。このことは、あの恐るべき「社会」の専制君主である中流階級の世論なるものの度しがたい移り気ぶりを示すものであり、われわれ過去の世代の社会主義者が常に世論なるものに軽蔑の念を抱いていたのは正しかったことを、改めて立証している。けれどもその兆候そのものについては、われわれとしては苦情を言う筋合いではない」。

これはいかにも異様な社会主義であった。マルクス主義者なら社会主義という言葉から労働者階級の運動と思想を連想するであろうが、ここでは「労働者の社会主義もある」としか書かれていない。社会主義がイギリス社会の「専制君主」「中流階級の世論」として描かれているのである。すでに触れたように社会主義という言葉は、マルクス主義の誕生に先立ってイギリスとフランスで生まれた。したがってエンゲルスは、一八七〇年代に中流階級の世論として生まれた社会主義を、社会主義の「復活」と呼んだのである。

彼が自称しているように、「過去の世代の社会主義者」に属するエンゲルスは、マルクス主義という教義を守るために、世論からの無視、時には迫害と戦った。世論に迎合するために教義を曲げてはならなかった。彼は社会主義の復活そのものは歓迎するが、「世論なるものに軽蔑の念を抱いていたのは正しかったことが立証された」と言う。しかし労働者階級が選挙権を持ち、社会主義が政治的な力になりつつある新しい世代にとっては、世論は票であり、世論の多数を獲得することは権力への道である。エンゲルス自身が、九〇年にドイツで社会主義者鎮圧法が廃止されて以降、社会民主党の得票が着実に増加し、総投票数の四分の一に達しているのに注目して、今や「ブルジョワジーと政府は反乱の結果よりも選挙の結果を恐れている」と書いていた。しかしイギリスにおいて社会主義が政治運動として発展するには、しばらくの時を要した。

マルクスが死んだ年には、タイムズ紙のパリ特派員がヨーロッパにおける彼の名声について記事を送らなければ、タイムズ紙の死亡記事にも載らなかったであろうと言われていた。しかし翌年の彼の命日には、折からの大不況と失業者数の急上昇があったせいか、見物人も含めて三〇〇〇人が、マルクスの墓があるロンドンのハイゲート墓地にむかって盛大な行進を行った。多くの急進主義クラブが街頭演説を始めた。小説家ギッシングが大急ぎで材料を集め、社会主義者を題材にした小説『デモス』を書きあげ、大成功を博したのは八六年のことであった。「忌まわしい」はずの社会主義が「尊敬すべき」世論の中で市民権を獲得したのは、この時期のことであった。自由党急進派のジョセフ・チェムバレン（後に首相となったネヴィル・チェムバレンの父親）の有名な「非公認綱領」は一八八五年に発表されたが、そこでは社会主義は、「汚名ではなくて承認を求めている新しい傾向」であった。「イギリスにおける立法の進歩の道は、過去何年かは明確に社会主義的であったし、今後もそうでなければならない」。翌八六年、「私は進化を信じるから社会主義者である」と自称するフェビアン協会のアニー・ベザントは言う。「国家は工場や作業所に干渉して、労働時間を定め、衛生施設を要求し、年少者の雇用を制限してきた。農地法と狩猟地法、教育法と船舶法、雇用者責任法と労働者住居法、これらの法律はわが国の法律全書に充満している。いたるところで契約自由と不干渉主義という古い思想が近代的立法によって蹂躙されつつある」。彼女の解釈によれば「過去三〇年間の国家干渉はすべて社会主義」ということになるであろう。自由党急進派のジョン・モーリーによれば「産業と国家干渉はすべて社会主義的」とのことであるが、そうなればイギリス社会主義の歴史は過去五〇年にさかのぼることになるであろう。さらに八九年、自由党の領袖サー・ウイリアム・ハーコートは、「今ではわれわれは皆、社会主義者である」と宣言する。このハーコートの言葉は、今日でも例えば上品な夜会の席で社会主義を弁じだした若者を黙らせるのに使われている。

ヨーロッパ諸国の社会主義運動は、マルクス派、あるいは無政府主義のバクーニン派、プルードン派の組織の中で、あるいはいくつかの組織の間で影響力を競っていた。しかしイギリスでは、エンゲルスの言うように「あらゆる色合い」の社会主義が「ふんだんに」生まれている。マルクス主義もその中の一つであった。その理由は明白である。イギリスでは一九世紀の半ば、自由放任と国際的な自由貿易を二本の柱とする自由主義が確固として成立していた。それはたんに政策や主義だけでなく、「自助」という個々人の倫理的な次元にまで根を下ろしていた。自由主義に対抗できる政治思想があるとすれば保守主義であり、現に政党政治は保守党と自由党の二大政党が独占していた。しかし保守主義者も政策的な思考においては完全に自由主義の論理に従っていた。こうして産業社会の諸悪——不況と失業、一般大衆の無学と無知、都市の不潔と農村の荒廃、全般的な不平等に直面させられた人々にとって、いささかでも自由主義に批判的な契機があれば、それを手掛かりに社会主義に転向できたのである。若いアトリーが社会主義者になる時の手掛かりは、カーライル、ラスキン、モリスの三人であった。彼が第一次大戦後のロンドンで市政に参加した時、彼が提唱した政策はすべて自由党員がかねてから提出していたものであった。さらに話を先に進めれば、彼の社会福祉国家構想に理論を提供した三人、マーシャル、ケインズ、ベヴァリッジといった理論家はすべて自由党員であった。

『共産党宣言』の一節は、「階級闘争が決戦に近づく時期には……ブルジョワジーの一部、特に歴史の運動全体を理解できるようになったブルジョワ思想家の一部がプロレタリアートの側に移行する」と言っている。一八八〇年代と九〇年代初期の大陸諸国においては、若い知識人が社会主義の陣営に移行する――たとえ一時的であっても――印象的な動きが見られた。イタリアにおける若きクローチェと彼の同時代人、ドイツの若きゾンバルト、フランスのジョレスらいわゆる高等師範学校出身者、またロシアでは大学生はほとんど一人残らず社会革命主義者か社会民主主義者であったが、イギリスではこれに相当する動きは全然見られなかった。イギリスの社会主義知識人は「移行」しなかった。おそらくは、インド植民行政をはじめ十分な就職の道があったからであろうが、最大の理由は彼らがそれ以前にすでに「社会主義の世論」の洗礼を受けていたからであった。以上が、若き日のアトリーが眼前にしたイギリスの社会主義的状況であった。

第一章　家庭、教育、社会主義

少年時代

クレメント・アトリーは一八八三年一月三日、ロンドン南西部のパトニーで生まれた。八人の兄弟姉妹の下から二番目の子であった。アトリーの兄弟姉妹はそれぞれに家系図や家族史を書き、アトリーはそれを丹念に保存したが、彼らはそれを通じて自分たちの生まれた家族とその階級を知ろうとしたのであろう。階級社会では、「自分は何であるか、何をなすべきか」の自意識は階級意識から生まれるのである。

父ヘンリーも大所帯の家の生まれで、一〇人の子供の一人であった。父の兄弟たちは家業の製粉業や醸造業に進んだが、一人は聖職者になり、父ヘンリーはロンドンの旧市（シティ）の法律事務所に入って事務弁護士になり、退屈な仕事を堅実にこなして財を築いた。晩年はその職業の最高の地位である法律協会の会長に就任している。

父は政治については自由党の首相グラッドストーンの熱烈な支持者で、アイルランド自治を擁護し、ボーア戦争が始まると戦争に反対のいわゆる「親ボーア派」になった（ボーア人とは南アフリカに入植したオランダ人である）。近隣の紳士たちの誰とも意見が違ったという評判があった。自由党政権の大法官ホールデインやブライス（アメリカ大使を経験し、『近代民主制』や『アメリカ共和国』などの名著の著者）とも親交があり、当然、自由党から立候補することを勧められたが、事務所の年長の共同経営者に説得されて政界入りは断念した。母は保守党系の家に生まれて、保守党支持であった。両親は子供たちや召使のいるところでは政治を論じなかった。

幼時のクレメントは長く病弱で（病名はよくわからないが）、身体の成長も遅く、小さく内気で恥ずかしがり屋の子であった。二歳足らず年下の末弟ローレンスの方が身体が大きくなり、クレメントは弟の衣服の「おさがり」を着た。時に癇癪を起こしたが、母のしつけで克服した。姉の一人メアリーの証言では、「母は見事に成功し、母が来るとクレム（クレメントの愛称）は椅子に顔を突っ伏して、「クレムの反省」の姿勢をした」。強い自制心で癇癪を抑え込んだようである。

病弱のため九歳まで学校に入らず、家で母から勉強の手ほどきを受けた。母はフランス語とイタリア語を話し、詩に精通しており、ピアノがうまかった。姉たちは家で教育を受け、結婚前には国外の花嫁学校に送られた。家にはフランス人の家庭教師がおり、クレムはこの家庭教師に習って、ラ・フォンテーヌの寓話を見事な発音で暗唱した。しかし学校に進むと「このようなナンセンスはすぐに頭からたたき出された」と、アトリー自身が述懐している。もう一人の家庭教師ミス・ハチンソンは、先にチャーチル家で幼いウィンストンを教えたことがあった。彼女は、ウィンストンは「小さな暴君であった」という話をアトリー家に伝えている。

アトリーは九歳でノーソウ・プレース校に進む。兄のトムと同じ学校であった。プレパラトリー・スクールと呼ばれる種類の学校で、パブリック・スクールに進学するための初等学校で寄宿制であった。兄がいたためか、すぐ顔を赤らめるクレメントはからかわれないで済んだ。人並みにラテン語、ギリシャ語、それにいくらかの数学を習ったが、学校の規律はゆるく、もっぱら歴史と詩を読んでいた。体は小さいながらもラグビーには参加した。クリケットの過去の試合の統計に夢中になったが、しかしクリケットはけっしてうまくならなかった。学校では、スポーツに秀でていないと一人前に扱われなかった。そして一八九六年の春、一三歳でヘイリベリー・コレッジに進学する。

パブリック・スクールは、直訳すれば公立学校であるが、実は私立である。貴族の子弟は家庭で教育されていたのが、一つの学校に集めて「一緒に」「共通の」教育を授けるためにパブリックと呼ばれるのである。また、コレッジと呼ばれているが、大学ではない。もともとは貧しい階級の頭のよい男子を教育して、国家と教会を運営していくエリートを育成することを目的としていた。例えばイートン・コレッジは一四四〇年、ヘンリー六世の下賜金によって設立された、七〇人の奨学生を教育するための学校で、授業料はごく少額であった。しかし一八世紀以降、産業ブルジョワジーの新興階級が登場してくると、この階級はフランス・ブルジョワジーのように自らの階級のための国立学校制度を作り出すのではなくて、むしろ伝統的な学校に子弟を入学させようとした。イギリスのブルジョワジーが、上流の下で、労働者階級の上の中流階級の地位に甘んじた理由であった。奨学生になれなかった生徒の親は高額の授業料を払うようになった。ヘイリベリー校はイギリス東インド会社が創立した学校で、一九世紀半ば、いわゆるインドの大反乱が鎮圧された後、インド統治が会社から国家に移行して、インド文官公務員制が成立すると、インド公務員養成のための「幼稚園」とも呼ばれるようになった。

当時のこの学校は、イギリスの一般世論、つまりは帝国主義と反ボーアの気運をそのまま反映していた。しかし校長のリトルトンは、その点でもその他の多くの点でも、校内の世論に反対であった。この校長は後にイートン校の名校長になるが、そのためかアトリー在学中のヘイリベリー校は「授業料がいくらか安いだけで、イートンよりもっとイートン的だ」とも言われていた。一九〇〇年、ボーア人が包囲した南アフリカのレディースミスが解放されると校内の戦勝気分は大いに盛り上がり、生徒たちは午後の授業は休みになるものと期待した。しかし「親ボーア」の校長は反対であった。生徒たちは反乱を起こし、授業を放棄して、近くの町まで行進した。校長は当時のパブリック・スクールの規律維持の手段であった鞭打ちに熱心ではなかったが、しかし若い二人の教師は生徒たちを煽動した疑いがあったから、自ら上着を脱ぎ、三年生七二人に鞭を振るわねばならなかった。帝国主義者で反ボーアのアトリーもそのうちの一人であった。彼の後年の回想によると、「それは疑いなく正しい措置であったが、校長の手首は強かった」。

スポーツには何の取り得もなく、身体は小さくて内気であったから学校では上級生にいじめられたが、「この暗黒の悲惨さの中にも楽しい時間があった」。それは学校の予備士官養成のための軍事教練であった。軍事規律の前では身体の小さい者も大きい者も平等であり、自分の弱点を意識しないで済んだ。それにいわば戦友としての連帯感も育てられた。

レディースミスの戦いの三年前、一八九七年六月には、ヴィクトリア女王の即位六〇周年を祝うダイアモンド・ジュビリーが行われている。アトリーと兄のトムは伯母に連れられて、祝賀行列を見に行った。各国の元首、帝国植民地の総督や軍司令官を乗せた馬車の後には、イギリス軍と各地の植民地の色鮮やかな軍服を着た部隊の行進が続いた。パブリック・スクールの志願兵もこの行進に参加しており、アトリー兄弟は大いに誇りに思った。行事に参加した植民地、インド、ビルマ、セイロンは、後にアトリー政権の下で独立を達成するであろう。

もう一つ、ヘイリベリー校に在学中のアトリーに生じた重要な変化は、神と教会にたいする信仰を捨てたことであった。アトリー家は非常に宗教的で、朝食の前には兄弟姉妹が交代で聖書の一節を読み、詩篇と使徒行伝は誰もが暗記していた。家族の誰もが貧者と病人にたいする強い義務感を持っており、それがいわばアトリーの将来の社会主義への踏み台でもあった。したがってそれは成長期の反抗ではなかった。「教会はたんなる迷信だと思うようになり、無関心になったのである」。しかし彼は、信仰を捨てたことを両親には告げず、一六歳の時の成人としての堅信礼は型通りに受けている。

学校での成績は五段階で、通常は上から三番目の「不服なし」、卒業の時だけが二番目の「良」であった。卒業時の寮監の教師の評価は高かった。「彼は物事をよく考え、自分の意見を作っている。非常によいことである……人格は健全で、将来は人生を立派にやっていくと思う」。これが未来の首相にたいする評価であった。他方で「彼の主要な欠点は自分の意見に強くこだわり、他人の意見はほとんど考慮しないことである」。

母のエレンは家庭内での政治論議を許していなかったが、この時期に兄弟の間で政治は盛んに議論され、父は黙認していた。三歳年長の兄トムは、「議論するとクレムに完全に論破された」と回想している。弟は週に四冊を読破し（それもスリラーや冒険物語ではなく）、「その読書量だけでなく、記憶している量に驚かされた」。しかしアトリーの論じた政治はもっぱら政治家の人柄で、政策や思想ではなかった。歴史の本を読んでも、経済や社会についての本を読んだという記録は残っていない。まだ未熟で、開花していなかった。

オックスフォードに入学

アトリー家の子供たちが他家の子供たちのパーティに招かれたり、また家に招いたりすると、決まって互いに尋ねあう質問があった。「オックスフォードかケムブリッジか」、そして「自由党か保守党か」。第二問は政党支持の質問だったが、第一問はボート・レースでどちらを応援するかであった。アトリーは一九〇一年の一〇月、そのオックスフォード大学のユニヴァーシティ・コレッジ（オックスフォード最古の一二四九年創立）に入学する。兄たちもオックスフォードで、兄の友人たち、それにヘイリベリー校の卒業生と同窓生も多かった。招待状が次々に舞い込み、内気と引っ込み思案は自然に解消されていった。後年のアトリーは、「オックスフォードでの三年間は自分の生涯で一番に幸福な三年であった」と回想している。アトリー家の息子たちはこうしてパブリック・スクールと大学に進むが、家系図ではこのような学歴を持った最初の世代であった。家庭の地位がたんなる中流から中流の上層に移ったことを物語っていた。

学生たちは自分たちのコレッジをユニヴという愛称で呼んだが、当時のユニヴは学生の模擬議会である大学ユニオンの議長を何人か出しており（ユニオン議長経験者の数人は後に首相になっている）、サッカーとラグビーの大学代表チームの主将は二人ともユニヴに在籍していた。

ユニヴァーシティ・コレッジという二つの単語はいずれも大学を意味しているが、このコレッジはオックスフォード大学を構成する三〇ばかりのコレッジの一つであった。教師と学生はいずれかのコレッジに属することになっていた。学生は自分の好きな研究対象を選び、大学はそれにふさわしい教師（チューター）を指名する。教師は自分の学生（ピューピル）に数冊の参考書を渡し、学生は週に一度、教師と学生とが一対一で議論する一時間の個人授業に備えてエッセイを準備する。学生は四〇分ばかりかけてエッセイを読む。残りの二〇分は質疑応答である。参考図書の要約や紹介だけでは不十分である。教師は学生に「自分の意見」を求める。結局のところ学生は個々の著作の長所短所を挙げ、自分の意見が一番、長所が多く短所が少ないことを証明しなければならない。教師は学生の議論の長所をまず褒め、それを「発展」させることを求め、また別の長所についても発展を求める。その頃には学生は、自分の二つの長所が矛盾していることに気付く。顔面は蒼白になり、冷や汗が出てくる。教師は、その二つの長所はむしろもっと高い次元では統一できることを証明したりする。朝食後の九時から五〇分単位で昼食の午後一時まで四回の講義があったが、学生はチュートリアル（個人授業）に役立つ講義を選んで出席している。教育の中心はチュートリアルの方にあった。

個人授業はもともと個性的なものであるが、以上は学生、教師としての私自身の経験の要約である。しかしチュートリアルという教育方法のかなり典型的な要約になっていると思う。アトリーが過ごした古き良き時代には、学生が失神した場合の気付け薬として、教師の部屋にはデカンターのシェリー酒が用意されていた。学生が自分で議論の能力を育てていく最良の教育方法として、オックスフォードとケムブリッジの伝統になっていた。人によっては、ソクラテス流の産婆術とも形容されていた。

アトリーは一四九五年から一五一二年にかけてのイタリア史を研究対象に選び、そのためにイタリア語を習得した。数人のチューターについたが、彼にもっとも大きな影響を与えたのは、アーネスト・バーカーであった。バーカーはイングランド北部の工業地帯の労働者階級の出身で、もちろん奨学生としてオックスフォードに入学していた。卒業を一年延ばして、ラテン語とギリシャ語の両方でファースト（一等）をとった大秀才として有名であった。ここでファーストというのは個々人の席次ではなく、普通は科目別の卒業試験の成績上位一〇％を指している。卒業生は一等から四等と落第に分けられ、その成績はタイムズ紙で発表された。アトリーにとってバーカーは大変に魅力的な教師であった。「彼は歴史の中の人間に注目し、歴史を生き生きとしたものにした」と言う。彼の北部訛りの英語、つまりは労働者階級の発音を愛し、深く尊敬していた。出身を隠さなかったことも愛し、尊敬した理由であろう。しかしバーカーの自由主義の影響は受けなかった。バーカーは第一次大戦の後には（ロンドン大学のラスキ教授と並んで）多元的国家論を講じる碩学の政治学者になる。

当時のアトリーは保守党の右翼を支持していた。自由党は「無駄口をたたき、非現実的だ」と思っていた。それにたいして保守党は人間と権力というものを理解し、統治に当たる資格があった。彼はルネッサンス期イタリア史の研究を通じて、権力の魅力に取りつかれていた。一五世紀のイタリアの支配者は、人間の弱み強みを理解し、無慈悲な権力行使をためらわなかった。しかしアトリーは、大学の保守党クラブに加入したりはしていない。

六月の卒業試験前の半年間、アトリーは一日八時間、猛烈に勉強した。試験前にはバーカーが、ファーストを取れるかもしれないと言って励ましてくれた。しかし結果はセカンド（二等）であった。猛勉強の間も詩やイギリス文学は読んでいたから、受験勉強に集中できなかったのかもしれない。「次善の結果ではあったが、私は後悔しなかった。ファーストを取れば、私はどこかのコレッジのフェロー（研究員）になり、教師になっていたかもしれない」というのが後年の回想であった。大学ではただ一つ自分で励んだスポーツとして、ビリアードに打ち込んだ。生家にビリアード室があり、「私はビリアード台の上で生まれたようなものだ」と語っている。大学選手権でオックスフォードの二番手の選手として優勝し、賞としてキュー一本をもらった。大学時代にもらった賞らしいものはこれだけであった。

将来の進路としては、「生活費を稼ぐために私の関心のある文学と歴史の本を書くことを漠然と考えていた」。オックスフォードの授業料と生活費は年間一〇〇ポンド、それにたいして父は二〇〇ポンドを送金してくれていた。二〇〇ポンドは当時の価値で会社の重役級の年収に相当していたから、生活費を心配する必要はあまりなかった。内心では「議論を交わしての戦い」に魅力を感じており、公開の場で演説する技能を身に着けた上でのことであるが、法廷弁護士になることも考えていた。アトリーが後年に書いた自伝では、法廷弁護士になれば「政治に進む可能性があった。私は政治にひそかに憧れていた」。

イギリスの法律家は、事務弁護士（ソリシター）と法廷弁護士（バリスター）に大別される。

事務弁護士は、民事と刑事の双方について依頼人を聴取して書類を作る。アトリーの父はこの事務弁護士であった。この書類にもとづいて、法廷で裁判官、検事、弁護士として戦うのが法廷弁護士である。いずれの道に進むにせよ、法律家の訓練は大学ではなく、法院に入って徒弟修業をすることから始まる。法院は英語ではイン（宿屋）であるが、それは法律家が裁判所に近いロンドンの宿で仕事したことに由来していた。

アトリーは一九〇四年、リンカーン法院のサー・フィリップ・グレゴリーの事務所に入った。グレゴリーは財産譲渡の専門家として知られ、教師としても名声があった。彼はアトリーが気に入った。「非常に知的で勤勉……かなりの能力が約束されている」。アトリーの方はあまり喜んでいない。「厳しい教師で、死にそうになるまで働かされた」。グレゴリーは書類の起草の名人で、歴史家をめざして勉強し、いささか冗漫な文章を書いてきたアトリーの草稿を容赦なく添削し、簡潔で要点を衝いた文章に書き直させた。グレゴリーから教わった、速く読み文章を起草していく技術は「後に非常に役に立った」。

父ヘンリーは息子が法曹の道を選んだのを喜んだが、事務弁護士の伝統的な仕事ぶりは息子には向いていないことを知る。父は、タイプライターは手書きの美しさを失わせると信じていたから、使わなかった。電話はあっても、聴取の時間と場所の打ち合わせ、そして火事の時にしか使わないという内規があった。一九〇六年初めには、「自ら望んで」父の友人の法廷弁護士の事務所に移った。三月には法廷弁護士試験に合格している。実際に法廷に立ったのは四回だけ、収入は五〇ポンドであった。父からは年二〇〇ポンドをもらっており、生家で家族とともに住んでいたから、暮らしの心配はなかった。その頃のアトリーはひとかどの紳士であり、姉の一人によると、立派な服装をして、パイプをふかし、食卓ではワイン・グラスを優雅に傾けたという。

人生の転機

転機は一九〇五年一〇月、大学卒業後一年あまりして起こった。「私の全生涯の進路を一転させる事件が起こった」。三歳年長の兄トムからステプニーのヘイリベリー・クラブを一緒に訪ねないかという誘いがあり、アトリーは即座に同意した。実際に彼には、母校と家族との関係からしてこの誘いは断れないという義務感が働いていた。一九世紀末のパブリック・スクールと大学は、貧しい階級の居住地区でいわゆるセツルメント（教育や救済の事業）を競って行っていた。ヘイリベリー・クラブもその一つであった。日本では一九二三年に東京帝国大学（当時）の教師と学生がセツルメントを開設しているが、これはイギリスに倣ったものであった。家族関係では、母はロンドンで広く救貧活動をしていたし、伯母は少女労働者のクラブを運営していた。兄の一人と末弟のローレンスも労働者の下宿の運営に参加していた。

アトリーの生家があるパトニーは、当時はまだロンドンから孤立した村で、むしろ高級の別荘地であったが、ロンドンのステプニーは下級労働者の住居の地区で、犯罪率が一番高いことで知られた行政区であった。

アトリーはクラブで少年たちの読み書きの復習からスポーツの指導まで面倒を見ていたが、特に軍事教練に熱心であった。それは大学やパブリック・スクールの予備将校訓練の労働者階級版であった。クラブはイギリス地域志願兵西サリー大隊少年部のD中隊に属し、一四歳から一八歳のクラブ員は地域軍の青年部に属することになっていた。またクラブの管理者は志願将校になることになっていた。少年たちは週五日、夜に軍服を着て訓練を受けた。まともな衣服のない労働者階級の少年たちには軍服は大きな誇りであった。二、三人が規律違反で追放されたが、規律と連帯感を保つにはそれで十分であった。ボクシング、体操、射撃、木刀によるフェンシング、水泳、行進などが主な教科で、夏には海浜のキャムプ活動があった。多くのクラブ員は一八歳の年齢制限が過ぎると正規軍に志願している。アトリー自身は五か月後にはD中隊の少尉に任官している。一九〇七年三月には、アトリーはク

アトリーとヘイリベリー・クラブの少年たち。1910年頃
（写真提供：Popperfoto/ゲッティ/共同通信イメージズ）

ラブの専従の運営者になり、クラブに住んだ。人手不足で、彼が手を引けばクラブは閉鎖しなければならぬという理由からであった。アトリーはその後何度も、「他に成り手がないから」という理由で指導者に選ばれるが、その型の最初の事例であった。

少年たちが朝六時から夜六時まで働き、夕食を手早く済ませてクラブに駆けつけ、年下の隊員の指導を助ける私心のない連帯ぶりが、彼を感動させた。ある時、クラブ員を引率して汽車でサッカーの対外試合に出かけた時、一人が貰ったばかりの賃金半ポンドを失くしたのに気付いた。少年たちはたちまち募金を始めた。アトリーは列車の座席と背板の隙間を探せと指示した。探してみると一ポンドの硬貨が出てきた。アトリーがひそかに差し込んでおいたものであった。

クラブ管理者の年俸は五〇ポンドであった。家族は、一年ばかり母校にたいする義務を果たせば、生家に帰ってくるものと予想していた。しかし彼はクラブに七年住み、東ロンドンに一四年住み、生家に帰ることはなかった。

クラブの管理者として、クラブ員の家をよく訪ねて、母親たちとも話し合った。彼が貧困とは何であるかを初めて知ったのはこの時であった。自伝によれば、「そこから社会と経済の全体制の検討まではほんの一歩であった。私は間もなく非正規雇用の呪いを知り始めた。貧民窟の家主、苦役労働が何を意味するかを知るようになった。何故、救貧法が憎まれているかも知った。同時に、何故イギリスに叛徒たちがいるかを学んだ。貧民窟、苦悩、貧困は、貧者の人格の必然的な結果ではない。機会があれば、たとえその機会はヘイリベリー校に行った少年たちの機会には遠く及ばないとしても、ロンドンの若者たちはその機会に応えるのである。貧者の大部分は富者に搾取されているから貧しい。裕福な人々に言うべきことは、「いつも周りにいる貧者を助けよ」ではなく、「彼らの背から降りろ」でなければならない」。

クラブに住んでからも週末には生家に帰り、同じように帰ってくる兄のトムとは、しばしば夜を徹して話し合った。トムはすでにキリスト教社会主義者に転向していたが、徹底的に実際的であった。二人は政治的イデオロギーではなく実際的な問題、例えば貧民窟の下水施設について話し合った。

社会主義

他方でアトリーは、読書の領域を転換させた。最初の衝撃になったのは、カーライルの『チャーチズム』（一八三九年）であった。「もし何かがなされていなければ、何かがいつの日にか自ずからなされる。しかし誰もが喜ばない形で」と彼は警告する。彼にとって、貧民たちの耐えがたい暮らしはイギリスの恥辱であった。彼にとっては、貧民が慰めに飲む強くて安い酒ジン、「地獄の底に黒い災厄の大波のようにのたうつジンの消費量」がその悲惨さの指標であった。彼は政策については何も語らなかったが、カトリックの評論家チェスタートン（ブラウン神父の探偵小説の筆者でもあった）が言うように、彼の声は「神の怒り」の声のごとく、アトリーには響いた。

他方、美術評論家ラスキンの『この最後の人々にも』(一八六二年)は、アトリーが「社会主義の原野に踏み込む入口」になった。彼の建築評論『ヴェニスの石』第二巻(一八五三年)は、職人たちの幸福にもっとも適した様式こそ美であるとして、ルネッサンス様式を批判し、ゴシックを称賛する。美術評論としてはいささか奇妙な議論であったが、そこには商業階級と職人階級の利益が対立していることが明確に意識されていた。彼は師匠のカーライルと違って、『この最後の人々にも』では、商品の生産と販売を若者たちが習得する学校を政府の費用で設立することや、老人と貧者の年金制度など、実際的な政策を提案している。

ラスキンの弟子モリスは美術デザイナーで、彼においては、貧困という社会問題と都市と農村の荒廃という美学的な問題は産業革命と資本主義文明という一つの源泉から生じていた。彼はマルクスに共鳴し、一八八三年にははっきりマルクス主義を標榜していた社会民主連盟に加入、翌年には社会主義連盟という自分自身の組織を結成した。アトリーは、社会主義連盟の機関紙コモンウィールにモリスが連載した『無何有郷通信』を愛読している(無何有郷とはどこにもない国 nowhere のこと)。そこでは一九五二年、ロンドンで革命が起こり、それから一五〇年後の二一〇二年のロンドンが描かれていた。テムズ河の水は澄み、鮭が泳ぐ。産業革命の煤煙の痕はまったく消え去っていた。

この三人の著作、特にモリスは大正、昭和初期の日本でも広く読まれた。芥川龍之介の卒業論文はモリス論であった。またモリスは「生活の中での美術」を唱えた民芸運動の発想の源にもなった。モリスのデザインした布地と壁紙は、今日の日本の家庭でも珍しくはない。しかしこの三人には、われわれが普通、社会主義という言葉から連想する政治・経済理論らしいものは見当たらない。アトリーの社会主義がどんなものかを知るには、彼の現実の行動を見なければならない。

独立労働党に入党

ヘイリベリー・クラブに住み込んで一年とたたないうちに、アトリー兄弟は、個人では何もできない、通常の慈善活動では不十分である、何かを達成するには政党に参加しなければならないという結論に達した。保守党はもちろん駄目、自由放任を唱える自由党では不十分であった。労働者なら組合に加入し、その組合が労働党に加入すれば、自動的に労働党に集団加入できた。しかし二人は労働者でも組合員でもない。一九〇七年一〇月、二人がまず訪れたのはフェビアン協会であった。それはウェッブ夫妻、作家のB・ショウらが結成した中流階級知識人のもっぱら討論の組織で、それ自身は政党ではなく、保守党、自由党に理論的に「浸透」することを目的にしていた。いわば上から労働者階級に社会主義を与えようとしていたが、アトリー兄弟は、労働者には自治の能力があり、政党として国の統治に参加できる、またしなければならないと信じていた。

結局、二人が入党したのは一八九三年結成の独立労働党であった。これはアトリー家の家族と友人たちの間では物議をかもした。中流知識人によるフェビアン協会はまだよろしい、しかし戦闘的な社会主義政党である独立労働党に入党するのは、家族とその階級にたいする「裏切り」に等しい行為であった。母は母親らしい慈愛であきらめをつけたが、父は「もう少し若ければ、彼の頭からナンセンスをたたき出してやれるのに」と、兄トムに語っていた。アトリーが首相になってから執筆した『労働党の展望——そして一二年後』(一九四九年)では、「普通の家庭に育ったものは誰でも、家族とは別の信条を選べば困難な調整が必要だということを知るだろう」と、簡潔に記していた。

一九〇八年一月の時点で、独立労働党ステプニー支部の党員は一八名、アトリー以外はすべて組合員であったから、彼も結成されたばかりの会社員組合に加入した。しかし他の党員はすべて昼間は働いており、昼間の政治活動に参加できるのはアトリーだけであった。三週間のうちに彼は支部の書記になるよう求められた。「成り手がない」という理由で指導者に選ばれた第二の事例であった。それは集会を組織し、議事録を取り、演説する弁士がいなければ彼が演説することを意味した。三月の荒れ模様の夜、彼は近所の支持者から借りた椅子の上に立ち、暗いガス灯の下で十数人の通行人に向かって演説し、質疑応答をやってのけた。労働者の家庭に安いミルクを配給しなければならぬというのが、演説の主題であった。生来の内気と寡黙は破らねばならなかった。同志たちの賞賛を得て、自信がついた。

ステプニー支部の優先的な課題は、労働組合との連携を作り出すことであった。社会主義者にはどんな政策問題についても対案があったが、少数であり、組合員は多数で、選挙では圧倒的な力があったからである。産業革命をいちはやく達成したイギリスでは、社会主義運動よりも先に労働運動が誕生していた。イングランド北部の工業地帯では、蒸気機関車を手作業で造れるような熟練労働者の組合がまず成立している。組合費は高く、一般の労働者は、熟練工の親方に徒弟として雇われ、親方から給料をもらっていた。しかしステプニーの労働者は、夏は波止場の荷役夫として、冬にはガス工場の火夫として働く不定期雇用の未熟練労働者であった。そしてこのステプニーで、未熟練労働者を組織化する「新組合主義」の運動が始まっていたのである。

一八八九年のロンドン・ドックの大ストライキを数週間戦った後に勝利したのは、労働運動史上の画期的な事件であった。文字もろくに書けない労働者を助けて募金したり名簿を作ったりしたのは、モリスの社会主義連盟の女性活動家たちであった。そして組織力の弱い新組合は、北部のいわゆる労働貴族たちとは違って、八時間労働制や失業保険など、国家の立法を要求しており、そこでも社会主義者の協力と指導が有効に働いていた。後のチャーチル連立内閣の労働相、アトリー政権の外相となるアーネスト・ベヴィンは、女中をしていた母の私生児として生まれ、一一歳で学校をやめ、荷馬車で酒場（パブ）にビール樽を配達していたが、荷馬車労働者から始めて食堂のウェイター、劇場の俳優や裏方など、雑多な職種の労働者を組織化して、一般運輸労働組合という名の巨大な組合を結成している。

しかし社会主義者と組合員との間には気質も、そして運動形態にも大きな違いがあった。社会主義者はほとんどが禁酒主義者で、もっぱら教会を借りて会合を開いた。それにたいして組合員はパブで集会を開いていた。組合によっては予算の三分の一をビール代に計上している。それというのも、労働者には他に借りられる会場がなかったからである。功利主義の創始者J・ベンサムは、イギリス労働者のこの古くからの習慣を、「禁欲の学校に売春宿を選ぶようなものだ」と批判している。それはともかくアトリーは、夜には二、三人の同志とともにこのパブでの会合を訪れ（大勢で行くと喧嘩を売りにきたと思われかねなかったからである）懇談させてもらっている。

労働党史の専門家G・D・H・コールによれば、独立労働党の結成にあたって社会主義者は、「彼らとともに行動するよう労働組合を説得するか、さもなければ大陸の社会主義政党をモデルにして個人加入制にもとづく政党を非常にゆっくり形成するかの、どちらかであることを知っていた。彼らは待つつもりはなかったから、多くの者は労働組合の集団加入にもとづく労働党を近道として選んだ。しかし彼らは、そのような政党を作るのは彼らの社会主義的な目的をかなり薄めることによってのみ可能であることも知っていた」。こうしてイギリスでは大陸の社会主義政党と違って、労働者は社会主義が何であるかをまだ理解していないという理由で労働党という党名が採択されたのである。

ところで一九〇八年には、アトリーには法廷の仕事の見込みはなくなっていた。彼は、父からの送金で政治活動を続けるか、それとも家業を継ぐかのディレンマがあった。ところが幸か不幸か、数か月前には「彼の頭からナンセンスをたたき出したい」と語っていた父ヘンリーが一一月に心臓発作で急死した。彼には年収四〇〇ポンドの遺産が残されたから、独立労働党とヘイリベリー・クラブでの仕事を続けられるようになった。

一九〇九年、時の自由党政権の蔵相ロイド・ジョージが労働者年金と海軍増強のために土地所有にたいする課税を含んだ予算案を提出した。地主貴族の勢力が強い上院はこの予算案を否決したが、翌一〇年の二度にわたる総選挙を経て、一一年、上院には金銭法案を否決する権利はないとする法案が可決され、ことは解決した。ついでに言うと、この政権で自由党の最左翼の急進派に属していたチャーチルは、蔵相の「人民予算」を支持し、「貴族は人民に敵対している」というスローガンを唱えて戦っている。公爵家に生まれたチャーチルもアトリーと同じく、生家の階級に反抗して戦っていたのである。アトリーは執念に近い克明さで自分の活動の記録を残しているが、彼は一九一〇年、五三の大衆集会で演説し、そのうち二九回は五月と六月に行っている。ステプニー支部の党員は七二人に増えていた。

夜の会合が終わると、時には夜を徹して政治の基本問題、例えば革命か改革か、議会主義かそれとも全国的な組合会議によるいわゆるサンディカリズムの道を選ぶのか、産業を国有化したとしてもその産業を運営するのは労働者か政治家か、あるいは当時、女性活動家が熱烈に要求していた婦人参政権を支持するかどうかを論じ合った。また一九一二年にはシドニー・ウェッブが設立したロンドン大学のコレッジの一つ、ロンドン経済学学校（一八九五年設立）のソーシャル・サイエンス学科の教師に採用されている。

ステプニーでの七年の間に、アトリーは二つの結論に達した。一つは、彼の尊敬する人は「ささやかな募金を集め、党の文献を売り、弁士の立つ石鹸箱を運ぶなど、退屈な仕事に励み、勝利を求めない人々」、いわば「街頭に立つ戦士たち」であるという結論であり、もう一つは、政治はこのような地方の草の根の運動を全国的に拡大したものでなければならないということであった。

彼はその信条をその後も抱き続けるであろう。同志たちとの夜の討論を通じて、彼は自分の社会主義にある種の「正統性」があると信じていた。同時に、他の意見にも開かれた「寛容さ」があるとも信じていた。この態度を、彼は生涯を通じて保ち続けることになるであろう。

第二章　従軍、結婚、下院議員

1　ライムハウス選出の下院議員に

第一次大戦に従軍

一九一四年八月四日、第一次大戦が始まってイギリスがドイツに宣戦布告した時、アトリーは、イギリス国教会の牧師となっていた、結婚したばかりの兄トム夫妻とともに夏休みの旅行に出かけていた。アトリー兄弟は大部分の労働党員と同じく、国際紛争が生じた時、党としてどのような態度をとるべきかについてほとんど考えていなかった。社会主義政党の国際組織である第二インターナショナルは、一九〇七年のシュトゥットガルト大会で、もし戦争が始まればその所属政党は危機を利用して「人民を眠りから目覚めさせ、資本主義の支配の打倒を早め」、「労働者の国際的連帯によって戦争を終結させる」と決議していたが、どう実践するかについては意見が分かれていた。開戦と同時に労働党の下院議員はイギリスが参戦しないことを要求すると決議していたが、イギリス政府がドイツの侵略にたいしてベルギーを守るために参戦すると、労働党は戦争を支持することにした。平和主義者の党指導者ラムゼイ・マクドナルドはその地位を辞任し、アーサー・ヘンダーソンがあとを継いで、労働運動は全体としてヘンダーソンと政府を支持した。

トムはキリスト教徒である以上、兵役は拒否すべきであると主張した。アトリーは、ドイツの行動にたいしては「警察的な対処」が必要であると言って、二日後にロンドンに帰ると陸軍に志願している。彼はすでに三一歳で、志願の上限年齢三〇歳を超えていた。そこで縁故を頼って法院所属の将校訓練コースの教官になったが、これでは戦線には出られない。さらに手を回して、南ランカシャー連隊第六大隊の中尉にまんまと任官している。執拗とも言える熱心さであった。

七年前、ヘイリベリー・クラブに住み込んだ時、アトリーがクラブの少年たちの軍事教練、いわば「兵隊ゴッコ」に熱中したことを思い出していただきたい。読者の中には、彼の熱烈な従軍志願と彼の社会主義とがどのように関連しているのか、けげんに思われる方もあるかもしれない。

一七世紀のイギリス革命、一八世紀後半のアメリカ独立革命とフランス革命を戦ったのは民兵であった。一九世紀の後半、ドイツがビスマルクの下で帝国に統一され、軍隊の強化が進められた時、ドイツ社会民主党の一部では、軍隊は労働者に軍事技術と団体行動の訓練を与える学校であるとして歓迎されていた。そして徴兵制のないイギリスでは、ヘイリベリー・クラブの少年兵たちが属していた地域志願兵軍（一九〇八年に正式に立法化されている）は、実はこの民兵の伝統を制度化したものであった。銃を撃つことを覚えた労働者は、革命の戦士になると期待されていたのである。その意味では、アトリーの社会主義と従軍志願とは（今のところやや迂遠ではあったが）両立していた。実際には、戦争が始まると愛国心が高まり、英語の表現では「正しかろうと間違っていようと私の国」を守るために、交戦各国の労働者たちは互いに殺しあうようになる。

ついでに言っておくと、一九一六年にイギリスでも義務的徴兵制が導入されると、自由主義や宗教を理由とする「良心的兵役拒否《コンシェンサス・オブジェクター》」という他国に前例のない制度が設けられる。拒否者は「コンチー」と呼ばれ社会的な迫害を受けた。地方法廷の審査を受け、多くが野戦病院で働くなど非戦闘行為についたが、「絶対的反戦者」（総計一五〇〇人、そこには資本主義の戦争を拒否した数名のマルクス主義者も含まれていた）は投獄された。トムもその一人であった。

アトリーは彼の年齢とそれまでの軍事の経験から、南ランカシャー連隊第六大隊の中隊長に任命された。七人の中隊長の中で正規の将校でなかったのは、アトリーだけであった。一九一

第一次大戦に従軍中のアトリー（写真提供：Illustrated London News Ltd/Mary Evans/共同通信イメージズ）

五年七月、大隊は地中海のガリポリ半島に送られた。この作戦は地中海と黒海をつなぐ海峡の名をとってダーダネルス作戦と呼ばれたが、もともとは自由党アスキス政権の海相チャーチルが蔵相ロイド・ジョージの支援を受けて強引に実現までこぎつけた作戦であった。スイス国境から北海まで延々と続く塹壕で、英仏軍と独墺軍が一進一退しながら死体の山を作るだけの塹壕戦の停滞状態を破るために、独墺側の同盟国トルコ領に上陸し、東部戦線のロシア軍と手を結ぶという雄大な作戦であった。成功すれば大戦の期間を大いに短縮させられるだろうと予想されていた。

しかしイギリス軍の将軍たちは西部戦線から兵力を割くのを嫌い、また陸軍と海軍との間の提携もあまりなく、上陸作戦の訓練もなかった。イギリス軍とオーストラリア軍は半島に上陸したものの一歩も進めず、テント暮らしを続けたが、赤痢が大流行してアトリーも感染し、失神してマルタ島の病院に担架で後送された。二週間後の戦闘では隊の三分の二に上る死傷者が出たから、赤痢のおかげで命を拾ったようなものであった。彼は回復して一一月に戦線に復帰したが、その頃には政府は、この作戦は失敗という判断を下していた。作戦を起案したチャーチルは全責任を負わされ、海相を辞任した。彼はこの失敗のために、後の総選挙では、イギリス共産党の若者たちから野次り倒されることになるであろう。アトリーはその当時も「作戦の構想は健全であった」として、彼を弁護している。

戦線に復帰していたアトリーは、一二月二〇日の深夜、最高司令官とともに最後のボートでガリポリを撤退した。彼の大隊はメソポタミアに転進を命じられた。トルコ軍からスエズ運河とペルシャの油田を守るための作戦であった。チグリス河を蒸気船でさかのぼり、エル・ハンナという名の地点でトルコ軍に大攻勢をかけることになっていた。大隊にとっては、塹壕を出て、白兵戦を覚悟しての最初の戦闘であった。アトリーは中隊の中央で先頭に立って前進した。後方から味方の砲兵が援護射撃をしていたが、彼は砲撃停止を伝える赤い信号旗を手にしていた。しかし敵の塹壕に接近すると、敵はすでに撤退していた。アトリーは、下士官に中隊の進撃を遅らせるように命じ、自分は信号旗を翻して突進した。そして旗を地中に差し込んで立てたとたん、砲弾に倒された。彼を倒したのは、味方の砲弾であった。

インドのボンベイ(現在はムンバイ)の病院からトムに宛てて書いた手紙では、「銃弾の一発が左の太腿を貫通し、大きな砲弾の破片が右の尻にかなり大きな穴をあけ、股の辺りに火傷をおった」と報告してから、彼にしては珍しく、自虐混じりのユーモアを込めて次のように書いた。「ところで同志たちを面白がらせるであろうが、私は勝利を目指して赤旗を掲げながら撃たれたのだ……この旗の色は私の政治的信条にたいするいささか微妙な賛辞になっていると思うと、私は司令官に指摘した」。

イギリスの病院での治療に四か月を要したが、回復すると、再び前線復帰を志願した。二度目の入院治療の後であり、年齢も年齢であったから復帰は難しかったが、前線での将校の死傷率が極めて高かったために、教官として対戦車戦の訓練に当たることになった。ただ、彼としてはこれには大いに不満であった。大隊が一九一七年三月、フランス戦線に配置された時には、彼は少佐に昇進していた。同年、ロシア一〇月革命の勃発を聞くと、トム宛ての手紙に、レーニンとトロツキーには「ひどくむかつく、彼らはロンドンのホワイトチャペル地区の一番過激な社会民主党員を思い出させる……彼らが統治している国の状態は、想像できる」と書いた。イギリスの社会民主党員はやがてイギリス共産党を結成するが、アトリーは彼らのイギリスでの行動から革命ロシアの状態を想像していたようである。

一八年八月、大隊はドイツ軍に攻勢をかけ、敵の塹壕を占領したものの、近くに砲弾が落ち、アトリーは倒れてきた材木に背中を打たれて倒れた。数週間後には、彼はイギリスのワンズワースの病院におり、病院のすぐ近くには監獄があった。兄のトムは、良心的反戦主義者としてその監獄に投獄されていた。

一九一八年一〇月初め、ドイツ参謀本部は戦争継続を断念し、アメリカ大統領ウィルソンの提案した一四か条を基礎に講和を申し出た。第一次大戦は終わった。

ステプニーの市長に

一九一九年一月一六日、アトリーは病院で除隊の書類に署名し、直ちに地下鉄でステプニーに行った。ヘイリベリー・クラブの窓には板が張られており、誰もいなかった。アトリーはかつてのクラブ員の多くが戦場で倒れたことを知った。その夜は生家で家族と再会し、戦前ついていたロンドン経済学学校での講師職が彼の復帰を待っているという知らせを聞いて喜んだ。アトリーは、下院議員に当選するまでこの講師職を続けることになるであろう。

翌朝には身の回りのものをスーツケースに詰めて、ロンドンに帰っている。その日、最初に訪ねたのは薬局を営んでいた地元の政治ボス、トビンであった。大戦前の十数年間、ロシア帝国内のユダヤ人迫害が激しくなっており、大量のユダヤ人がロンドンに流れ込んでいたが、トビンもその一人であった。ユダヤ人のほとんどが縫製業で暮らしを立てており、中には親方になって工場を持っている者もいた。多くが社会主義者で、宗教を捨てていた。アトリーはまた、もう一人の政治ボス、アイルランド人のエイルウォードにも会った。ステプニーには多くのアイルランド人労働者が住んでおり、彼らはカトリック教徒で、政治的にはアイルランドの自治、あるいは独立を願うナショナリストであった。社会主義者ではなかったが、二〇以上ある地域の組合のどれかに属していた。

前年にステプニー労働党が結成されており、トビンがその書記であった。トビンとエイルウォードが談合すれば、ステプニーの三つの選挙区のどれかでアトリーを候補者として指名することができるであろう。そして次の総選挙には、ステプニーから下院議員に立候補させることもできるであろう。それが二人の政治ボスの構想であった。一九一八年の選挙法改革で三〇歳以上の女性にも選挙権が拡がっており、その女性票も動員できるであろう。

一九一八年の党規約の改正で、労働党はすべての選挙区に支部を置き、組合員は集団加盟し、組合員でないものは個人加入することになっていた。同じ年の党綱領改正で、今では「生産手段の公有」を掲げる社会主義政党になっていた。またウィルソンの一四か条にもとづき、秘密外交ではなく公開の民主的外交、勢力均衡の外交政策ではなく国際連盟の集団安全保障による安全保障という、党独自の外交政策を掲げていた。自由党に失望した中流階級の票を期待することもできるようになった。独立労働党の平和主義者は、アトリーの従軍を「偏向」とみなしていた。また、下男に朝風呂を立てさせている男は社会主義者かという声もあったが、逆に保守党支持者の中に、「国王と国」のために戦った元軍人、オックスフォード訛りの英語を話す紳士として彼に好意を持つ有権者もいた。現実に労働党は、アトリーをミスターではなく「少佐《メイジャー》」の敬称で呼んで、いわば売りものにしていた。二人の政治ボスの後押しで、アトリーは次期総選挙にステプニー・ライムハウス選挙区の労働党候補として推薦された。

次期下院議員選挙の候補に指名されると、彼は自分の家、同時に党の選挙本部に使えるような家を探した。そしてかつて富裕な商人が住んでいた大きな家、ノルウェー・ハウスの賃借権を入手した。費用は自弁であった。商人がこの家を手放した後は保守党の選挙本部として使われていた家である。この家の一階はライムハウス労働党の本部、図書室、そして卓球台、ビリアード台、それに会議の前の食事や会議の後のビールも利用できる本格的なクラブにした。二階は彼の住居、三階にはヘイリベリー・クラブ時代に身の回りの面倒を見てくれた下男グリッフを住まわせ、彼の食事と朝風呂を用意してもらうようにした。下院議員候補として活動しているというので、家族や友人にも立派に顔向けできるようになった。

議員候補者がその家に住んでいると聞いて、問題を抱えた有権者が引きも切らずに訪ねてきた。家賃の滞納を訴えに来た主婦には、彼はグリッフに命じて暖炉に火を起こし、お茶を淹れさせ、「さあお母さん、泣くのはおやめなさい」と言う。持ち込まれるのは、夫の失業、娘の妊娠、息子がドックの石炭置き場で盗みをはたらいて警察に引っ張られたなど、決まりきった問題であった。彼の戦前の活動の記憶も人々に忘れられずに残っており、地区の孤児院の議長、貧民護民官など、新たな仕事が舞い込んできた。

トビンは彼の名を広めるために、ロンドン市議会議員選挙に挑戦するように勧めた。アトリーは八〇票の差で自由党候補に負けたが、もし保守党候補が地元で評判のよい牧師でなければ、アトリーが当選したであろうというのが、地元の意見であった。ロンドン地方選挙では、地滑り的な労働党支持への動きがあった。ステプニー区議会では労働党候補はそれまで一人も当選していなかったが、今では六〇議席中、四五議席を取り、アトリーの地元ライムハウスでは一五議席すべてを取っていた。次の総選挙では、自由党に代わって第二党になるのも夢ではなかった。

ステプニー労働党の次の目標は、地区の三つの区議会の上に立つ市長の椅子を獲得することであった。制度的には、市長（伝統的に市長《メイヤー》と呼ばれていた）は三つの区議会の議員によって区議以外から選任されることになっていた。トビンの次の目標はアトリーを市長にすることであった（エイルウォードは、アトリーは下院議員選挙の準備に専念すべきだと言って反対であったが）。三つの区議会のすべてで労働党が優勢であったが、最大の区ホワイトチャペルでは、党の勢力はアイルランドからの移民労働者とベヴィンの支配下の運輸労働者の組合とに分裂していた。トビンの牙城であるマイル・エンドでは、ユダヤ人の縫製労働者が支配的であった。アトリーの地元のライムハウスでは、独立労働党とアイルランド人との間の関係は良好であった。市の予算の使い方では、三つの区は対立するが、アトリーはここでもその複雑な利害を妥協させるのに最適の人と思われていた。

一九一九年一一月一一日、三区の合同会議でアトリーは満場一致で市長に選ばれた。伝統的な市長の首飾り（真鍮製の肩から胸元までの大きい紋章）を授けられた新市長は、今やステプニーは「労働者の手中にある」と宣言した。お隣のポプラーでは、アトリーの戦前からの友人であり、ウェッブ夫人とともに救貧法を地方税ではなく国税で運用することを提唱した王立調査委員会の少数派報告を書いたジョージ・ランズベリーが、市長に選ばれていた。
新市長の最大の政敵らしいものは、既存の政党ではなくて、住民税納税者連合という名の圧力団体であった。労働党が政権を握れば労働者の福祉を賄うために増税し、中小企業を苦しめるのではないかと恐れられたからである。アトリーは、五年ごとに開かれる資産調査委員会の議長になり、労働者住宅の家主の資産を再評価する職業的な調査員の協力を得て、二〇〇万ポンドの地方税増収を達成した。それによって産前女性と幼児の診療所を五か所に設け、医療と衛生を担当する専門的な公務員を配置し、六〇〇〇軒の貧困家庭に牛乳を配達した。廃棄物収集を市の責任にし、老朽化した家の家主には改修を命じ、それを監視する担当者を定めた。道路は舗装され、街灯は増えた。一九世紀末、自由党急進派の市政がガスと水道を市営化した時には「ガスと水の社会主義」と呼ばれたが、二〇世紀にはそれに電気が加わった。アトリーは首都の電気事業に市長として参画している。このような一年間の成果を目にすれば、住民税納税者連合も文句のつけようがなかった。

他方でアトリーは、全国の市長会議を組織した。また一九一九年一一月のロンドン市議会選挙の結果、ロンドンの区議会から選任された市長《メイヤー》二八人中、一五人が労働党員であったが、アトリーは彼らとともに、ダウニング街一〇番地の首相官邸にたいし失業者救済の請願を組織している。一五人の市長はそれぞれにデモ隊を引き連れており、その多くは元兵士であった。このロイド・ジョージ首相との面会について、アトリーは、「私の一年間の市長生活の中で、もっとも興奮した事件であった」と、後に語っている。首相は公共事業の拡大を約束したが、その間、デモ隊と騎馬警官との間に衝突が起こった。アトリーはいかにも元将校らしく、手にしていた将校の指揮棒を振るって、ステプニーのデモ隊に「回れ右」を命じ、さっさと引き上げた。おかげでデモ隊員は頭を割られずに済んだ。アトリーの名が全国紙の紙上に現れるのは、この頃からであった。

もちろんアトリーの名は、ロンドンの労働党内ではすでに知れ渡っていた。後年、アトリーと労働党でともに活動する者たちも、頭角を現しつつあった。前述のようにランズベリーはステプニーの隣のポプラーの市長であった。ロンドン警察の警察官の子に生まれたハーバート・モリソンは、ロンドン全体の労働党の書記であった。数年後、一般運輸労働組合の書記長となるベヴィンは、ストライキを指揮しながら組合員を急増させていた。

後にランズベリーは、一九三一年の党首マクドナルドの「裏切り」を受けて再登板したヘンダーソンが総選挙敗北によって退陣したあと、下院労働党の指導者になる。彼は平和主義者で、軍事予算に反対する立場を堅持したが、党大会でベヴィンの攻撃を受けて辞任、アトリーが彼のあとを継いで党指導者になる。そして三〇年代の後半から四〇年代の労働党の政策決定は、アトリー、ベヴィン、モリソンの三人でもっぱら決定されていくことになる。

ヴァイオレットと結婚

一九二〇年五月、母が癌を患って七二歳で死んだ。両親を失って家族は家を売った。六月末には長姉ドロシーが四二歳で死んだ。これまで生家を中心に結束の固かった七人の兄弟姉妹は、それぞれの道に分かれていった。選挙戦に備えてアトリーが同居させていた選挙管理人ベケットは、アトリーが孤独を口にしたのに気付いていた。その頃に書いた二編の詩は孤独をテーマにしていた。「私の夜のランプは、無駄に明かりをともしている」がその一節であった。市長の激務で疲れてもいたのであろう。

ベケットは、アトリーの身辺に女性がいないことを気にしていた。市の行事で市長夫人役が必要な時には、姉のメグが代役を務めていた。下院の選挙戦では候補者夫人も重要になるであろう。ある夜のこと、ベケットが何故結婚しないのかと尋ねると、アトリーは普段のユーモアを失って憂鬱で辛辣な口調になったという。ベケットは、アトリーが過去に手ひどい失恋を経験して、未婚で中年の女性にたいして、「自分に狙いをつけているのではないか」という警戒心を持つようになったのではないかと、想像していた。ついでに言うと、選挙管理人は、腐敗・違法行為防止法の制定（一八八三年）以降、例えば管理人が票の買収を行った場合、候補者も連帯責任を負うという、半ば公的な立場にあった。

兄のトムが、共通の友人がその母と妹ヴァイオレット・ヘレン・ミラーとともにイタリア旅行に行くから一緒に来ないかと誘ったのは、この頃であった。イタリア史を研究したアトリーはいい案内役になると思ったのかもしれない。そしてこの旅行の間に、ヴァイオレッ（ヴァイオレッ

ト の愛称）とアトリーは恋に落ちた。ヴァイは保守党支持の家に育ち、政治にはまるで関心がなかったが、彼の演説を一度聞いただけで、結婚に同意した。帰国から数週間のうちに婚約し、一九二二年一月一〇日、彼の三九歳の誕生日の一週間後に結婚式を挙げた。新居はステプニーから八キロ離れたエセックスに構えた。

下院議員としての出発

ここで戦中と戦後に生じた政党政治の変化を簡単に展望しておこう。第一次大戦は、自由党のハーバート・アスキスの政権下で始まったが、砲弾の不足、徴兵制、ダーダネルス作戦の失敗などが重なって、保守党との連立に踏み切った。労働党指導者ヘンダーソンもこの内閣に文相として入閣しており、労働党員の最初の閣僚であった。しかし陸相ロイド・ジョージは積極的な戦争の遂行を求めて戦時小内閣制を首相に提案し、首相がこれを退けると、首相・陸相間に交わされた書簡を新聞に公表することを要求した。前線の兵士たちの反響を恐れたアスキスは辞任し、いわば宮廷革命的な手法によってロイド・ジョージ連立政権が誕生する。これは「保守党のもっとも反動的な分子と戦時利得者を入閣させた、平時なら到底考えられないような政権」と新聞で評された。

他方でヘンダーソンは、交戦諸国の社会主義政党を含めた国際社会主義の協調によって戦争の早期終結を求めるストックホルム会議を提案し、それがロイド・ジョージ首相の反対で却下されると辞任した。そして戦後には、「生産手段の公有」という明確な社会主義的な党綱領を掲げ、さらには党独自の外交政策を持った新しい労働党を生み出すのである。

終戦直後の総選挙では、ロイド・ジョージは戦場で戦った「英雄たちに相応しい家」を公約して勝ったが、戦後の不況でこの公約は実行されなかった。「英雄」たちは「裏切られた」。一九二二年、ロイド・ジョージは、この不評を挽回するために折からのギリシャ・トルコ間の紛争に介入しようとした。保守党の議員はこれに反対して連立離脱の動きに出て、ロイド・ジョージ連立政権は崩壊した。自由党はロイド・ジョージ派とアスキス派とに分裂した。自由党に代わって労働党が野党第一党になる機会が到来したのである。保守党の新首相アンドルー・ボナー・ロウは、総選挙の投票日を二二年一一月一五日と定めた。

イギリスの選挙戦の形態はすでに確立していた。党の運動員が有権者の家々を訪ね、どの党の候補者に投票するかを尋ねる。運動員は選挙管理人から、反感を買うかもしれないから、議論してはならないと、厳しく言い渡されている。必要ならば候補者が政策の説明に訪問してよいかと尋ねるだけである。そして投票日には、支持を表明した有権者を投票所に動員する。老人や病人には馬車や車を手配する。有能な選挙管理人は、支持票を一〇〇票以内の正確さで把握しているものである。

アトリー自身の選挙マニフェストを次に紹介しておこう。

「連立政権は死んだ。連立が去るとともに、有権者には誰が彼らの信頼を裏切ったかを判断する好機が到来している。保守党と自由党は袂を分かち、……再びあなたを騙そうとしている……真の争いは資本と労働との間の争いである。あなた方の多くと同じく、私は永続的な平和と万人のよりよい暮らしを希望して大戦に参加した。われわれには、戦争はもうあってはならない、大戦を戦った人々の面倒は見る、失業と貧民窟と貧困はなくすという公約がなされた。私は富に反対し、生活のために立ち上がる。私は、国中のすべての男女と子供には可能な限り最善の暮らしをする権利があると主張する。少数の富裕な階級の利益のために人民大衆を搾取するのではなく、土地と資本が国民の所有になり、社会の利益のために利用されるような協同社会として、国を組織化することを要求する」

彼は前政権の失業と住宅建設の記録（それは「キリスト教国家の恥辱だ」と彼は言う）と外交（「講和条約は破棄しなければならない」）とを激しく攻撃し、富の再分配（「資本に課税すれば納税者の負担を緩和し、物価を低下させるであろう」）を要求した。選挙結果は、それまで一六年間議席を確保していた連立自由党候補に二〇〇〇票近い差をつけ、一万近い票を得て、C・R・アトリー少佐が勝った。全国的には、労働党は一四二議席を獲得した。

総選挙の結果、労働党議員の階級構成は大きく変化した。前の議会の労働党議員はすべて労働者階級出身で、組合員でないのは三人だけだったのにたいし、新議会では組合員は一四二人中八〇人であった。新議員のほとんどは戦後に連立政権、特にロイド・ジョージの外交政策に抗議して労働党に入党しており、その多くが元自由党員であった。彼らは社会主義のためでなく、保守党に反対するために入党していた。アトリーはオックスフォード出身の最初の労働党議員であったが、戦前からロンドンの下層社会で活動した生え抜きの労働党員であることは党内でよく知られていた。

新議会では、元労働党党首マクドナルドが現党首のクラインズを僅差で破って党首に選出された。すでに述べたとおり、マクドナルドは開戦に反対して党首を辞任していた。一九二二年にあっては、戦争に幻滅したアトリーには、マクドナルドの方がヘンダーソンよりも、そして彼自身よりも正しかったように思えた。同じ年、アトリーは大衆集会での演説で「国の政策の手段としての戦争」を否認し、「資本家の手に軍備を与える」ことを拒否している。彼は後に、ヘンダーソンに説得されて、この立場を変えることになるであろう。

マクドナルドは、アトリーが彼と同じく独立労働党員であること、彼の出身階級と軍歴を考慮に入れて、議員秘書の一人に任命した。もう一人の秘書は北部の炭鉱夫であったJ・ローソンであった。ローソンは開戦とともに従軍しており、マクドナルドは、この元軍人二人を秘書にして、自分の平和主義の前歴から身を守ろうとしていた。アトリーは、ここで初めて北部出身の労働者と接することになった。

新議会は投票日から五日後、一一月二〇日に開会された。日本では新議会は首相の演説で始まるが、イギリスでは国王が上院に臨席し、首相が準備した新政権の立法と外交の方針を、国王が「私の政府」の計画として発表する。下院議員は与野党が二列に並んで上院の議場に繰り込み（労働党は今や野党第一党に躍進していた）、入ったばかりのところで柵の前に立ったまま国王の詔書を聴く。それから下院の議場にもどって審議に入る。野党の役割は、もちろん詔書を攻撃することであった。

新議会は騒々しい議会であった。スコットランドの南西部、クライド湾一帯の造船業地帯から選出された独立労働党の議員カークウッドは、彼を見送りにグラスゴウ中央駅に集まった支持者にたいして、「われわれが帰って来た時にはこの鉄道は人民のものになっているだろう」と演説したが、それが審議の基調になった。いわゆるクライドサイダーたちは口々に政府の失業対策が不十分だとして攻撃した。

議長は議題を変えたいと思ってか、近くにいた労働党の院内幹事に目で合図し、誰か別の議員に話させるよう指示した。ちょうどその時アトリーが議場に入ってきたため、幹事は彼に目で合図して、アトリーは承諾した。新議員の最初の演説は「処女演説」と呼ばれており、新議員はいらいらしながら何週間も待たされるものであるが、アトリーは開会最初の日に議長に指名されることになった。議長の意に反してアトリーもまた失業問題について語ったが、論調はまったく違っていた。

「戦時中には失業者はいなかったが、何故そんなことができたのか……政府が課税と融資によって国民の購買力を統制し、戦争に勝つのに必要な物を作ることができたからである」。クライドサイダーたちは失業について語ったから満足したし、この演説は、イギリス議会史上最初の女性議員アスター夫人（彼女の夫は有力な日曜新聞オブザーバー紙の社主であった）をはじめ、一部の保守党議員にも十分に納得できる議論であった。

この日の審議の最後に、生まれて間もないイギリス共産党の最初の、そしてただ一人の新議員も発言している。彼が指名されると、もの見高い議員たちは議場に取って返した。新議員は、自分は「ニコライ・レーニン氏の深紅の旗を掲げたただ一人の代表であることを誇りとする」と語り始めた。失業問題は「議会ではなくて街頭で解決されるであろう」という発言に議場は笑い崩れたが、「最後に笑うものが一番大きく笑う」と、彼は応酬した。

議員秘書の役目は、一般党議員の意見や気分の状態を党首に伝えることであった。アトリーは自分より一六歳年長で、その風貌や弁舌がいかにもカリスマ的な党首マクドナルドを尊敬していた。元軍人らしく、上司にたいする忠誠心を第一のことと考えていた。他方でマクドナルドは、社会改革が議会を通じてのみ実現できるということ、そして労働党が政権を担当するに相応しい党であること、この二つを有権者に納得させることを自分の使命と考えていた。

イギリスの下院はフランス革命以降の半円形の議会と異なり、与野党が向かいあってベンチに陣取る。議長から見て右側の最前列のベンチには政府の閣僚が、左側の最前列には「影の閣僚たち」といわれる野党の指導者が座るが、労働党側の議席の後方から党首を無視して革命的な言葉を吐き、政敵を罵倒するクライドサイダーたちの言動を、マクドナルドは苦々しく思っていた。そしてアトリーのような中流階級出身の同僚には、彼らにたいする軽蔑の気持ちを漏らすようになった。マクドナルドはもとは教師で、教師にありがちなことであるが、自分は何事についても誰よりもよく知っていると思い込み、側近以外の同志の意見には耳を貸さなかった。後年アトリーは、「私はこれはまったく間違ったことだと思っていたが、当時の私は一介の秘書でしかなかった」と書いている。

たしかに彼は、党の政策に何らかの貢献ができるような立場にはなかった。翌年六月の年次党大会では、独立労働党議員は自分たちも加盟している議会労働党が継続して軍事予算に反対するべきだと提案した。マクドナルドはもちろん、ヘンダーソンをはじめ労働党の長老指導者はこの決議案に反対したが、アトリーは留保付きで支持した。陸軍の小部隊は維持すべきだが(タイムズ紙の記事は、「何と、何と」という野次を書き込んでいる)、この一時的措置と、労働党が反対している政府の軍備を支持することとは別のことであると演説した。一九三〇年代の労働党はこの時のアトリーと同じ立場に立つようになるが、一九二三年には決議案は簡単に否決されている。

初の労働党政権

他方、一九二三年の半ば、保守党では病弱のボナー・ロウに代わってボールドウィンが党首となり、首相も交替した。誰もが総選挙は近いと予想していた。スタンレー・ボールドウィンは大鉄鋼会社の家に生まれ、労働者には家父長主義的な親近感を持っていた。回想録には、ている。

「不況の時、労働者のクビを切らねばならないことほど、心の痛むことはなかった」と記している。アトリーは「彼は労働党議員、特に組合員には自分の党の人々よりも気楽に接していた。また所有にもとづく政党と同じく、労働党にも政権を取る資格があると感じていた」と、書いている。

しかし首相は、国内産業を保護するために関税を導入するという大胆な政策転換を唱えた。そして二三年一二月の総選挙では、一九〇六年の総選挙と同じく、自由貿易を唱える自由党と労働党とが、対立候補は立てないという協定を結んで勝利した。イギリスは食糧については大きく輸入に頼っていたから、労働党にとって、自由貿易とは「安いパン」のことであった。アトリーは得票を大きく伸ばして当選し、労働党は前回より四九議席増の一九一議席、自由党は一五九議席、保守党は二五八議席であった。議席の過半数をとった党がなく、三党が鼎立するという、憲政史上、前例のない議会で、労働党が単独でか、あるいは自由党の閣外協力によってかで政権につくというのが大方の予想であった。

元首相アスキスは、自由党の議員たちの会合で「労働党は国民の信頼を得ているという意味では強いが、悪をなすだけの強さはない。試しに労働党を政権につけるには一番安全な状態である」と語って、後者の路線を支持した。他方でチャーチルは、二二年の選挙で落選し、それ以後、総選挙と補欠選挙に立候補していずれも落選していたが、「社会主義政権を建てるのは、敗戦後の大国に通常起こるような国家的な災難になるであろう」として反対していた。

労働党の指導者たちはウェッブ夫妻の家に集まって協議し、単独政権の路線を定めた。指導者たちの会合に出席していた蔵相スノウデンは、労働党政権は「実現可能な立法だけを提案して、極端な政策をとるべきではない……われわれは粗暴な人々の支配下にはないことを示してみせねばならない」と語ったが、それが新政権の基本政策を決定した。「一介の秘書」でしかないアトリーは、マクドナルドをはじめ党指導者の路線が正しいと考えていた。「有権者が今や労働党は保守党政権に代わり得る党であることを理解しているとすれば、有権者に労働党政権の実現を見せる必要がある」というのである。

一九二四年一月八日、労働党は選挙の勝利を祝う大きな集会を行い、その日、議会でボールドウィン首相は、信任決議で敗れるまでは政権を継続すると発表した。一月一七日、労働党は政府にたいする非難決議を提出、自由党がそれを支持して二一日に可決されると、翌日、ボールドウィンは辞任した。国王は直ちにマクドナルドを宮殿に招いた。史上最初の労働党政権がここに誕生した。

新首相は、誰とも相談せずに、自分一人で閣僚を選んだ。党は後に、閣僚は議会党や全国労働党執行委員会の選挙によって選ぶべきだと主張するようになるが、アトリーはマクドナルドが正しいと考えていた。「機構に頼って責任逃れをするよりも、党首に信頼されているものが選ばれるべきである」と彼は考えていた。しかしアトリー自身はあまり信頼されていないようであった。アトリーは陸軍省の政務次官（現在の日本の政務官にあたる）に、彼とともに議員秘書であったローソンは陸軍省の財務担当の次官に任命された。二人の軍歴が評価されたのである。二人は、戦時中には上官であった将軍たちが、行政的には二人の監督下にあることを面白がった。他方、将軍たちは、この二人の元軍人を先の保守党政権の「怠け者」の次官たちよりも信頼していた。アトリーは、党が野党である時は党のために働き、与党になれば国の観点に立たねばならないと考えていた。クライドサイダーたちは予算審議で陸軍の一〇万人の削減を提案したが、アトリーは議場では慎重に沈黙を保った。陸軍予算が七〇〇万ポンド削減されたのは、先の保守党政権の方針をそのまま継承したものであった。

アトリーはマクドナルドと同じく漸進主義に立ち、同時に、労働党政権は政権を担当し得る政党であることを示してみせねばならないと信じていた。少数派の政権には到底無理な課題であった。クライドサイダーはますます過激な要求を突き付け、独立労働党はますます独立性を強めていく。首相は党内の競合する期待を巧妙に両立させようとした。グラスゴウの独立労働党所属のウィートリーは保健・住宅相に任命されていたが、厳しい財政難の中で住宅建設の政府補助金を大幅に増額する法案を成立させた。これは新政権のただ一つのめぼしい成果であった。特にアトリーの選挙地盤のステプニー、六〇万人の最貧困者が密集する、一家族が一部屋に暮らしている地域には大きな恩恵をもたらした。

2　労働党の三一年政変

保守党政権時代の始まり

労働党の最初の政権は、突如として成立したのと同じく、これまた突如として倒れた。一九二四年八月、共産党の党週刊紙に掲載された「仲間の労働者を撃つな」という記事を、軍の反乱を煽動しているとして法務長官が起訴したのがきっかけであった。労働党議員がそれに抗議し、法務長官は起訴を取り下げたが、保守党の調査委員会の設置を求める動議を自由党が支持し、政府は議会採決で敗れた。

こうして、二年間で三度目の総選挙が行われることになった。投票日の五日前、外務省はコミンテルンの議長ジノヴィエフがイギリス共産党に武装蜂起を指令したとする書簡を発表した。今ではこの書簡はイギリス情報機関が偽造した文書であることが知られているが、このことによって労働党と共産党は同一視され、総選挙は保守党の大勝という結果に終わった。労働党は四〇議席を失って一五一議席、自由党は四〇議席に転落した。保守党は一六一議席を新たに獲得して四一九議席、保守党の議席数は、労働、自由両党の議席の合計の二倍以上という大勝ぶりであった。アトリー自身は先の総選挙より二四〇票多く得票している。総じて有権者は、最初の労働党政権の成果は乏しかったにもかかわらず、労働党を保守党に対抗できる党として信頼しているようであった。

この総選挙では、チャーチルは無所属の立憲派を名乗って立候補していた。保守党選挙区組織の多くは立憲党とも名乗っていたから、事実上、保守党候補であった。彼は演説に熱が入ってくると、社会主義とソ連にたいして激しい攻撃を加えた。「ブリタニア（イギリスを象徴する女神）の盾は、汚らしい共産主義の赤旗ではなく、ユニオン・ジャックの旗で飾ろう」。このような内容空虚な熱弁は、戦前の自由党時代の彼にはなかったものであった。新首相ボールドウィンは、驚いたことにそのチャーチルを新政権の蔵相、首相の次に位置する閣僚に登用した。ボールドウィンは、チャーチルがロイド・ジョージと組んで強力な「中央党」を結成するのを恐れた。チャーチルは、野に放っておくより内閣に入れておいた方が安全な人物と思われていたのである。

それからの一五年間は、短期の第二次労働党政権を別とすれば、事実上保守党政権の時代であり、保守党のボールドウィンとネヴィル・チェムバレンが首相であった。この二代続く保守党政権は、「もっとも無能で凡庸な政権」と言われている。この無能で凡庸という伝説を作ったのは、第二次大戦の戦後にチャーチルが書いた『第二次大戦史』であったが、その彼は、この無能・凡庸の時代の始まりに、凡庸な蔵相として返り咲いていたのである。

一九二二年の初当選からの二年間、アトリーは多忙であった。議員秘書、次いで陸軍次官として、彼は最前列のベンチの後ろに座り、議会政治の手続きを習得した。他方、二三年二月には第一子が生まれ、妻は産後の鬱病で数か月入院している。毎夜、深夜に帰宅する多忙な生活の傍ら、彼は妻の実家と自分の姉たちの援助を得て、父と夫としての役割も果たした。多忙のためにロンドン経済学学校の講師職は続けられなくなって辞任した。政権を離れて次官の給与を失うと、深夜にジャーナリズムの仕事をして生活費を稼がねばならなくなった。

ゼネストとその敗北

ところで蔵相チャーチルにとっての最大の課題は、イギリスを金本位制に復帰させることであった。先の労働党政権の蔵相スノウデンは、チャーチルの予算案を金持ち本位の最悪の予算案と攻撃したものの、金本位制については一言も言及していなかった。チャーチルの復帰案を一貫して批判していたのは、経済学者のケインズただ一人であった。ケインズの計算では、チャーチルの案は、ポンドの一〇%切り上げを意味していた。イギリスの輸出商品の価格はその分だけ高くなるわけである。それにともなう輸出競争力の低下は賃金の切り下げによって埋め合わせることになるであろう。

実際、一九二五年の金本位制復帰のしわ寄せを真っ先に被ったのは、かつてはイギリス輸出産業の筆頭であった石炭業であった。もともとこの時期、二三年以来フランスの軍事占領下にあったドイツのルール炭鉱が操業を再開したために、イギリス石炭業は赤字経営に転落しつつあった。二五年六月、経営者側は組合にたいして、賃金の切り下げか、それとも一日七時間制を八時間に延長するかを選ぶよう通告した。労働時間の延長は、当然クビ切りが始まることを意味していた。イギリス炭鉱夫組合は全国ストライキで応えることを決定し、労働組合の全国組織である全国労働組合会議は鉄道をはじめとする運輸労働者が共同行動に出るよう呼びかけた。

ボールドウィン首相は、賃金切り下げ期日ぎりぎりに、政府が当面補助金によって切り下げ分を支払う提案を行い、その間にサムエル卿を議長とする調査委員会の答申を待つことにした。委員会は六か月を費やし、翌年三月に答申した。報告は炭鉱施設の近代化を提唱していた。近代化は巨額の投資を必要とするが、同時に石炭業がこの投資によって利潤を上げられるようになるまでの「一時的な賃金切り下げ」を勧告した。石炭業を国有化するか、それとも（事実上それに近いことであるが）政府補助金の支給を続けるか、それ以外の道はおそらくこの勧告でしかあり得なかったであろう。

炭鉱夫組合はこの勧告を拒否し、一九二六年五月一日、炭鉱は全国的にロックアウトされた。全国労働組合会議の総評議会はゼネスト計画を承認した。新聞の印刷工も、労働運動に敵対的な社説を掲載したとして新聞を停刊させ、政府はそれを口実に全国労働組合会議との交渉を拒否した。総評議会はむしろ政府に挑発されてゼネストに入った。政府はあらかじめ事態に対応する準備を整えていたが、組合側には長期の闘争の準備がなく、全国労働組合会議の全国ストは九日間で終わった。一方、炭鉱夫はその後六か月間戦い続け、餓えに迫られるまでは職場に帰らなかった。

一般の労働党議員は労働運動にたいして同情的であったが、国民全体から選ばれた政府にたいして、組合という部分的利益の組織が敵対するのには懐疑的であった。党首マクドナルドは、労働党が保守党に代わって政権を担当できるような「責任のある」党になることを望んでおり、アトリーもその点では党首と同じ意見であった。他方で失業のような実際的な問題について、世論の反感を恐れて明確な政策をとれないことにも不満を感じていた。現実に第一次労働党政権下の一九二四年二月には、ベヴィンが率いる一般運輸労働組合は、政府の意向に反してドック労働者のストライキを行い、雇用者側を屈服させていた。三月にはロンドン市電労働者のストがあり、鉄道労働者が同情ストに出ようとした動きに、政府は先のロイド・ジョージ政権下で制定された非常事態法で対処していた。このストは一〇日で終わった。

ベヴィンは、ゼネストにおいては事実上、全国労働組合会議のストライキ指導者であった。一九二六年の党大会では、彼は労働党は議会の多数を占めていない時には政権につくべきではないという決議案を提出している。「政府は始終変わる。しかし労働条件をよくするための労働者の戦いはいつも続けていかねばならない……もし政治指導者が、自由党の支持に依存しているという理由で社会主義的な立法をできなかったと言うのならば、労働党指導者は党が議会で多数を得るまでは、けっして政権についてはならない」と言うのである。彼はマクドナルドに代えてヘンダーソンを党首に選ぼうとして策動したが、これはヘンダーソン自身が反対したために実現しなかった。

ゼネストが敗北に終わると、保守党政権は同情ストを禁止し、またそれまで組合員が組合費と労働党にたいする政治献金を一括して払いこんでいたのにたいして、政治献金を支払うという書類に明示的な署名がないかぎり、政治献金は払わなくてよいという労働組合法改正案を成立させた。もちろん、労働党への献金は大きく減少した。ゼネストの敗北によって、労働者の利益は最終的にはストライキによってではなく、政治的手段によって守るしかないことが明らかになった。現実に、先にも述べたように、保守党に代わり得る党としての労働党にたいする有権者の信頼は失われてはいなかった。アトリーは政治的な武器としてのゼネストが終わったことに安心して、次のように書いている。「私は過去一五年間、ゼネスト論議を聞いてきた。それは起こり、そして壊滅した。ゼネストで何をすべきか、誰も知らなかったからである。そしてほとんどすべての人が、実は自分はそれを望んでいなかったことを知った。それはいつのまにか起こり、そして消えていった。消えてなくなったのは、よいことであった。労働運動は、政治の路線に戻ったのである」。

野党議員となったアトリーは、一九二四年から二六年にかけての下院の委員会で活発に発言している。論点は住民税法案（二五年）と電力法案（二六年）で、アトリーには、いずれもステプニー市長時代に十分な知識と経験を積んだ議題であった。彼にとって、住民税課税の権限を地方議会の手に集中させることが中心的な論点であった。政府案にたいする反対意見はもっぱら保守党の委員から出た。電力については、発電と送電、料金の決定をこれまた地方議会の管理下に置くことが論点であった。労働党からは三人の閣僚級の委員が出席していたが、知識がないためにやがて消えていき、アトリーがこの委員会の事実上の代表者になった。「保守党の閣僚たちは、私の意見に不当に大きな敬意が払われるのに苦情を言う」ほどであった。この委員会での彼の発言の骨子は、戦後のアトリー政権下での電力国有化案のモデルとなった。

ゼネストが始まった時、アトリーは地元選出議員として、ステプニー電力委員会の議長を務めていた。彼は病院にはすべての電力を、住宅には照明用だけの電力供給を確保しようとして会社と組合の間の協定を取り付けていた。しかし照明用とそのほか向けの電力との区別は明確ではなかった。地域の私営の電力会社スカンメルス社が住宅にも動力用電力を供給すると、組合は直ちにすべての電力を切った。会社はアトリーにたいして損害賠償を請求した。請求額は三〇〇〇ポンド。彼の議員手当は年四〇〇ポンドで、二人の娘が生まれていた。彼は自己破産を宣告して、政治から引退しようかとまで考えた。法廷で争い、陪審員が会社側の悪意を認めて、訴訟の取り下げに至るまでに三年を要した。

取り下げが決定された時には、アトリーは、インド自治問題を調査するサイモン委員会の労働党選出委員としてインドへの調査の旅に出ていた。

サイモン委員会

一九一九年制定のインド統治法は、イギリスのインド統治の目的を、インド植民地が自治領（カナダ、オーストラリア、ニュージーランド、南アフリカ）のように、住民にたいして「責任のある」政府となるよう、指導していくことと定め、一〇年後にその進展ぶりを評価する調査委員会を設置することを定めていた。二七年一一月、インド相バーケンヘッド卿はこの委員会の設置を発表した。委員会の議長に自由党の長老サイモンが指名されたことから、委員会はサイモン委員会と呼ばれるようになった。議長に保守党議員ではなく自由党員が任命されたことは、インドの一部では好評であったが、彼が法律家として先のゼネストは違法であると発言し、それ以後ますます保守党寄りに傾いていたことから、インドの自治ないし独立を希望している労働党議員の中では反対が強かった。世間では委員会の設置が一〇年後ではなく八年後に発表されたのは、先の一九二四年総選挙から五年の任期が満了する一九二九年までの間に次の総選挙になり、もし労働党が勝てば、「穏健な」報告が出そうにはないから、先手を打って時期を早めたのだと考えられていた。

マクドナルドは、先の陸相でアトリー次官の上司のウォルシュとアトリーの二人を労働党選出の委員に任命した（ウォルシュは後に健康を理由に辞退し、ハーツホーンが代わりに選ばれた）。何故、アトリーが選ばれたか、その理由は明らかでない。アトリーはすでに「ガスと水の社会主義」、それに今では「電気の社会主義」についてはもっとも精通している議員として定評があったが、インドについては経験も知識もなかった。マクドナルドが「インドに即時自治を」

と唱えたりしない人を委員に選びたいと思っていたのは確実であった。アトリー自身は、この任命にまったく乗り気ではなかった。

委員会は、まず三か月の予備的な調査、そして数か月後にビルマも含めた詳細な調査を行うことになっていた。一九二八年二月、一行はボンベイ港で「サイモンは帰れ」と書いた横幕を掲げた大衆に迎えられた。インド国民会議派もムスリム連盟も、インド人の代表が加わっていないとして、サイモン委員会のボイコットを決定していた。当時のインドは、いわゆる二重統治下にあった。一方では五〇〇以上の藩王国が存在していた。藩王国はそれぞれにイギリス政府と条約を結び、独立を約束されていた。その独立を放棄する意思はまったくなかった。一方、インド国民会議派とムスリム連盟は、中央集権的な独立インド政府を望んでいた。地方には制限された選挙制で選ばれたインド人が参加する立法議会があったが、裁判、警察、財政はイギリス人の州知事が握っていた。デリーには上院と下院の二つの議会があったが、その権限は総督と総督の執行委員会によって厳しく制限されており、執行委員会に参加したインド人は少数派であった。

一九二〇年にガンディが独立を要求して非暴力不服従運動を開始したが、運動が暴力化したため二二年には運動を停止している。ガンディは逮捕され、六年間の禁固刑の判決を受けて投獄され、事態は鎮静化していた。委員会はこの時期にインドを訪問したのである。

最初の調査では、一行はもっぱら鉄道を使ってインド全土を一〇〇〇キロ以上、旅行している。第二回の調査では、委員は妻を帯同することを許され、アトリー夫人には、それは生涯最高の植民地上流社会との交際を楽しむ機会になった。デリーでは、総督アーウィン卿の晩餐に招待された。アーウィンは後に父の爵位を次いでハリファックス卿となって、チェムバレン政権の外相になる。彼は「魅力的な社交家」であった。ヴァイの隣りに座った老貴族は、耳に大きな補聴器をつけていたが、一二歳年長の夫のアトリーを指さして「貴女のお父さん」と呼んだ。その話は家族内の笑い話として残った。最大の藩王国ハイデラバードでは、晩餐に続いて舞踏会があり、アトリーは退屈して真夜中には退席したが、ヴァイは二時まで踊り続けた。同行した妻たちはカルカッタ（現コルカタ）から帰国し、一行はビルマでも調査を続けたが、どこへ行っても聞かされるのは「同じ古い話」で、アトリーはうんざりしていた。他方で兄トムへの手紙には、フランス語を使って「大胆《オダース》に、常に大胆《オダース》にが、今のところ私の唯一の方針だ」、「当地のイギリス人、インド人も含めて、どこか他の国で使われたモデルを使って、既製品の政府をインドに作ろうとしている。それがどこまでインドに適しているか、考えようとはしていない」と書いていた。彼は、インドに相応しい政治の枠組みを一人で考え出そうと苦闘しているようであった。

インド問題への関与

調査委員会の一行がボンベイ港から帰国の船に乗船したのは、一九二九年四月一三日、その時すでに首相ボールドウィンは、五月三〇日に総選挙を行うことを発表していた。帰国の船旅は二週間を要した。四月末の最後の金曜日にロンドンに帰ったアトリーは、その翌日から有権者の戸別訪問を開始している。

ボールドウィンの保守党の選挙スローガンは「安全第一」、ゼネストの記憶はまだ生々しく残っており、失業者数は上昇を続け、何回かの補欠選挙の結果は自由党と労働党に有利という結果になっていたから、保守党は守りの姿勢に入っていた。マクドナルドの労働党も慎重に、ベヴィンや全国労働組合会議が唱えている、労働党が政権をとった時に即時実行に移す政策提案には一言も触れず、選挙綱領は先の党大会の決議「労働党と国民」の枠を出なかった。アトリーはその選挙綱領を「政治綱領というより、信仰と願望の宣言でしかない」と酷評していた。ロイド・ジョージ派の自由党が、ケインズの助言で「われわれは失業を克服できる」と題した大胆な選挙綱領を打ち出し、積極的な公共事業という失業対策を打ち出しているのが目立った。この時期、ケインズの理論はまだ完成していなかったが、自由党の伝統的な政策――国際的には自由貿易、国内では均衡予算と自由放任という、かつてはイギリスを強大にした政策――は、今では経済の停滞をもたらしているという彼の基本構想はすでに確立していた。不況時の政府が緊縮財政政策をとるなら、不況はかえって深刻になるであろう。意図的に赤字財政の状況を作り、政府の事業によって雇用を拡大すれば消費が大きくなり、財政赤字もやがては解消するであろう。ルーズヴェルト大統領は一九三〇年代のアメリカでこの政策、ニュー・ディールを採用し部分的に成功したが、イギリスはニュー・ディールを選んだ最初の国にはなれなかった。この時期のイギリスでは、ロイド・ジョージの自由党の方が労働党よりもはるかに革新的、社会主義的であった。

アトリーにとってもう一つの新しいことは、イギリス共産党の候補者がライムハウス選挙区に立っており、四党間の選挙戦になったことであった。

前年一九二八年にソ連共産党は最初の五か年計画を発足させ、またコミンテルン世界大会は「階級対階級」と呼ばれるようになる決議を採択していた。深まりゆく西欧資本主義の危機の中で(ウォール街で株式の大暴落が起こるのは二九年一〇月のことであった)、資本主義体制がかろうじて存続しているのは社会民主主義、特にドイツ社会民主党がブルジョワジーの政治と経済の危機を救う主柱になっているからであり、したがって各国共産党の「主要打撃の標的は社会民主主義」でなければならないという路線である。

イギリスでその主要な標的に選ばれたのは、労働党の保守的な指導者、マクドナルド、スノウデン、クラインズ、そしてロンドンではアトリーであった。共産党候補タプセルは、アトリーはステプニーを見捨ててインドに「物見遊山」に出かけていたと攻撃し、アトリーは、「私はどのスーパーマンからも、ウェールズの魔法使いからも、あるいは外国の私の知らない誰からも命令を受けない……私は民主主義者である」と反撃した。この「ウェールズの魔法使い」とはロイド・ジョージの仇名であったが、アトリーが特に彼に言及したのは、ロイド・ジョージの選挙綱領に強い脅威を感じていることを示していた。

ふたを開けてみれば、アトリーは、一九二四年選挙の得票に二〇〇〇票以上を上乗せして勝った。タプセルの得票は二四五票であった。議席数では労働党二八八、保守党二六〇、労働党は下院で過半数は得られなかったが過去最多の議席を獲得した。第二次マクドナルド政権の閣僚は、第一次政権の古い閣僚がそのまま居残った。蔵相に再任されたスノウデンが言うように、「閣僚はもっぱらわれわれの運動の右翼の側から選ばれた」。新顔は、交通相に抜擢されたモリソンだけであった。モリソンにはロンドン全体で労働党の支持票を増大させた功績があったが、議員としての経歴ではアトリーの方が先輩格であった。アトリーは第一次政権で陸軍次官に任命されており、彼が閣僚になる順番であったのに、それが見送られたのである。

先にも述べたとおり、アトリーはサイモン委員会に起用されるのに乗り気ではなかったが、その理由は、委員になればインドの現地調査に一年、報告書の執筆にさらに一年を要するであろうし、その間、閣僚として省庁を担当することは望めなかったからである。委員に任命されるにあたって、彼はこの点をマクドナルドに直接確かめていた。その時マクドナルドは、アトリーにたいして、委員に就任しても入閣の機会には影響しないと約束しており、ハーツホーンにも同じ約束をしていた。しかし新首相はアトリーの閣僚任命を見送ったのである。

アトリーの書簡の問い合わせにたいして、マクドナルドからは次のような返事が来た。「私はインド問題については、非常に苦慮している。しかしもちろん、委員を入閣させることはできない」。この「もちろん」が、アトリーをひどく苛立たせた。もちろんアトリーも、委員である間は省庁の担当は無理であることは知っていた。だからこそアトリーは、委員就任を承諾する前に、この点を確かめたのである。その時の約束は破られた。せめてマクドナルドは、アトリーが新聞で自身の入閣が見送られたことを知る前に、書簡であらかじめ知らせておくことはできたはずであった。そのような心遣いもなかった。

アトリーには、マクドナルドからの扱いについてもう一つ不満があった。彼は自伝でその点について次のように記している。「インド委員会はまだ報告を出していなかったが、委員は有用な情報を得ていると考えることもできたであろう。マクドナルドは自分がインド問題に対処すると言ってはいたが、その時もまたその後にも、彼の任命した委員の見解を確かめるのに五分だけでも割こうとはしなかった」。アトリーは自分がインドについていかに無知であるかを知り、この知への第一歩を踏み出し、何が真の知であるかを求めて苦しんでいた。インドについて二冊の本を書いたマクドナルドは、自分の無知をけっして認めようとはしなかった。

第二次マクドナルド政権の最初の一年間、アトリーは報告書の執筆に専念していた。しかし一九三〇年六月に発表された報告書は、その発表以前にすでに現実の事態の動きに追い越されていた。インド総督アーウィン卿は、インド側の敵意の高まりを見て、二九年の夏、労働党政権の成立後に本国に帰って新政府と協議し、イギリス政府のインドにたいする善意を示すために何らかの対策が緊急に必要であると提唱した。彼はまず、イギリスとインドの代表の「円卓会議」の開催を提案した。二八年の五月、まだ労働党が政権についていなかった時期に、マクドナルドが「何年か後というより、何か月かのうちにインドが自治領になることを望む」と発言したのに、総督は反対していたが、今では総督もそれに同意したのである。

円卓会議の開催と自治領インドの承認は一九二九年一〇月三一日に発表された。インド側はこの発表を歓迎したが、保守党は猛然と反対した。労働党政府は、円卓会議はサイモン委員会報告がインドで受諾される雰囲気を作ることを意図していると弁明したが、これはいかにも無理な弁解であった。サイモン自身が委員会の調査と報告が事実上棚上げになっているのに抗議し、報告を提出しないで辞職すると語った。労働党内では、サイモン委員会に属しているアトリーは、インドについては「右翼的」であるとみなされたから、彼は大いに感情を傷つけられた。

この報告書の結論の部分には、アトリーが大きく関与している。結論は、インドの各地方には自治を大きく拡大することを提唱していたが、中央での自治には「慎重」という立場であった。ヒンドゥ教徒とムスリムとの間の対立が激しいこと、藩王国の独立は動かせないこと、また独立インド軍の将校になり得るインド人が少ないこと、この三つが理由であった。

「中央政府についての真の困難は、イギリスにたいして責任を負う政府とインド人民にたいして責任を負う政府との中間に立ち得る舞台が存在していないことである」というのが、彼の結論であった。アトリー自身は、インド人民の自決なくしては真の解決はあり得ないという結論、今にして思えば当然すぎる結論のほんの一歩手前まで来ていた。この一歩を進めるには、もう数か月を要するであろう。話を少し先まで進めて言うと、一九三一年八月の政変——党首マクドナルドが党を裏切り、いわゆる挙国一致内閣を成立させてからのことであった。

政変の日の午後、アトリーは党議員集会で次のように語った。「インドはさまざまな経済的、社会的な諸悪に苦しめられてきたが、その諸悪を除去するにはいわば巨人の手を必要としていると、私は信じている。その手が外国の手でないのは確実である。それはインド人民自身の手でしか、実現できないのは確実である。すべての民族的、あるいは民族主義的な運動は、ほとんど常に経済的な諸悪にもとづいているが、……それは結局のところ自決権がないことに由来しているのである」。一九三〇年代、四〇年代を通じて、彼はインド問題について党を代表して発言し、四五年、アトリー政権が成立してからは、首相としてインド問題に対処する。その政策には何の動揺も躊躇もなかった。

一九二九年と失業問題

第二次マクドナルド労働党政権が直面させられた最大の試練は、失業問題であった。一九二九年一〇月二四日に始まったニューヨーク株式市場の大暴落がその発端であった。発端がイギリス政府の支配下になかっただけに、対処は一層困難になった。イギリス製品の最大の輸出先であったアメリカ市場が崩壊し、三〇年三月にはイギリスの失業者数は一七〇万人を超え、急速に増加しつつあった。議会ではロイド・ジョージが公共事業の導入を要求して政府を攻撃したが、マクドナルド首相と蔵相スノウデンは、頑固に財政緊縮によってインフレーションを抑制しようとしていた。

下院での特に激烈であった経済問題の審議で、モリソン交通相はロイド・ジョージに向かって、「今夜あなたは、われわれを非常にひどい目に遭わせた。ウィンストン・チャーチルでさえ、政府は世界経済の疾風の犠牲者であると言っているのに……」と、応答した。ロイド・ジョージはにこやかに背後の野党席の同僚たちを振り返り、一九二〇年、彼が首相であった時、アトリーやモリソンなど、ロンドンの市長たちが首相官邸に押し寄せ、失業対策を要求した事件を思い出させた。「若い人よ、私はロンドンの市長連がスコットランドでの休暇先まで私を追い回し、ひどい目に遭わせたことを思い出している」。これが「政権にあることの代償」であると言うのであった。クライドサイダーとグラスゴウの独立労働党の議員たちは、労働党主流と決裂する寸前であり、失業手当をほとんど増額させていないとして、政府の失業保険法案を左から攻撃した。

アトリーの選挙区ライムハウスは、ドック労働者が多いだけに失業は特に厳しかった。共産党は一九三〇年一月一日から党の日刊機関紙デイリー・ワーカー紙を発刊し、ステプニーなどの街角でも党員が機関紙を売っていた。創刊を記念する集会は区役所のホールで行われた。労働党も、ステプニー・シチズン紙を刊行して対抗したが（長くは続かなかったが）、マクドナルドの漸進主義路線は今も維持されていた。党員は政府の動きがあまりにも緩慢であることには同意したものの、マクドナルドに代えてボールドウィンを首相にしたいとは考えていなかった。匿名の論説記者は、「この地上で天国を手早く実現する方法はあるのか？」と、問いかけていたが、筆者はアトリーだと推測されている。

アトリーは報告書の執筆に専念していたから、失業問題について政府を代表して選挙民の矢面に立たずに済んだ。しかし一九三〇年五月下旬、新政権でランカスター公爵領尚書という古い名称の閣僚級の職について失業問題を担当していたオズワルド・モズレーが、政府のあまりにも消極的な態度に抗議辞職して、内閣の危機を引き起こした。この時、首相の頭に浮かんだのは、かつての議員秘書、その当時サイモン委員会の委員であったアトリーの名であった。一説によると、モズレーの失業対策の要求に閉口した首相は、「この転落した天使に代えて、一般議員の中で一番面白くなく、また想像力に乏しいが、しかしもっとも信頼できる者」としてアトリーを選んだと言われている。モズレーは保守党員として政治生活に入り、無所属に移り、その後労働党に入党しており、党員としての在籍は短かった。新参の彼が素早く閣僚に抜擢されたのは古参のアトリーなどには不満の種であったが、彼は後に、それはマクドナルドが「若い伯爵や変わり種」を好んだからだと説明している。それはともかく、アトリーがモズレーに代わってランカスター公爵領尚書に任命されたのである。

この古くからある閣僚級の職は、特定の省庁を担当せずに、時々の緊急の問題について助言する役に利用されていた。アトリーは一五人の経済諮問委員の一人に任命され、徹底的な自由放任を唱えるイングランド銀行総裁モンタギュウ・ノーマンと新進の経済学者ケインズとの間の論戦を聞いた。全国労働組合会議のベヴィンの手腕――組合員への約束は断固として守る態度――に初めて接したのも、この委員会でのことであった。彼自身の貢献として「産業諸問題についての覚書」が残っている。その覚書は、彼が一般的にケインズ的な計画経済の導入を支持してはいるが、まだ首相マクドナルドと蔵相スノウデンの自由放任主義と均衡財政にたいして反対する意向はなかったことを示している。むしろ主要産業の近代化、合理化を推進する司令部として産業省の設置を唱えており、行政の中央集権化を支持する傾向が目立っていた。この覚書は、政権が間もなく崩壊したために閣議の討議にもかけられずに書類の山の中に埋もれることになった。

一九三一年三月、内閣の改造でアトリーは郵政長官に昇格した。初めて省庁を担当することになったのである。彼は郵政省の管轄下の電話の使用を広めようとして、宣伝に力を入れた。しかし首相と蔵相の監督は些細なことにまで及んでおり、不満は募るばかりであった。とはいえ、アトリーは公然と行動に出ることはなく、兄トムにたいして不満を漏らすだけであった。

一九三一年の初夏、ドイツに金融危機が起こり、次はイギリス経済の崩壊かと予想された。イングランド銀行は高度の緊縮財政を政府に勧告した。三一年七月、メイを議長とする経済支出委員会は公共支出、特に失業手当の削減と増税を提案している。ケインズはポンド価値の切り下げを提案したが、首相は議場で無価値になったドイツ紙幣を振りかざして、金本位制の維持を主張するだけであった。首相と蔵相は閣議では多数の支持を取り付けたが、ヘンダーソンは失業手当の削減が行われたら辞職するとの意思をほのめかし、もっと重要なことに全国労働組合会議も不服を唱えていた。政府が次の労働党年次大会での支持をつなぎとめることは、到底可能とは思えなかった。

マクドナルドの「裏切り」と挙国一致内閣

マクドナルドは、党大会で倒されるより、自ら政府を解散する道を選んだ。アトリーは家族とともに海辺で夏の休暇を過ごしていたが、急遽ロンドンに帰り、党の議員総会で首相の説明を聞いた。事態は彼の予想よりももっと悪かった。首相をはじめ四人の閣僚は、党と訣別しただけでなく、国王の勧告を容れて、保守党と少数の自由党の議員とともにいわゆる挙国一致内閣の発足に踏み切ったのである。新政権は「医者への委任」を選挙綱領に掲げて、総選挙に訴える。

八月の末、アトリーはマクドナルドの耳に達する距離で「党首が党を裏切った」と語っている。同僚議員にたいしては、いかにも元軍人らしい比喩を使って、「諸君の中で兵士だった人なら必ず知っているように、命令にたいする兵士の不服従が正しいとされるのは、上官が敵の側に移った時だけである」と語った。こうして、一〇年近くアトリーに取りついていたマクドナルドの呪縛が解けた。

後年のアトリーは、いかにも彼らしくこともなげに「党の分裂などなかった」、「木のてっぺんから二、三枚の葉っぱ、数人の寄生していた部分が散っただけである」と書いている。しかし問題は、残った枝と幹とが来るべき嵐に耐えられるかどうかにあった。アトリー自身が政治家として残り得るかも問われていた。屈辱的なことにマクドナルドは、新政権に参加するかどうかを彼に尋ねさえもしなかった。彼は有能で信頼できる部下として便利に使われてきたが、明らかに使い捨てにされたのである。

旧政権で交通相であったモリソンと法務次官で有能な法律家であったスタッフォード・クリップスには、マクドナルドからそのような問い合わせがあり、二人とも一週間ばかり悩んだ末に入閣を断っていた。八月末の党機関紙デイリー・ヘラルドは、党の最高指導者と目される八人の名を挙げていたが、それにもアトリーの名はなかった。労働党として新政権にいかに対処するかの緊急政策を審議する委員会が設けられたが、そこにもアトリーは招かれていない。九月末の党機関紙のもう一つの記事には、一九〇〇年の党の創立以来、身を犠牲にして党のために苦難をともにしてきた人々の名が挙げられていたが、そこにも彼の名は見当たらない。九月二二日付けの兄トムへの手紙では、アトリーは「地獄のような状況、偽りの経済と労働者の生活水準にたいする全面的な攻撃の政権が始まった」と、記していた。

一〇月の総選挙では、労働党はすんでのところで消滅するところであった。新政権は「医者への委任」を掲げ、マクドナルドとスノウデンは、労働党の選挙綱領を、「発狂したボルシェヴィズム」と罵った。党に残った指導者らしい人物はヘンダーソンだけであったが、彼は激烈になると予想される闘争で指導者になるような人柄ではなかった。党の選挙用の宣伝文書には、いまだにマクドナルドの写真が掲載されており、党として戦う準備もなかった。マクドナルドは、先の政権の閣僚はすべて彼の失業手当削減を支持したという事実を喧伝して、党にはもう指導者たり得る人がいないと訴えた。

総選挙の結果は、労働党にとって致命的だっただけではない。次の政権を担当できる野党、国民を代表して政府に問いただすという議会制民主主義そのものの存立が危ぶまれた。挙国一致政権は六一五の総議席中五五四を取り、労働党は先の二八八議席から五二議席に転落した。五人の独立労働党候補者が当選したが、彼らは党の主流からますます孤立しつつあった。総得票数では、「医者への委任」支持票は約一四〇〇万、反対票は約七〇〇万、労働党は第一次大戦後、最少の議席数となった。ヘンダーソンは先の政権の閣僚でマクドナルドと訣別した者のほとんどすべてとともに議席を失い、ベヴィンも挙国内閣の候補者に敗れた。指導者らしい人として生き残ったのは、七二歳のランズベリーだけであった。

アトリーはこの総選挙で、次点に五五一票の差をつけて、かろうじて当選している。この選挙では、共産党候補の他に、モズレーが創立した「新党」の候補者でタクシー運転手のホッジが立候補していた。彼は、新党の選挙綱領、「古い教義と偏見、共産主義か資本主義かは問わずあらゆる種類の正統思想と決別して、人間的な価値観にもとづく、二つの階級の善意の男女が階級のない社会を築く機会として、イギリスを再建する」を掲げた。今でいうポピュリズム――古い社会に絶望した人々への訴えの先駆であった。アトリーのかつての選挙管理人で親友でもあったベケットは、労働党の下院議員だったが、今回の総選挙で落選し、後に一時期、モズレーに接近することになる。

皮肉にもこのような状況で、労働党におけるアトリーの評価がにわかに高まることになった。当選した労働党議員の五二人のうち、三二人が労働組合の候補者として当選していたが、その中で議員として議事手続きを知り、選出母体の利害だけでなく全国的な政治的視野に立てるものはほとんどいなかった。ガーディアン紙の批評によれば、「これまで当選したどの党派よりも、〔新しい労働党は〕統治の機能を担当する才能に乏しい野党」であった。

ウエストミンスターの議場に帰って来た労働党議員は、事態に困惑し茫然としていたが、登院したアトリーを、落選したヘンダーソンからの手紙が待っていた。下院指導者にはランズベリーが就任するが、彼の代理、いわば副指導者にはアトリーに就任してもらいたいという手紙であった。「他に成り手がない」ため、アトリーがその役につくという型がまたもや繰り返されたのであった。

第三章　指導者修業

五二議席の労働党

五二人の労働党議員は厳しい課題に直面させられていた。労働党議員に、ロイド・ジョージ派自由党の残党四人、その他五人の議員を加えても、挙国政府を支持する与党の九分の一の議員しかいなかった。一九三一年の労働党は、第一次大戦後、最少の議席数となった。チャーチルには挙国政権から閣僚就任の声はかからず、アトリーに、自分はイギリス民主主義の状態について「これほど不安に思ったことはかつてなかった」と打ち明けていた。

労働党議員五二人のうち半数以上は炭鉱夫組合から選出された高齢の議員で、採決には出てきてもそれ以外の役には立たなかった。個々の議員を取り上げれば、炭鉱夫出身の若い議員アナイリン（ナイ）・ベヴァンは全国各地で連日演説するなど積極的な姿勢を見せていたし、農業専門家のウィリアムズ議員は農業問題についての知識で保守党議員からさえも尊敬されていたが、独立労働党のマックストンに代表されるように、みな国内問題にしか関心がなかった。

こうして議会労働党の議場での指導は、総選挙で生き残ったランズベリー、クリップス、アトリーの三人で担われることになった。しかしランズベリーは七二歳の高齢であったし、クリップスは今回の一九三一年総選挙で議員に当選したばかりで、法律家であったために検察担当の法務次官の経験はあったものの、議会運営の経験には乏しかった。この三人の中の一人は、いつも野党側ベンチの最前列（フロントベンチ）にいなければならなかったから、議会指導の責任はもっぱら副指導者のアトリーが引き受けることになった。こうして三一年からの二年間、議事録の上で占める発言の回数ではクリップスがいくらか多かったものの、議場と委員会の出席回数と出席時間はアトリーが一番多かった。議場から委員会へ、また次の委員会へと駆け回る彼の足取りは速くなり、背中は過労のためかいくらか丸くなった。議長席の後ろに設けられた野党指導者の事務室で秘書役を務めていたランズベリーの娘は、アトリーに「白ウサギ」という仇名《あだな》をつけた。

これまでアトリーは、ガス、水道、電気、公営住宅等に中央政府と地方自治体の統制を導入していく問題の専門家とみなされてきたが、今ではあらゆる問題について党を代表して発言しなければならなかった。一九三一年一一月に成立した挙国政権は保護貿易に踏み切り、翌年二月に一〇%の輸入関税を導入した。ネヴィル・チェムバレン蔵相の予算案は、この輸入関税で失業はやがて治癒するという楽観的な予想に立っていた。四月の予算案では、軍事費は戦間期を通じて最低の水準まで削減された。アトリーは党を代表して予算を攻撃し、無事にこなしはしたが、兄トムに宛てた手紙では、「私はこれまで金融問題……外国為替、金本位制などの審議に参加したことがなかったから、これはかなり厳しい試練であった」と、打ち明けている。

一九三一年には、労働党は党首に裏切られたのか、それとも逆に党が党首を裏切ったのか、新聞の論調と世論は決めかねていた。下院の党議員の士気も低調であった。マクドナルド政権の下では、党首が一般党議員の意向を尋ねることはまったくなかった。それはアトリーも含めて一般党議員の不満の種であった。しかしランズベリーの下、党議員の執行委員会は毎日の開会の前には必ず集まって、その日の議会戦術を決定した。五二人の議員は結束した戦闘的な団体に生まれ変わっていった。毎日の深夜に行われる休会決議の採決(それはその日の議会審議で、どの党、またはどの議員が議論に勝ったのか、いわばどれだけ得点を挙げたのかを、翌日の新聞が評定する基準になった)では、労働党議員は「赤旗の歌」を高唱しながら野党の採決場に繰り込んでいった。労働党、特に組合員にたいする敬意を失わなかった保守党のボールドウィンが、「議会制民主主義の旗を高く掲げた」野党労働党を賞賛したほどであった。

一九三二年一〇月の労働党年次大会は、党全体の士気の回復を示す転機になった。一年足らずの間に、マクドナルドとスノウデンが保守党、自由党の指導者の支持の下、かろうじて生き延びた労働党にたいして仕掛けた攻勢はほとんど完全に崩れていた。イギリスは金本位制を離脱し、予算は均衡を保っていなかったし、自由貿易は放棄されていた。先に労働党とケインズがそれぞれ提案し、蔵相スノウデンが拒否した関税は、今では挙国政権の政策になっていた。労働党が提案した政策は、政府も採用しなければならないほど正しかったと主張できるようになった。挙国政権はすべての論点について誤っており、労働党がすべてにおいて正しかったことが立証されていた。

その上、一九三一年の労働党の崩壊そのものが合理的に説明できるようになっていた。マクドナルドは金融危機にたいする社会主義的な対策を持たなかったから、シティの銀行家に頼り、党の政権は崩壊した。労働党が次に政権についた時には、即時実行に移せる明確な計画を持っていなければならない。「党首の裏切り」の伝説は真実となった。そして次の選挙の党綱領としてだけでなく、資本主義に敵対して社会主義を防衛する政策としての「明確な綱領」の模索が始まる。

マクドナルド党首の下では、党の権力は党首に集中していた。しかし今では、下院の党議員団はあまりにも小さく、弱体であった。党が次の総選挙に提出する「明確な計画」を目指して「真剣な思索」が始まるとともに、党内にさまざまなグループ、いわば分派が派生し、分派間の政策論争が始まることになった。一九三二年党大会に先立って三二年七月、独立労働党は労働党を離脱することを決定した。独立労働党の党員たちは、二四年から三一年にかけてのマクドナルドの漸進主義が党をすっかり腐敗させたと考えたのである。

すでに述べたように、アトリーが最初に入党したのは独立労働党であり、労働党議員となってからも愛着を感じていた。マクドナルドにたいしては、彼も今では不信感を募らせており、一九三一年政変が証明したように政権につくために社会主義政策を水増ししたりすれば、かえって党を破滅させ、政権そのものを失う結果になると考えていた。その点では、アトリーは独立労働党員たちと同じ意見であった。他方でアトリーは、独立労働党の指導者、マックストンやブロックウェーについては、「革命的な言辞を弄するだけの革命家であり、何をなすべきかについて現実的な考えは持っていない」と感じていた。むしろ彼は、一年前に設立された社会主義情報・宣伝協会の方に期待を寄せていた。この協会は一般運輸労働組合の書記長ベヴィンを議長に選び、二五年前のフェビアン協会と同じように議会労働党指導者を教育し、次に党が政権についた時の政策を準備しておくことを目的にしていた。そして三二年党大会で党の左傾が明らかになったのは、協会設立の一つの成果と考えられていた。

しかし一九三二年党大会から間もなく、独立労働党の旧党員が中心となって社会主義連盟が結成された（確かではないが、かつてモリスがエンゲルスの指導を受けて作った組織と同じ名称が意図的に選ばれたようである）。連盟はいわば党内の党として、労働党に「真の社会主義」を注入していくことを目標としていた。社会主義情報・宣伝協会の会員の多数も直ちに連盟に加入した。その一つの結果として、協会の議長ベヴィンが議長の地位を追われた。党大会の前にはベヴィンは十分に進歩的な指導者であると考えられたのに、今では彼は「反動的」とみなされるようになっていたのである。

社会主義連盟の事実上の指導者になったのは、議会労働党指導者の三人組の一人、クリップスであった。彼は一年のうちに左傾してマルクス主義者になり、急速に左傾した人らしく理論的には硬直していた。端的に言えば、彼は共産党との連携、イギリス共産党員が労働党に二重に加入する道を開こうとしていた。またイタリア、ドイツに興隆しつつあるファッシズムの脅威に対抗して、ソ連を加えた民主主義諸国の大同盟を構想していた。

先にも触れたようにコミンテルンは、一九二八年の決議で社会民主主義政党を主要な敵とみなす政策をとった。しかしドイツで共産党と社会民主党が内戦寸前の抗争を展開して、ヒットラー政権の樹立をみすみす助けることになり、その苦い経験からいわゆる統一戦線戦術が生まれた。社共の提携は三〇年代の後半、スペインとフランスでいくらか成功するかに見えたが、やがてスペインはフランコの支配下に、フランスはドイツ軍の占領下に置かれることになるであろう。

フランスとの比較で言えば、フランスでは労働組合はほとんどが共産党の指導下にあったのにたいして、イギリスでは大組合はすべて労働党に集団加入しており、組合指導者は社共連携を組合の規律にたいする外からの介入とみなしていた。ソ連を含めた民主主義諸国の大同盟という国際的な政策についてはすぐ後で見ることにして、その前に一九三二年党大会における政策論争の内容を紹介しておくことにしよう。

党内対立のなかでの指導者代行

党大会の基調は、独立労働党における論調と同じく、マクドナルド・スノウデン主義ときっぱり決別することにあった。第二次マクドナルド政権の文相であったC・トレヴェリアン（有名な『イギリス社会史』の著者、G・M・トレヴェリアンの兄）が議場に立って、次の労働党政権は多数の議席を得ているかどうかにかかわりなく、政権獲得後、直ちに社会主義的な政策体系を実行に移さねばならないという決議案を提出して、その場で可決された。党大会での重要な決議では、組合は組合員の数の票を大きなカードに掲げて可否を決定できたが、このブロック投票の必要はないとされるほど、当然の決議案と考えられたのであろう。

党の長老ヘンダーソンは、次の労働党政権の手をあらかじめ縛るべきではないとして反対した。一年前には左翼と思われていたヘンダーソンが、今では右翼、マクドナルドに近いと思われるような状況であった。アトリーもまた、トレヴェリアンを支持し、ヘンダーソンに反対した。彼は「社会主義は涙なしには実現できない……多数を得て政権に復帰したとしても、何かをなそうとすれば金融、政治、社会のあらゆる既存利益の反対を受け、もう一度、政治的危機に立ち向かわねばならない。それには危機に対処するためのよく考え抜かれた計画を持っていなければならない」と、発言している。正常な議会主義では対処できないかもしれぬと暗示しているかのようであった。

主要な議題は、全国執行委員会の政策委員会で準備されていた。ドールトン（経済学者でかつてはロンドン経済学学校でアトリーの同僚、戦後のアトリー政権では最初の蔵相になるであろう）が、イングランド銀行の国有化、国家投資決定機関と金本位制に代わる物価安定装置の設置を、全国執行委員会の政策委員会を代表して提案した。モリソンは交通と電気の国有化計画を報告し、農業の再建政策についても報告があった。全体として左傾が目立ったが、他方で二点については激しい対立があった。株式会社組織の銀行の国有化は、クリップスの支持でかろうじて可決された。国有化された企業の管理組織については、モリソンは組合の代表者が自動的に管理を担当するのに反対し、ベヴィンが逆にそれを支持した。いずれも戦後の党内の対立を暗示する論点であった。

一九三二年のレスター大会の後、次に政権についた時の「明確な計画」をめぐって「真剣な思索」が続けられた。住宅建設と植民地問題について二つの報告が用意された。「社会主義と大衆の生活状態」報告は、もっと話題を拡げて、失業と生活水準について報告している。株式会社組織の銀行の国有化問題——先の大会では未解決に終わった問題——については、これらの銀行は統合し、国有化されたイングランド銀行に設けられる管理機構の下に置くことになった。この報告では、先の大会では論議されなかった鉄鋼をはじめ主要産業の「所有ないし管理」についての計画案も提出されている。いずれも戦後のアトリー政権での重要な懸案となる問題点であり、論議が深まるとともに党内の対立が表面化してくることになるであろう。クリップスの銀行国有化計画には、今ではドールトンが反対していた。モリソンは、クリップスの左傾のためにロンドンの穏健な中流階級の世論が反発していると感じていた。ベヴィンはすでに労働運動の中心的な指導者になっていたが、クリップス、モリソン、ドールトンの理論的に独断的な態度は、将来の労働党政権の実際的な政策の妨げになると考えていた。

こうして、党内の意見の対立が目立つようになったが、しかし他方で、労働党にたいする世論の支持は(当時、世論調査はようやく始まったばかりであった)、目に見えて大きくなりつつあった。ランズベリーは全国各地で熱烈な歓迎を受けた。アトリーは、「彼はまるでガンディのようだ」と書いている。しかし一九三三年の年末にランズベリーは大腿骨を骨折し、入院しなければならなくなった。彼は代行としてクリップスを予想していたようである。当然ながら党内では次の指導者は誰かをめぐって議論が交わされるようになった。実際には、クリップスが多忙のため、代行の仕事はアトリーが担うようになったが、指導者としてアトリーの名を挙げる人は奇妙なほどにまったくいなかった。クリップスは富裕な家に生まれ、会社法専門の法律家として大きな収入を得ていたが、それだけに議会への出席はままならなかった。

この頃、アトリーはクリップス宛ての手紙で、ランズベリーが復帰できるまでのおそらく四か月間、指導者代行を続ける経済的な余裕がないから辞任したいという手紙を書いた。クリップスは直ちに返信して、アトリーに留任を勧め、同時に「指導者が党務に復帰できるまでの期間、副指導者の給料として使えるよう、党に五〇〇ポンドを寄付する」ことを約束した。五〇

○ポンドは、アトリーがその年の家計の赤字として挙げていた金額であった。そしてクリップスは優雅なことに、「これくらいの金額なら私は執行部の会議などに欠席して簡単に稼ぐことができる」と、書き足していた。それから数か月後、アトリーは、かつて父が経営していた法律事務所からの借金四八七ポンドを返済することができた。次の数年間、アトリーはクリップスの左傾ぶりに度々、頭に来るような経験をするが、二人の間の個人的な関係はまったく揺るがなかった。この臨機の援助がなければ、アトリーは政界から引退していたかもしれない。

臨時の指導者代行としての九か月間、議会の論点は主として失業問題とインド問題であった。いずれもアトリーが下院では誰よりも経験と知識を積んできた論点であり、彼には党の主要スポークスマンとして発言する資格があった。彼は国有化された産業の労働者管理をめぐるベヴィンとモリソンの間の対立、銀行国有化をめぐるクリップスとドールトンとの間の対立にかかわりなく、次の労働党政権の「計画」を論じて党の団結を築いていくことができた。

現実には産業革命の誕生したイングランド北部とスコットランドでは失業は依然厳しく、ラジオや航空機の製造などの新しい産業が起こりつつある南部イングランドでは雇用はかえって拡大していたが、アトリーは政府統計の下に隠されたこの地域格差を攻撃した。一九三一年選挙では挙国政権は「医者への委任」を掲げたが、今や政権は「葬儀屋への委任」を受けていると、彼は批判した。また三四年には全国失業救済局が「非政治的な」行政機関として設立され、失業救済は地方自治体の手を離れることになるが、失業手当の支給には悪名高い家計調査なるものが依然残っていた。所帯主が失業していても誰か家族の一員に収入がある場合、失業手当が減額されるかまったく支払われない制度で、これは階級の恥辱の象徴として、労働者階級の間ではひどく嫌われていた。この制度は戦後のアトリー政権下で廃止される。

他方、一九三〇年一一月に始まったイギリスとインドの間の円卓会議では、マクドナルド首相が議長になったが、サイモン委員会に労働党委員として参加したアトリーとハーツホーンはこの会談に招かれなかった。サイモン委員会そのものが、インド人からだけでなく労働党議員の中でも嫌われているからというのが、マクドナルドが挙げた理由であった。会談は以後の二年間に三回にわたって開かれたが、インド国民会議派は第一回の会談はボイコットしている。しかし三回の会談を通じて、五〇〇以上の大小の藩王国は将来のインド連邦に併合されるという原則は承認された。

その間インドでは緊張が高まり、それに譲歩して、三〇年五月にまたも逮捕・投獄されていたガンディは無条件で釈放された。挙国政権が生まれた直後の一九三一年九月の第二回会談には、ガンディをはじめインド国民会議派代議員が「対等の参加者」として招かれている。ガンディはムスリムも含めた全インドの代表として発言し、外交と軍事の権利も含めて自治領国の地位を要求した。会談はそれ以上進捗せずに終わった。ガンディは帰国すると再び不服従抵抗を開始し、新しい総督ウイリンドン卿の下で激しい弾圧を受けた。第三回の会談は三二年末に開かれ、五週間の協議を行ったが、ガンディの席には誰も座っていなかった。三回の会談の結末として、会談での諸提案を含めたインド白書が起草され、これらの提案とその他の勧告を検討する特別委員会が上下両院に設置されることになった。アトリーは下院委員会に加わり、一八回の審議を経て三四年一一月には報告を提出、それを基礎に三五年八月のインド統治法が制定された。この新しいインド統治法は、(藩王国の総人口の半数以上が合意するなどの条件で)インド連邦の設立、ビルマはインドから分離して独立することを定めた。中央政府ではかなりの権限は総督の手に残されたが、地方への権限の委譲が定められていた。法案の成立は下院で成立を四年間にわたって推進したボールドウィンにとっての大きな勝利であった。彼は法案成立の二か月前、マクドナルドに代わって首相に就任する。

この四年間を通じて、平議員のチャーチルがインド白書とインド統治法案にたいして激烈な抵抗を展開していたことは付け加えておかねばならない。一言で言えばその論拠は、インドは一つの国家ではなく、インド国民は一つの国民ではないという点にあった。彼は下院で次のように演説した。「インドはヨーロッパに似ている。しかしヨーロッパは一つの政治的実体ではない。それは一つの抽象である……インドに存在している感情の統一は、もっぱら中央集権的なイギリスのインド統治から生じている。それはインドの唯一の共通語、英語によって表現されている」。しかし彼の執拗な抵抗は審議の各段階で次々に破られた。一九三五年一月、「ウィンストンの七年戦争」と呼ばれたその抵抗の終結を告げるラジオ演説では、彼はインド統治法案を「小人たちの築いた恐るべき恥辱の記念碑」と呼んだ。彼は、産業革命以降、インドの木綿市場に重大な利益を有していたマンチェスター工業地帯（彼が下院に初当選した選挙区はその近郊にあった）の資本家を結集して大きな政治的圧力を作り出そうとしたが、マンチェスター商工会議所の反応は思わしくはなかった。当時、インドの木綿市場は日本の進出に脅かされていたが、マンチェスターから日本に派遣された視察団は、東京のイギリス大使館の斡旋で豊田自動織機社が開発した近代的な織機の特許を入手していた。

チャーチルが青年将校として最初に赴任したのはインドであったが、彼の知っているインドは彼がポロ競技を戦った王侯貴族の子弟たち、それに薄給の中尉の贅沢な暮らしのやりくりを支えてくれたインド人高利貸のインドであった。それにたいして、アトリーのインドは、インド人民の自決に委ねられるべきインドであった。一九三五年一月、アトリーはインド問題についてのラジオ放送で、まずインド問題が「保守党大会の議論の延長」であるかのように扱われて現実の問題からそらされていることを批判した。本質的な問題は、「これらの改革がインドの政治家たちから容認されるか、インド人民の幸福に貢献するか」にあるというのであった。「労働党はインド人の自治の要求を承認するが、それは白人の少数支配を有色人種の少数支配に代えるといった単純なことではなく、……インド人の自治とはインドの貧民をインドの金持ちの搾取にゆだねることにならないよう保証することである」。しかしアトリーは、彼自身のインドとのかかわりの経緯からして、新法案の一般的な原則を支持しなかった。原則は、サイモン委員会報告を実施することだというのである。これは労働党内では、「反動的」とみなされる態度であった。

ヒットラーの政権掌握

他方でアトリーは指導者代行としての九か月間に、新しい国際情勢の動きについても学ばねばならなかった。一九三〇年代前半のアトリーは他の多くの同僚議員と同様、軍備縮小と国際連盟、そしてヴェルサイユ条約によって「不当にも」ドイツから奪われた領土の回復が必要であると信じていた。三三年のヒットラー政権の成立までは、労働党は挙国政権が連盟を無視して日本の満州侵略を容認しているのをもっぱら攻撃した。議場のアトリーは、外相サイモンが両立しがたい二つの路線——連盟の力によって侵略者を抑制することと、侵略者と妥協するという路線——を追求しているとして攻撃した。「サイモンは法律家で、起こったことをなんでも正しいと弁護して、原則的なことは何も信じていない」。

アトリーの手稿に、一九三四年に記した「ブリオン家の暮らしについての数章」と題する、マクドナルドの内外政策を風刺した文章が残されている。ブリオン（金塊）という一家の名は、マクドナルドがシティ（ロンドンの銀行街）の銀行家たちの走狗だったと言わんとしたものであろう。その家の息子サイモンだけは外相の実名そのままである。

そこに記された風刺文では、ある日、サイモンは近隣の警備を命じられる。「初めて警備に出た時、テール家〔当時の中国の通貨「両」の英語名〕から恐ろしい騒ぎが聞こえてきた。家をのぞいてみるとミスター円（日本）がミスター両の喉元を片手でつかみ、もう一方の手で両さんのポケットを探っているのが見えた。シンプル・サイモンは「どちらが正しいのか」と言って、他の家々を尋ねて回る。しばらくして隣人たちは、円さんが間違っていると決めた。シンプル・サイモンが両さんの家に戻ると、両さんは半ば目を回して床に倒れていた。円さんは両さんの時計や貴重品を奪い、居間に座り込んでいる。シンプル・サイモンは、「二人は合意に達しつつあるように、私には思える」と言った」。

アトリーが言うように、シンプル（「間抜けの」という含意がある）サイモンには、ことの善悪を判断する批判的な見方がなかった。アトリーは社会主義者らしく何についても批判的な見方をしていた。しかし今ではミスター・リラ（ムッソリーニ）は、ミスター円の前例に倣ってアビシニア（エチオピアの旧称）に侵略しようとしている。ミスター・マルク（ヒットラー）は一九三三年一月に政権につき、ヴェルサイユ条約で非武装地帯とされていたライン河左岸に軍を送り、やがてはオーストリア、チェコスロヴァキアに野望を拡げていくことになるであろう。ミスター・ルーブル（スターリン）は、独善的に自分一人はいつも正しいと決め込んで傍観しており、ミスター・ドル（ルーズヴェルト）はヨーロッパの変動をよそに孤立を守ろうとしている。このような状況で、果たして国際連盟は頼りになるのであろうか。しばらく労働党内の議論の進展を追うことにしよう。

一九三三年の労働党大会では、全国執行委員会提案の「民主主義と独裁」と題する文書をめぐって論議が交わされた。ヒットラーの政権掌握以降、共産党と独立労働党はファッシズムに抵抗するすべての社会主義者の「統一戦線」を提唱していたが、「民主主義と独裁」はベルリンとモスクワ両方の独裁を非難しており、大会は挙手の投票でこの文書を支持した。そして同時に、党は国際連盟の要請がない限り、たとえ自衛の戦争であってもすべての戦争に反対すると宣言した。アトリーは三四年一一月の下院の審議で「国際連盟を真の国際連盟にしなければならない。連盟への忠誠を国への忠誠の上に置かねばならない」、また「世界平和のためには軍備増強が必要であるという命題を、われわれは否定する」と演説した。これが三四年を通じて、彼の一貫した態度であった。それは指導者代行としての彼の態度である。しかし兄トムへの手紙では、党は「極端な軍縮と孤立の立場に立ちたいと思っているのか、それとも個々の侵略国家にたいする世界組織〔国際連盟〕の決定を力で執行する危険を冒す気があるのか、実は心を決めていない」と書いていた。

党の態度は一九三四年の党大会で明らかになった。住宅建設、家賃統制、教育、国有化、水道経営等々の福祉関係の政策報告はほとんど無修正で可決されたが、労働党は議会制民主主義を信奉するという年来の態度を再確認しようとした「社会主義と平和」報告をめぐって、党内の右翼と左翼の意見が激しく対立した。おそらくはベヴィンの画策でクリップスの意見が否決されてきたのに反発した社会主義連盟は、報告にたいして七五点の修正を提案したが、これはさして手間ひまをかけずに否決された。

しかし次の報告「戦争と平和」をめぐる外交問題、もっと端的に言えば国際連盟についての論争はもっと激しかった。クリップスは連盟を資本主義の連盟と罵倒し、イギリス労働党は連盟から離脱し、ソ連と他のすべての社会主義国との間に同盟を結成すべきであり、もしイギリスが現在の政府の下で戦争に巻き込まれたならば、党はゼネストを含むあらゆる手段でそれに抵抗すべきだと主張したのである。アトリーは党の公式見解を代表してそれに反駁した。彼は率直に、彼自身はかつてはイギリスの一方的な軍縮を支持したことがあるが、現在の状況においてはそれは実際的で責任のある路線ではないと答える。「『戦争と平和』報告はナショナリズムの立場に帰ることではない。われわれは『連盟の手による制裁』を支持する。それは『資本主義の連盟による資本主義の軍事力の行使である』と言われるであろうが、私はそうはならない、また可能でもないと信じている」。労働党はさらに世界に向かって戦争にならない道を示す絶好の機会にある。「その道はこの報告の提案している路線、集団安全保障と世界連邦への道である」。社会主義連盟の修正案は労働組合のいわゆるブロック投票で、例によって否決された。

国際連盟をめぐる論議

ランズベリーが党首に復帰すると、アトリーは元の議会労働党の副指導者の地位に降格されたが、一九三四年大会を通じて党全体の中での彼の権威は高まっていた。政策論議を通じて多くの指導者がそれぞれに自分の意見を鮮明に、時には激烈な形で打ち出して新しい敵と味方を作りだしていたが、彼は一貫してこの敵・味方の関係に中立の立場を維持していたからである。彼は初めて全国執行委員に選出され、その資格で政策委員会にも出席した。三五年には王室顧問官にも選ばれている。そして彼は三五年を通じて、党の国防問題のスポークスマンとして、挙国政権が国際連盟を事実上放棄して、他の資本主義諸国と妥協的な取引をしていると攻撃した。三五年には政府の国防白書が公表されているが、その五月、彼は議会労働党、全国執行委員会、全国労働組合会議の合同集会で、議会労働党はそれまでの軍事予算に反対するという長年の慣習を放棄すべきであるという提案には、反対している。この提案はベヴィンと全国労働組合会議書記長のシトリンが支持したが、アトリーは「わが国の軍備はどこかの国との競争関係ではなく、連盟の集団安全保障政策に役立つ力であるかどうかに関連させなければならない」と主張していた。

一九三五年夏にはイタリアのアビシニア侵攻の危機が深まりつつあり、その六月にはいわゆる平和投票の結果が公表されて、集団安全保障をめぐる論議はいよいよ緊急性を高めていた。この平和投票とは、(今で言う)NGOの国際連盟協会という名の組織が行った、いわば葉書による国民投票で、一一五〇万、全国戸主総数の過半数という多数の人々が回答を寄せ、そのうち一〇〇〇万が経済制裁による侵略の阻止を支持し、八〇〇万近くが「必要とあらば軍事的手段」を用いることも支持していた。世論の求めていたのは漠然とした平和ではなく、たんなる軍備増強でもなく、国際連盟による集団安全保障であった。

その圧力に押されてか、外相に就任していたホーアは、アビシニア侵攻直前の九月、ジュネーヴの国際連盟でイギリス政府を代表して、「挑発されざるあらゆる侵略行為にたいして着実かつ集団的な抵抗」を約束した。アトリーはいくつかの演説で、「今や外相は労働党の立場に転向した」と発言している。そして九月、全国労働組合会議の大会は、三〇〇〇万票対一七万七〇〇〇票のブロック投票で、イタリアの侵攻は必要ならば武力でもって阻止しなければならないと決議した。クリップスはこれに抗議して全国執行委員を辞任し、ランズベリーは決議に同意しないことを公表する。ベヴィンとシトリンは、この二人の「インテリどもの無責任さと裏切り」に激怒して、一〇月一日の党大会で対決することを決意した。

党大会が始まって二日後、ムッソリーニは攻撃を開始した。イタリアにたいする制裁と政府が「連盟規約に定められたあらゆる必要な手段を行使する」ことを求める決議案は、五日に提案された。クリップスは、連盟は「持てる国と持たざる国」との対立関係における「満足した強国」の道具、「国際的な強盗の組合」であり、「資本主義政府の参加するすべての戦争は、帝国主義的、資本主義的な戦争である」と演説した。アトリーは、三人の議会党指導者の中でただ一人、決議案を支持した。「われわれは帝国主義的、資本主義的な目的のための武力の行使に反対であるが、しかしわれわれは法の支配を確保するための力の行使は支持する……無抵抗主義は政治的な態度ではなく、個人的な態度である。私はそれは人民にたいして責任のある政策であるとは信じていない」。

次いでランズベリーが立って、自分のキリスト教的、平和主義的な信念を表明する強い感情を込めた演説を行った。代議員たちは、労働党大会で最大と記録されている熱烈な拍手を送った。そしてベヴィンが、この熱烈な歓迎ぶりに反発してか、猛烈な反撃に出た。彼の演説はランズベリーの平和主義にたいする攻撃というより、九月には制裁を支持して一〇月には反対に回るという、代議員たちの不誠実さにたいする非難であった。「私はこの大会が感傷的あるいは個人的な愛着によって影響されないことを希望している」と、ベヴィンは言う。そしてランズベリーの顔を直視しながら、「自分の良心を誰彼となく打ち明け、この良心をどうしたらよいものかと尋ね回るのは、党執行部とわれわれの運動を絶対的に間違った立場に立たせている」と攻撃した。ベヴィンの演説は、ランズベリーには同意していない人々も敵に回した。しかしモリソンが記しているように、「ベヴィンの攻撃の迫力は、彼のポケットに入っている五〇〇万の組合票の威信と相まって、結果はもう決まったも同然であった」。決議案は賛成二一六万八〇〇〇票、反対一〇万二〇〇〇票で可決された。

三人の党指導者候補

アトリーは大会の進行に、敵を攻撃せずに、味方の中で喧嘩ばかりして時間を無駄使いしているとして不満であった。ランズベリーとクリップスは党内の対立をさらけ出したし、党はそのために外相ホーアが今や労働党の年来の態度に「転向」したことを利用して政府攻撃に集中することができなかった。しかし彼は、同僚の行動にたいする批判は口に出さなかった。彼の関心は、党の統一、少なくともその外見を維持することにあった。

一〇月八日に議会が再開されると、ランズベリーは下院労働党の指導者を辞任した。それから一五日後、ボールドウィンは一一月一四日に総選挙を行うことを発表した。労働党の内紛につけ込むことも、この時期を選んだ理由の一つであった。

しかし誰がこの選挙で労働党を指導するのか。議会労働党の炭鉱夫組合選出の二人の議員が、アトリーが継続して党を指導することを提案すると、反対はほとんどなかった。先にも触れたように炭鉱夫組合選出の議員は労働党議員の半数以上を占めていた。彼らは中流階級からの支持の拡大に専念しているようなモリソンの態度に反対であったし、クリップスの共産党寄りの言動にも反対であった。彼ら炭鉱夫出身の議員は、こぞってアトリーを支持していた。アトリー自身は、自分が指導者に選出されたのは、三一年に落選した前党議員が復帰するまでの「間に合わせ」だと考えていた。これは党内の常識的な見方であり、アトリーが特に謙遜しているわけではなかった。

他方で挙国政権がこの総選挙で負ける見込みはまったくなかった。外交政策では今では政府と労働党との間に違いはなかった。ボールドウィンは、労働党は国際連盟を支持してはいても、イギリスの軍備強化には反対していると指摘した。アトリーとしては、労働党は国際連盟への義務を果たす軍備は支持すると返答するしかなかった。労働党には政権につきうる可能性はなく、選挙はむしろボールドウィンにたいする信任を問うものであった。モズレーはこの選挙を、ボールドウィンとアトリー、どちらが退屈かを競う「退屈さの競争」であると形容した。労働党は前回の五二議席から三倍増の一五四議席、保守党は四三二議席を得た。アトリー自身はランズベリーと左翼への攻撃を控えて、これまで最高の得票数を得て当選している。

モリソン、ドールトン、クラインズら、一九三一年に落選した前議員も下院に復帰した。モリソンが一番手の指導者候補であった。しかしベヴィンがモリソンに反対であった。モリソンが一〇月の党大会でランズベリーと党左翼への批判に同調しなかったことが理由であった。ベヴィンの圧力で、組合関係の議員はグリーンウッドを支持した。しかし組合指導者よりももっと頻繁にグリーンウッドに会う機会の多かった党議員たちは、グリーンウッドは「もう盛りが過ぎた」、それに「酒を飲みすぎる」と感じていた。ドールトンは、モリソン支持の条件として早々と、モリソン首相の下での外相か蔵相の地位を要求し、自分から候補者たる信用を失った。いわば党内野党の指導者であるクリップスは問題外であった。こうして候補者はドールトンの支持を受けたモリソンと、ベヴィンの支持を受けたグリーンウッド、そしてアトリー、この三人に絞られた。炭鉱夫出身の二人の古参議員が、アトリーを候補者として推薦して、票集めをやってくれた。アトリーは、おかげで自分で選挙運動をしなくて済んだ。アトリーは、「私自身は、党の指導者選出手続きはまったく知らなかったし、推薦者が何人必要かも知らなかった」と回顧している。

党指導者に

議会労働党は一九三五年一一月二六日火曜日に新指導者選挙のために集まり、第一回投票ではアトリーが五八票、モリソンが四四票、グリーンウッドが三三票を得た。上位二人の決戦投票では、アトリーが先のグリーンウッド票の大半を集め、八八票で四八票のモリソンに勝った。アトリーの明白な勝利で、これは、一九三一年政変後の総選挙で議席を得た、炭鉱夫組合出身者が半数以上を占める五二人の議員の支持を得られたからであると説明されている。モリソンは党内の左翼への反感が強く、マクドナルドへの共感が強いと思われていた。彼は国有化された企業の労働者管理に反対で、組合員の反感を買っていた。それにロンドン市政に深入りしすぎていると思われていた。アトリー自身は、党はマクドナルドのようなカリスマ的な指導者はもう御免で、委員会の司会をする議長のような指導者を欲していると見ていた。

アトリーの議会党内での地位は、モリソンがロンドン市政に多忙という理由で副指導者の地位を辞退したために、さらに強くなった。グリーンウッドが副指導者に選出された。これまでアトリーは、「他に成り手がない」からか、あるいは「間に合わせ」として指導者の地位についてきたが、これは彼が正式の手続きで選出された最初の事例であった。

ところで彼が、党が求めているのは「委員会の議長のような指導者」だと書いていたことは、すぐ前に引いた。これは言い得て妙な表現であった。正式に党指導者に選出された彼は、そのような指導者になろうと心に決していたに違いない。しかし彼は、あらかじめ準備された議題をこなしていくだけの指導者ではなかった。当面の問題、例えば一九三〇年代半ばの国際情勢を考えるにあたっても、彼は大きく視野を広げ、世界は国民主義から国際主義へ、そして世界連邦ないしは世界政府の支配する世界に変わっていくという構図を描いていた。イギリスの海軍と空軍を、侵略国にたいするいわば世界政府の軍事力（できればアメリカの参加も得て）として考え、兄トムに書き送っている。論理的には考えられることではあったが、いずれも短期的には現実性のない空想であった。

アトリーとベヴィンはともに、ヨーロッパ大陸の社会主義指導者たちを頻繁に訪れ、彼らがドイツとイタリアのファッシズムの脅威にさらされていることを十分に知っていた。そしてベヴィンはおそらく党内では誰よりも早くイギリスの軍備強化が必要であることを唱えた。「ファッシストは、誰よりも先に組合員を殺す」ことを知っていたからである。しかしアトリーは他方で、平和投票に示されたとおり、世論がたんなる軍事力ではなく、国際連盟による集団的防衛という正統性を持った軍事力を求めていることの重要性を、誰よりも強く意識していた。クリップスは、連盟は資本主義の連盟、連盟の戦争は資本主義の戦争であると唱えたが、アトリーは世論が期待を寄せている限りは連盟を支持しようとしていた。連盟が彼の期待に応え得るかどうかは、時を待って判断することにしていたのであろう。ヨーロッパの社会主義者がファッシズムの弾圧によって地下に追いやられれば、彼らには組織力のある共産党と連携する道しかなくなるだろう。労働党主流はソ連もドイツも独裁国とみなしていたが、その両者が（一九三九年八月の独ソ不可侵条約が短期的に実現したように）共存するのか、それとも戦うことになるのかは即断しないというのが、彼の態度であった。同時に彼は、東だけでなく西にも目を向け、イギリス連邦とアメリカにも期待を寄せていた。

他方でアトリーは、議会制民主主義の下で社会主義を実現できるかどうかについては、態度を曖昧なままにしていた。彼はラスキの『危機に立つ民主主義』（一九三三年）を読んで、大いに共感している。資本主義と民主主義とが長期にわたって共存し得るかを鋭く問うた本であった。一七世紀イギリスの清教徒革命の革命家クロムウェルは、アトリーには英雄的な人物であった。彼は鉄騎軍の指導者である高級将校たちに地方の支配をまかせて独裁を維持したが、それはヒットラーが彼の任命した州指導者《ガウライター》に彼個人にたいして責任を取らせてドイツを支配したのによく似た体制であった。これは心穏やかならぬことであった。アトリーは、一九三四年のクリスマスに妻が贈ってくれた、外交官で小説家のJ・バカンによる『クロムウェル伝』（一九三四年）を読み、カーライル的な権力崇拝者ではなく、「時に挫折し、悩み、苦悶の末に」決断したクロムウェル像と出会う。そして悩むことは解決ではないが、悩む時を持つことの価値を知った。この点でも彼は判断を留保していた。

労働党の何人かの指導者たちは、それぞれに自分の意見を主張して争った。アトリーはさまざまな意見が激しく対立していることを事実としてとらえ、和解を図った。彼自身の意見がないわけではない。さまざまな意見を理解し、自分の意見は誰の意見よりも短所が少なく長所が多いというのが、彼の「自分の意見」であった。それはまさに、彼がオックスフォードで学んだ議論の方法であった。そして考え方、議論の仕方がその人の人格を表すとすれば、アトリーは彼の人格によって指導者に選ばれたようであった。

しかしその彼が、一九五五年に上院議員になるまでの二〇年間、労働党指導者の地位にとどまるだろうとは、誰も（もちろん彼自身も含めて）予想していなかった。

第四章　チャーチルとアトリー

1　ファッシズムの台頭

軍縮をめぐるチャーチルの反応

一九三二年から三五年にかけて、チャーチルがインド白書とインド統治法案にたいして執拗な抵抗を続けたことはすでに述べた。「宥和」という言葉は、もともとインド・ナショナリズムにたいする妥協という意味で使われた経緯があり、その発端はチャーチル側近のバーケンヘッド卿だと言われているが、それが二四年以降のオースティン・チェムバレン外相（やがて首相になるネヴィル・チェムバレンの兄）の下で、ドイツにたいする言葉として転用された。彼いわく、それは「（ヴェルサイユ条約の）過ちを正す」という意味であり、チャーチルは時にそれを「高貴な外交政策」と呼んだりしたこともある。しかしチャーチルは三〇年代の初めに、ヒットラーは宥和できない、宥和しようとすれば彼の野望を一層募らせるだけであるという考えに到達していた。高貴な政策が、不名誉で屈辱的な政策という意味に一変したのである。そして彼は挙国政権の安全保障政策については、事実上すべてに反対していた。

ヒットラーが政権を掌握する半年前の一九三二年の夏、チャーチルは八代前の祖先モールブラ公爵の伝記を書く計画を立て、家族とともに一七〇四年の有名なブレンハイム（英語読みではブレネム）の古戦場跡をたどってから、ミュンヘンで一週間を過ごした。そこでは折から、ナチ党が党勢拡大の大運動を展開していた。

ミュンヘンのホテルで、英語の上手なドイツ人青年が、夕刻五時にはヒットラーがホテルに来るから会わないかと誘った。「私はこの時、ヒットラーにたいして民族的な偏見を抱いていなかった。彼の教義や経歴についてはほとんど知らなかったし、彼の人柄についてはまったく知らなかった。私は、たとえ敵方で戦った人であっても、自国の敗北にあって立ち上がった人を尊敬する。彼は、愛国的なドイツ人になる十分な資格を有していた。私としては、イギリス、ドイツ、フランスの三国が友好的になることを常に望んでいた」。

しかしこのドイツ人青年を介して、ヒットラーは何故、ユダヤ人をユダヤ人であるというだけの理由で迫害するのかというチャーチルの質問が伝えられたからであろうか、二人の会見は実現せずに終わった。「こうしてヒットラーは、私と会うただ一度の機会を逸した。後に彼が全能の支配者になってから、彼から何度も招待を受けたが、その時までに多くのことが起こっていたので、私は口実を使って断った」。

彼自身が人物論の文章に書いているように、彼はヒットラーとムッソリーニを愛国者として尊敬していた。この二人のファッシズムは、共産主義よりもはるかによろしいと感じていた。しかしこの一九三二年夏に目撃した「祖国のために殉じたいという願望に目を光らせて、ドイツの街頭を行進している逞しいチュートン民族の青年たちの群れ」には、不気味なものを感じていた。

一九三二年二月からジュネーブで世界軍縮会議が開かれていた。フランスとドイツが軍備について対等であるようにするというのが、この会議の目標であった。それにたいしてチャーチルは五月には、独仏に対等の軍備を求める議員たちに問いかける。「諸君は戦争を望んでいるのか」。さらに一一月には同じく下院で、対等の軍備を認めることは「次のヨーロッパ大戦の開戦の日を定めるに等しい」と言う。彼によれば、ドイツの街頭を行進する青年たちの求めているのは「対等の地位ではない」、「彼らの求めているのは武器であり、そして武器を得たならば、彼らは次に失った領土、失った植民地を求めるであろう」。つまりは「先の敗戦にたいする復讐を求めるであろう」。したがって彼は言う、「私の一般的原則はこうである。戦勝国の軍縮よりも前に、敗戦国の正当な不満を除去しなければならない」。敗戦国の不満が解消して初めて、戦勝国は軍縮に向かうことができるというのである。

明らかにチャーチルは、戦勝国の軍事的優位こそが平和の保証であると考えていた。それは当時の保守党にとっても、イギリスの一般の世論にとっても、到底受け入れられない論理であった。チャーチルは、一九二〇年代、ボールドウィン政権の蔵相であった時の自分自身の原則も逆転させていた。内閣はアジアにおけるイギリスの権益を保護する中心をシンガポールに置くという決定を下しており、海軍省は潜水艦を含めた艦船の建造と要塞の強化を予算請求していた。それにたいして蔵相チャーチルは、就任から四週間後、首相に宛て、「日本との戦争ですって！　しかし何故、日本との戦争が起こるというのか。われわれが生きている間は、その可能性はいささかもないと、私は信じている」と、書き送っていた。そして、「イギリス帝国は今後一〇年間、大戦争に参加することはあり得ないであろうし、遠征軍を派遣する必要もないであろう」として、いわゆる「一〇年規則」を前面に押し出し、蔵相として財政緊縮に努めた。

満州事変の勃発とともに、三二年三月にこの規則は放棄され、またイギリスは金本位制を離脱する。しかしその直後、蔵相チェムバレンの予算は、戦間期でもっとも少額の軍事費を計上していた。二〇年代に立てられたチャーチル蔵相の軍縮、ないし財政縮小の方針は、三二年の蔵相チェムバレンに継承されていたが、その間のどこかの時点でチャーチルはヒットラーの脅威を感じとって軍拡に転向していた。そしてドイツの脅威を意識してからは、敵を少なくするためにに極東の日本にはむしろ宥和的な態度をとることになるであろう。

世論は国際連盟を支持

チャーチルが軍備の強化によって平和が維持されると考えていたのにたいして、政府をはじめ一般の世論はまったく逆に、軍備こそが戦争の原因であると考えていた。そして「軍縮を通じて平和を」という意見と運動は、一九三三年、三四年を通して明確に強まっていった。軍備強化を唱えるチャーチルは、危険な戦争挑発者とみなされるようになっていく。政権についたばかりのヒットラーと彼の宣伝相ゲッベルスは、イギリスの世論をその方向に巧みに動かそうとしていた。

イギリス国内のいくつかの例を挙げると、一九三三年二月、オックスフォード学生連合――いわば学生の模擬議会――は、「本院はいかなる場合にあっても国王と国家のために戦わない」という有名な決議を行った。彼ら学生は将来のエリートとみなされていただけに、世間の注目を引いた。チャーチルはこの決議を「卑しく汚らわしい恥知らずの誓約」と呼んだが、大学を中退していた彼の一人息子ランドルフが直ちに復学して、この決議を議事録から抹消させる運動を始めたために、一層世間から注目された。しかし学生たちは、イギリスの軍備が必要ならば、それはチャーチルのように帝国の栄光のためではなく、また列強間の力の均衡のためでもなく、何かより崇高な大義のためでなければならないと感じていたのである。その大義とは、国際連盟による集団安全保障であった。先の決議から一年半後、学生連合は再び、「国際連盟を支持して行われる全面的な軍事的措置を支持する」という決議案を賛成多数で採択している。三五年総選挙に先立って公表された平和投票は、このような動きを全国的に最大限に示してみせた事例であった。

イギリスのマルクス主義的な歴史家として有名なホブズボウムは、「チャーチルは他のすべての政策については誤っていたが、ただ一点、ヒットラーは有和できないと信じた点では正しかった」という辛辣な評価を下している。チャーチルは、帝国を含めてイギリスの政治体制は世界史上もっとも優れた体制であると信じていたから、ヒットラー・ドイツの脅威にたいしては誰よりも早く、敏感に反応した。それは帝国主義者の感覚であった。他方で彼は、保守党を中心とする国内体制をそのまま存続させたいと願っていた。それは保守主義者、愛国者の態度であった。

それにたいしてアトリーは、社会主義者であり、国際主義者であった。第一次大戦には進んで従軍した愛国者でもあった。彼は大戦に参加した兵士たちの愛国心が、無残にも裏切られたことを経験していた。「英雄たちに相応しい家」というロイド・ジョージの一九一八年選挙の公約が失業と窮乏しか与えてくれなかったのを痛切に知っていた。彼はウィルソンの国際主義を信奉して、社会主義は国際主義でなければならないと信じていた。そして戦後のヨーロッパ大陸では、社会主義がナショナリズムに融合しつつあるのを危惧していた。ドイツとイタリアをはじめ、東ユーロッパ諸国でも、そしてソ連でも、ナショナル・ソーシャリズムが芽生えつつあると、彼は、兄トムに書いている。これは不吉な言葉である。ヒットラーのナチ党の正式名称は、ドイツ国家社会主義労働者党であることを思えば、その不吉さは容易に理解できるであろう。

しかし彼はかつて、ドールトンが「ベルリンとモスクワの独裁」という言葉を党の大会報告「社会主義と平和」に盛ろうとしたのには、（おそらく内心では同意していたとしても）あまりにも「挑発的」であるとして、指導者代行の地位を辞任してでも反対すると申し出ていた。政策委員の一人が「さっさと辞めさせればよい、党内にアトリー派の影響は残らないだろう」と語ったことを、ドールトンは日記に書き残している。アトリーはまた、クリップスが労働党と共産党との提携、そしてソ連を含めた反ファッシズム諸国の大同盟を提唱したのにも反対した。ドールトンも反対したし、ベヴィンをはじめ組合指導者の多くもまた、共産党の組合活動への介入を嫌ったからである。資本主義国家の戦争が必然的に帝国主義的で資本主義的な戦争にしかなり得ないとすれば、国際連盟による集団安全保障しかなかった。それが世論が戦争を支持するただ一つの論理であった。チャーチルは、国際連盟、この「死せる馬」のことはほとんど信頼していなかった。アトリーは世論の最大限の支持の上に党の結束を維持しようとしたから、戦争を正当化する理由は（連盟を信頼できるかどうかはともかく）連盟による制裁しかなかったのである。

他方で労働党は、イギリスの軍事予算には議会で反対し続けた。ボールドウィン首相からは、連盟の制裁を支持しながらイギリスの軍備には反対するのかという皮肉を込めた反論を受けたが、労働党は態度を変えなかった。しかしここに、チャーチルはいわば右から、アトリーは左から、宥和政策を挟み撃ちにするという構図が出来上がりつつあった。同時にアトリーは、党の自立した社会主義と国際主義の姿勢は崩さなかった。愛国心の名において、党派を超えて挙国政権に結集することには反対であった。それはまさしくマクドナルドの路線だったからである。

一九二九年総選挙で保守党が下野してから三九年九月の第二次大戦の勃発とともにチャーチルが再び海相として入閣するまでの一〇年間を、チャーチルは「荒野の一〇年」と呼んでいる。彼は保守党内でも完全に孤立し、彼を支持する議員は数人でしかなかった。もちろん入閣の声はかからなかった。彼は荒野に立って一人叫ぶ預言者に似ていた。労働党はこの一〇年の前半には彼との対立を深めていったが、後半には逆に彼との提携の方向に進んでいく。しかしその前途は長く混乱しており、乗り越えねばならない問題点がいくつもあった。

ヒットラー進駐と党方針の狭間で

新しい議会では、アトリーは労働党を代表して政府のアビシニア政策を攻撃した。政府は「言葉の上では連盟を支持し」、「行動においては交渉による力の均衡の政策を行っている」、

「アビシニア側からの見方はほとんどない」という攻撃であり、それにたいして首相は「労働党は政府の軍事予算に反対している」と反撃するという、今ではお決まりの型にはまったやり取りであった。一九三五年一〇月三日に始まったイタリア軍の進撃は続き、世論は、槍しか持っていないアビシニアの部族兵士がイタリア軍戦車の機関銃でなぎ倒されたという報道にショックを受けて、イタリアにたいする経済制裁、特に石油の供給を断つ政策を要求するまでに動いていた。外相ホーアは、それでもなおドイツを牽制し得る勢力としてイタリアを引き留めようとしており、フランス首相兼外相ラヴァルと協議し、イタリアに戦争を終わらせる代償として、アビシニアの大半を割譲するという協定を、一二月初めに提案していた。この協議がフランス側から新聞に漏れると、イギリスの世論は憤激し、ホーアは辞職に追い込まれる。

ホーアの辞意表明を受けて、一二月一九日、アトリーは外相にたいする党の非難決議案を下院に提出した。「侵略者から目を背け、侵略者から逃げようとすれば、諸君は連盟を殺し……もっと悪いことに国の名誉にたいする信頼感を殺す」。ここでは国の「名誉」が、外交・軍事政策の基本的な価値となっていた。しかしアトリーはさらに進んで、その「名誉」にかけて首相を攻撃し、保守党議員を首相から離反させようとしたようである。「首相が一つの政策で選挙に勝ち、その選挙の直後に別の政策を行おうとするのは、それはひどく醜い光景であろう……こう言っているのは、首相の敵対者だけではないであろう」。

この首相にたいする個人的攻撃はかえって保守党を結束させた。しかしホーア＝ラヴァル協定をめぐる動きは、労働党がそれ以後一歩二歩と外交における現実主義に向かっていくきっかけとなった。外相には熱烈な連盟支持者のイーデンが就任したが、ボールドウィン政権は石油禁輸では曖昧な態度をとり続ける。一九三六年五月にハイレ・セラシエ皇帝はイギリスに亡命し、ムッソリーニは新イタリア・アフリカ帝国設立を宣言した。石油禁輸はついに実施されなかった。

ホーア＝ラヴァル危機から数週間後にイギリス国王ジョージ五世が死去し、保守・労働党間には政治休戦の状態が生まれる。アトリーもまた野党指導者として、「賢明な国王」にたいする弔辞を述べた。次いで一九三六年三月には、ヒットラーはヴェルサイユ条約を破って（さらにはもっと直近のロカルノ協定を破って）ライン河西岸に軍を進駐させた。イーデン外相は、ヒットラーの独仏不可侵条約の提案に助けられて、フランスがこの進駐に抵抗するのを断念させた。そして労働党には、政府とは別の態度をとって政府を攻撃する好機が訪れたのである。

アトリーはスコットランドでの演説で、「ヴェルサイユ条約でドイツ国民に課せられた不当の数々があるからと言って、われわれはドイツ政府の行為の真の性質に目を閉ざしてはならない」と語る。しかしそれにたいしてどのような政策をとるのかについては、彼はイギリスの軍備増強に反対するという党のそれまでの方針に縛られていた。彼が提案したのは、党内に国防政策委員会を設置することだけであった。この委員会には党内の軍事専門家が登用され、特にイギリス軍部が陸海空三軍の統一的な指揮を求めてきたことも重なって、アトリーは国防大学や、海軍幕僚大学での講演に招かれることになった。しかし軍事予算に反対するという党の方針に、彼は悲痛なまでに縛られていた。この方針を変更したならば、党内に収拾しがたい混乱が生じるのは目に見えて明らかだったからである。このように党の結束を守るために不決断を持続するという点では、アトリーの態度はボールドウィン首相の保守党にたいする態度に酷似していた。

例えば一九三六年一一月に、チャーチルが下院で首相の不決断——「決断しない決断という奇妙な逆説」——を攻撃した時、ボールドウィンはまたもや「恐るべき率直さ」で、三三年のロンドン近郊のイースト・フラム補欠選挙の時には、世論は再軍備を受け入れられる状態になかった、だから再軍備には触れなかった、「民主主義国は独裁国よりも二年は遅れるものである」と語った。労働党はこの演説をとらえて、政府は世論を欺いて選挙に勝ったと非難したが、ボールドウィンの主張の背後には、それなりの合理的な判断があった。それにたいしてチャーチルは、ボールドウィンは世論を恐れて真実を語らなかったと非難する。彼がボールドウィンを「巧妙な党の管理者」と呼ぶ時には、指導者は世論と党を指導する責任があり、世論に迎合すべきではないという批判が込められていた。この批判は、党内の世論に縛られているアトリーにたいしても同様に向けることができたであろう。

スペイン内戦勃発

一九三六年八月、議会の休会中にアトリーはイギリス駐在ソ連大使マイスキーの招きで、初めてソ連を訪問した。マイスキーは赴任にあたって外相リトヴィノフから特にイギリス保守党との親交を深めるよう命じられていたが、チャーチルよりも早くにアトリーと親しくなり、この招待となったのである。八月一二日付けのモスクワから兄トムへの手紙では、アトリーはその日終日、「休息と文化の公園」で過ごし、家族連れで楽しむソ連人を見た。みんな幸せそうで、特に子供たちは可愛らしかった。「いろいろ差し引きすれば、革命は正当化できる」というのが彼の印象であった。モスクワ近郊の政府高官たちの別荘地域にあるリトヴィノフの家にも招かれたが、夫人は、夫とマイスキーは犬をおともに池のカモに餌をやりに行っていると話した。アトリーは、子供たちとしばらくビリアードをしてから一緒に散歩に出たが、いかにもイギリスの田舎紳士に相応しい歓待ぶりが演出されていた。もちろん、すべてが外国人向けのショーであるという印象は拭えなかった。

スターリンとは会わなかったが、彼の肖像が町のいたるところに張り出されており、個人崇拝が最高潮に達しているのは見て取ることができた。革命博物館の案内人は、スターリンはすべての点で正しく、トロツキーはすべて間違っていたと力説した。交通相のカガノヴィチ、モスクワ・ソヴィエトの議長ブルガーニン、それに赤軍の最高司令官トハチェフスキーにも会った。この赤軍元帥は、赤軍の政治将校《コミッサール》の役割について説明した。赤軍では、軍部を党の支配下に置くために、すべての命令は軍の司令官と政治将校、両方の署名がない限り有効とされていなかった。アトリーは、コミッサールは一七世紀イギリス革命の従軍牧師に似ていると答えたが、元帥はとんでもない、旧ロシア軍に配属されたロシア正教会の司祭は兵士から軽蔑されていたと答えた。アトリーは、クロムウェルの軍隊の従軍牧師、「革命の根幹」を支えていた牧師のことを頭に浮かべていたのである。この元帥はそれから数か月後、「ナチとの通謀」の容疑で処刑された。同じ容疑で赤軍の高級将校三万人が収容所に送られ、彼らは独ソ戦の開戦まで釈放されなかった。赤軍はもはやドイツ軍に抵抗できないであろうというのが、一般の判断であった。

アトリーがJ・バカンの『クロムウェル伝』を読み、彼の英雄クロムウェルの独裁体制がヒットラーのそれに似ていることについて彼自身の一つの判断に達したことはすでに述べた。社会主義革命のためには議会制民主主義以外の非常手段が必要か否かが、特にクリップスの発言をめぐって盛んに論じられている時期のことであった。また同じ頃、左翼週刊誌ニュー・ステーツマンでは、スターリンと世界史家H・G・ウエルズとの対話が掲載されている。スターリンは、イギリス革命において旧体制を倒すには、「クロムウェルは暴力で粉砕しなければならなかった」として、彼自身の抑圧的な政策を正当化しようとした。ウエルズが、クロムウェルは「立憲主義を根拠に、立憲的秩序の名の下に行動した」と弁明すると、スターリンの返答はこうであった。「彼は憲法の名において暴力に訴え、国王の首を斬り、議会を追い散らし、ある者は逮捕して、残りは首を斬った」。スターリンが新憲法を起草し、ソ連が反ファッシズムの大同盟に加わるのにふさわしい「尊敬すべき国家」としての体裁を整えようと腐心している時期のことであった。

一九三六年の夏、スペインに内戦が発生した。スペインは三一年に王政から共和制に移行していたが、三六年の総選挙で人民戦線の左翼連立政権が成立した（選挙の公正さにはいささかの疑念があったが）。それにたいして七月、フランコ総司令官をはじめ正規軍のすべての将軍たちが叛乱に決起し、首都マドリードを攻撃した。反乱軍は簡単に政府を倒すだろうというのが一般の観測であったが、しかし誰もが驚いたことに、共和国政府は工場労働者に兵器を渡して首都防衛に成功した。

イタリアとドイツは反乱軍に軍用機や兵器を供給し、しばらくしてソ連は小規模ながら政府軍に軍事援助を行った。一方、ファッシズム支配下にあるイタリアとドイツ、そしてスペインの隣国のイギリスとフランスから義勇軍を送って、スペインの社会主義政権を擁護しようとする動きがあった。こうしてスペインの内戦は国際的な事件に発展した。しかし、フランスで成立したばかりの人民戦線政権は、フランスからスペインに武器を送ることで、フランス国内にスペインと同様の右翼のクーデタが起こるのを恐れて、不干渉政策を取り、イギリスもそれに同調した。イタリアとドイツは喜んで不干渉政策に同意し、共和国側への兵器輸出の道を封鎖すると同時に、フランコ側への援助はやめなかった。

混迷深める労働党

すでに述べたように議会労働党は、政府の軍事予算に反対する政策を頑固に続けていたが、その再考を要求する圧力はスペイン内戦をきっかけに急速に高まりつつあった。それが一〇月の党大会の中心的な論点となった。

ドールトンとモリソンが全国執行委員会を代表して、政府が「連盟とアビシニアを裏切った」のを非難すると同時に、次の労働党政権はドイツにたいする軍備を強化しなければならないだろうという決議案を提出した。ドールトンらを支持するベヴィンの演説は痛烈であった。「ファッシズムが勝利した時、最初に一掃されるものは何か。それは労働運動である」。彼は再軍備にたいして反対を続ける議会労働党がきっぱりとその政策と訣別することを要求した。議論を総括するために立ったアトリーは、「われわれは連盟を裏切った不面目な政府、軍備政策を何らかの明確な政策と関連させていない政府を支持するつもりはない。……われわれは政府の外交・軍備政策にたいする反対を続けねばならない」と語った。

アトリーがこの態度をとったのは、先にも述べたようにこの時点で軍備強化反対の政策を変更すれば、党は収拾不可能な混乱に陥り、野党として政府の政策に影響を与えることができなくなると考えたからであった。この政策を続けるのは矛盾しているし、非難を受けるであろうが、この政策をこれまで通り続けるのを選んだのである。

この曖昧な演説の中でただ一点、明確であったのは、彼が「個々の問題について議会労働党がいかなる態度決定を行うかは、議会労働党に任せてもらいたい」という点だけであった。政府の連盟政策を非難する決議は、ほぼ三対一の賛成で可決された。ベヴィンが主張したとおり、万事を議会労働党に任せることに落ち着いたが、つまりそこに潜在するのは、党の最高権力は党大会にあるのか、それとも議会労働党にあるのかという問題であった。これにたいしアトリーが望んでいたのは、党大会で激烈な議論をして、漠然とした決議で収拾を図ることのように見えた。あくまでアトリーは党の団結を優先していたが、それでも軍事予算に反対を続けるのが正しいと思い込んでいるという非難は逃れることはできないであろう。

激烈な議論が続いた。スペイン内戦をめぐって、グリーンウッドが、フランス政府の意向を受けて不干渉政策を擁護する執行部案を提出し、公然たる介入はフランコを利するだけだと主張した。代議員の多くはベヴァンに率いられてこの執行部案を攻撃し、ベヴィンもそれを支持した。ベヴァンとベヴィン、イギリス人も戸惑うほど名は似ているが、ベヴィンはこれまで何度も名を挙げたように率直かつ痛烈な発言で知られた大組合の指導者、ベヴァンはようやく労働党左翼で頭角を現し始めていた若手の左派議員であった。アトリーは執行部を代表して立ったが、ドールトンが指摘したように、「彼の才能は熱気を醒ます」ことにあった。彼は、もしイギリス政府がスペイン政府に武器を供給したならば、フランス政府を倒すことになるであろうし、「ヨーロッパ戦争の危険を軽々しく無視すべきではない」と語った。「スペインに武器を」を支持して一度は多数で可決された決議案は、アトリーの演説の後、修正案という形で再度提出され、今度は三倍以上の多数で否決された。

しかしことはここで終わらなかった。翌日、スペインから派遣された女性代表が見事な英語で武器援助を求める演説を行った。大会は彼女の雄弁に感動し、アトリーとグリーンウッドが直ちに首相に会い、独伊が不干渉の取り決めを破っていないかどうかを調査するよう申し出ることを、満場一致で決議した。労働党はもはや不干渉を支持できなくなったのである。二四時間のうちに政策を逆転させたことについて、党指導者は非難を免れられなかった。

戦局はフランコ側に有利に進んでいた。党大会で不干渉を支持したアトリーは、僅か三週間後には下院で不干渉政策は失敗したから終わらせるべきだと演説している。しかし一一月にフランス人民戦線政府の代表団がロンドンを訪れ、フランス政府が不干渉を放棄したならば労働党はイギリス政府を支持するかと質問したのにたいしては、労働党はヨーロッパ戦争の危険を深める政策は支持できないと答えている。党の結束を守るためとはいえ、まさに目を覆わんばかりの動揺と混乱ぶりであった。アトリーはこの月「不干渉の策謀」を非難したが、翌三七年三月には、ベヴィンがいまだに不干渉を支持する発言をしていた。党はもはやスペイン問題についての公式声明を出すことができず、ベヴァンをはじめ党内の左翼を憤激させた。

スペイン内戦は、一九三九年二月、イギリス政府がフランコをスペインの唯一の支配者として承認して終わった。その前月の一月には、チェムバレン首相とハリファックス外相がムッソリーニを訪れ、ムッソリーニを有和して、ヒットラーから分離させるのに成功したとして喜んだばかりだった。イギリスの左翼は、このファッシズムと民主主義の象徴的な決戦に民主主義が裏切られたことを嘆いた。国の外で起こったことでイギリスの政治的世論をこれほどまでに熱烈に興奮させ、両極化させた事件は、フランス革命以来なかったと言われている。

左翼は、フランコ側が勝てば、ヨーロッパ大戦が始まると想定していた。その戦争はすぐには起こらなかった。フランコはムッソリーニとヒットラーの傀儡だと思われていたが、しかしヒットラーのフランス占領後に明らかになったように、フランコはスペインの中立を守り通した。これは軍事的にはイギリスに大いに有利なことであった。感情が高揚した時には、人は何が起こっているかをありのままに理解するよりも、自分が信じていることを一層深く信じ続けるものである。このような情勢にあっては結局のところ、「熱気を醒ます才能」が指導者に求められている資質なのかもしれない。

エドワード八世をめぐる危機

一九三六年一〇月、議会が再開すると、アトリーは議会労働党指導者に再任された。対立候補はいなかったが、特に熱烈に支持された訳ではない。ある新聞は新国王エドワード八世の即位式が過ぎれば、おそらくドールトンが指導者に選ばれるだろうと予想していた。しかし事態はアトリーに有利に進んでいった。失業問題が改めて浮上し、アトリーは北部の失業地帯からロンドンまで行進してきた失業者のデモ、いわゆる飢餓行進を迎えるハイド・パークの大集会で、ベヴァンや共産党指導者とともに演壇に立って演説している。労働党の外交と再軍備問題をめぐる弱点は、三三年のイースト・フラム選挙区の補欠選挙で、意識的に再軍備問題を取り上げなかったというボールドウィン首相の失言のおかげで、あまり目立つことはなかった。それは、あの時、軍備問題を選挙の争点にすれば、「選挙の敗北はもっと確実になっていたに違いない」という首相の発言であった。

年末の一二月三日には、ロンドンのアルバート・ホールで、保守党のチャーチル、自由党のシンクレアを主要弁士にして、国際連盟と集団安全保障を擁護する大衆集会、「武器と連盟規約」の大会が開かれた。これまで連盟を「死せる馬」と呼んで軽視していたチャーチルが、この集会に出席したのである。スペイン内戦をめぐる世論の沸騰の中で、彼は連盟の価値を発見していたに違いない。左翼は人民戦線をさらに広く拡げ、反ファッシズムの保守主義者をも加えた国民戦線を唱えていた。先にも述べたように、宥和政策にたいするアトリーとチャーチルの左右両面からの挟み撃ちがまさに一歩前進したかに見えた一瞬であった。大会の議長は、全国労働組合会議の議長シトリンが務めることになっていたが、人民戦線に反対している労働党指導者は出席しなかった。

しかし折悪しく、このような動きが新国王エドワード八世の結婚問題をめぐる政治危機と重なり合うことになった。新国王は当時四二歳、「古い政治家」つまりは彼の大臣たちを軽蔑し、王室はもっと大胆な姿勢を打ち出すべきだとして、失業と貧民窟の問題について気まぐれな発言をして話題になっていた。ここでも世論を正確に判断していたボールドウィン首相は、イギリス国民は離婚歴のあるアメリカ人女性との結婚を到底受け入れないだろうと見ており、一二月二日の国王との会見で、国王に結婚を断念するか、それとも退位するかの決断を迫った。国王は、「旧友」チャーチルと相談して決めたいと答えた（チャーチルは一九一〇年、内相の時期に時の皇太子と知り合い、立太子礼では立会人役を務めていた）。国王は近々チャーチルと会うことになっていた。

そして三日の夜、チャーチルは、「武器と連盟規約」の大会に臨んだ。彼はその夜の議長役を務めるシトリンに、演説の中で結婚問題についての声明を発表したいと言ったが、シトリンはそれはまったく無関係な問題であるから、声明を出すなら議長は断るとまで言い張って反対した。結局チャーチルは、声明抜きの演説をした。彼の古くからの友人で、元首相アスキスの娘、その夜の弁士にも名を連ねていたボナム・カーター夫人は次のように回想している。「彼は見事な演説をした（彼には悪い演説はできない）。しかしわれわれの多くは、彼としては最高の出来ではないと感じていた」。

大会より一週間前の一一月二五日、ボールドウィン首相はアトリー、シンクレア、チャーチルの三人と秘密裡に会談している。まず首相がアトリーに、国王が結婚し、しかも退位しないという態度に出て、内閣が総辞職した場合に、アトリーはどうするかを尋ねた。アトリーはきっぱりと、労働党は新政権の形成を拒否すると答えた。シンクレアも同じ答えであったが、自由党は極めて弱体であったから、これは大きな意味のある答えではなかった。しかし、国王の「旧友」という資格で招かれていたチャーチルは、その場合、政府を支持するとは答えたが、内閣がやむなく総辞職した場合に、彼としてはどう行動するかについては語らなかった。

それから一週間後、チャーチルは、首相は野党指導者から新政権は作らないという確約を得ていると公表して、政府を困惑させた。アトリーは、秘密会談については沈黙を守って語らなかった。他方でチャーチルを支持しているビーヴァーブルック系の大衆紙は、内閣総辞職、総選挙、そしてチャーチルの「王党派」政権成立の可能性について書き立てた。労働党内には、この退位危機を利用して総選挙で、失業問題にたいする国王の憂慮、そしてアビシニアとスペイン問題について政府攻撃を行うのを望む声は強かった。ドールトンもそう考えたが、やがて「有権者に広がっている強い清教徒的な感情からすれば、ボールドウィンが勝つに違いない」のを悟って態度を変えている。

一二月一〇日の退位法案の審議では、アトリーはこの危機をどう利用するかについてまったく触れず、国王と議会の対立についても論じなかった。「われわれは王政と共和制の抽象論議にそらされていくべきではない……本質はただ一つ、民主主義国家では国民の意志が優先することである。さらに言えば、われわれは国民の関心ができるだけ早く、人民の生活状態、世界情勢、平和という大問題に立ち帰ることを望んでいる」。

党機関紙デイリー・ヘラルドは、アトリーの指示で、一貫して首相の立憲主義を支持した。ベヴィンは機関紙の株主である組合指導者を説得して、その線を守らせた。大衆紙の中で、ボールドウィンを支持したのは、労働党機関紙だけであった。

退位法案の審議では、まず首相が経緯を説明したが、次いで立ったチャーチルが、下院が性急な決定を下さないように訴えると、「私の声を届かせるのが物理的に不可能なほど」の反対の野次が起こった。彼は議場を出る道すがら、友人の一人に「私の政治生命は終わった」と、語っている。「武器と連盟規約」大会にかけて、上り坂にかかったかに見えた彼の名声は一挙に崩れた。

ボールドウィンは、次の国王の即位式が終わった後、一九三七年五月に退陣して、チェムバレンが首相に就任した。新首相は外交・軍事を自分の手中に握っておきたいと望んでいたから、もちろんチャーチルには入閣の誘いはなかった。国王退位問題は、ボールドウィンの完全な勝利で終わった。そしてアトリーには、首相を支持したために、この問題を利用して政治危機を深める機会を逃したという党内左翼の憤懣が残されることになった。彼の党指導者としての地位と威信は相変わらず不安定であった。

政府の再軍備計画をめぐって

退位事件から間もなく、クリップスの出資でベヴァンが編集する週刊誌トリビューンが発刊されている。第一号では、ベヴァンが匿名でアトリーを攻撃した。「宮廷スキャンダルのお気どりと偽善と対照的に、議会労働党はそれ自身のメッセージを発信すべきであった……労働党は、その気になれば、労働者を議会という舞台の中心に置くこともできることを示してきた。しかし今回の国王の危機では、終始、一つの重大な欠陥をさらけだした。労働党は、あまりにも尊敬心が厚いのである」。党内左翼、あるいは人民戦線派のいわば準機関誌とも呼べるこの週刊誌の旗揚げが、アトリーの権威を確立するきっかけとなったのは、一つの皮肉であった。今日では、トリビューン誌は、作家オーウェルの珠玉のエッセイを連載したことでむしろ知られている。オーウェルの描いたのは政治ではなく、紅茶や一〇セント・ショップで買ったバラの美しさなどのイギリスの身辺雑事であった。

それはともかく、政策について言えば、スペインにたいする不干渉政策を(フランス人民戦線政権の意向を汲んで)支持しながら、イギリスの軍事予算にたいしては(党の結束を守るために)年来の反対の態度を続けていこうとする曲芸のような政策に、彼の地位の不安定さの原因があった。スペイン内戦とともにクリップスの唱える人民戦線戦術、すなわち国内では共産党、独立労働党をはじめチャーチルのような保守党員までを含めた協力関係の強化、国際的にはソ連を含めた反ファッシズムの大同盟の結成を求める声は高まっていた。

一九三六年の夏から秋にかけて、イギリス共産党の党員数は三〇〇〇から一万七〇〇〇に急増していた。他方で、先に新党を結成したモズレーは、ムッソリーニとローマで会談してから間もなく、イギリス・ファッシスト連合を結成し、連合の黒シャツ隊は夜ごとにユダヤ人人口の密集しているステプニー（先にアトリーが一年間市長であった地域）に乱入して、「ユダヤ人を殺せ」などの反ユダヤのスローガンを書きなぐった。それに反撃したのは共産党の組織した統一行動戦線であった。ステプニーのユダヤ人たちは、労働党はアイルランド人のカトリック教徒の支持を取り付けておくために、自分たちを十分に守ってくれていないと感じていた。一方、ステプニーのアイルランド人は、スペイン共和国軍がカトリック教会を略奪して便所に使ったとか、尼僧たちを強姦しているというファッシスト側の宣伝を信じていた。

アトリーとしては、自分の地元で共産党とファッシストが内戦状態にあるのを傍観している訳にはいかなかったが、さりとて共産党やファッシストのように党の戦闘部隊を組織するという非立憲的な手段をとる気にはならなかった。ある夜、アトリーが選挙区の党クラブ（かつて彼が自分で賃借し、二階は自宅に、一階は党のクラブに使っていた家であろうか）で講演していた時、ファッシストがドアを蹴破って乱入し、たちまち殴りあいが始まった。議長がアトリーに「やる気か」と尋ねると、彼は「やるぞ」と答えた。しかし彼はあたかも下院で演説しているかのように、平然と講演を「やった」という伝説が残っている。スペイン内戦によって彼の選挙区までもが国際化しつつあったのである。

一九三六年秋、エディンバラで開かれた党大会では、人民戦線を求める声は一層高まった。しかし労働党の全国執行委員会は、共産党はロシアから資金をもらって「イギリス労働運動にたいする悪口雑言の長い流れを作り出している」として、共産党員の労働党への加入に反対する態度を明確に打ち出した。アトリーも細心の注意を払って起草した演説で、「フランスの共産党員は、イギリス共産党員がイギリス労働党指導者の悪口を言うのと同じように、レオン・ブルム〔フランス人民戦線政府の首相〕を罵ったりはしていない」と反撃した。共産党員の二重党籍と統一戦線を支持する決議案は圧倒的な多数で否決された。

翌一九三七年一月、共産党、独立労働党、労働党内の分派である社会主義連盟は「労働者階級のすべての各派の統一」と「労働党と労働組合運動の民主化による大衆闘争の戦闘計画の採択」を求める合同の「統一マニフェスト」を発表した。それはアトリーがエドワード八世の退位危機においてボールドウィンを支持したことを特に挙げて、アトリーの「階級間協力主義《コラボレーショニズム》」を非難している。「統一マニフェスト」に署名した労働党員には、クリップス、ベヴァン、ラスキ、ジョン・ストレーチィの名が連なっていた。一月二四日、マンチェスターで開かれたマニフェスト発足の大集会は新聞各紙で大きく取り上げられ、クリップスは「私の短い政治経歴の中でももっとも大きな経験であった」と記していた。それから三日後、全国執行委員会は投票によって社会主義連盟を労働党から除名した。五月には、連盟は個々人としてマニフェストを支持して行動することを声明して解散した。三二年の結成以来、労働党にとっていわば「脇腹に刺さった刺」のような存在であった連盟は解体した。この措置を反民主的、さらにはファッシスト的な弾圧と見るかどうかは、意見の分かれるところであった。

同じ五月、全国執行委員会はドールトンの司会で起草された文書「労働党の当面の計画」で、党内の論争の規則を定めている。そこでは如何にもアトリーらしい口調で、「論争は避け、党員すべてが賛成することについて活動しよう」、そして「私は自分の良心に反しない限り、多数に従う」と言う。この最後の一節は一九三七年に刊行された彼の著書『労働党の展望』から引いた一節である。この本は労働党の過去と現在の在り方についてイギリスの政治文化の脈絡の中で論じているが、それはすぐ後で紹介するとして、ここではまずこの時期の党の軍事・外交政策の変化についてまず見ておくことにする。

一九三六年一〇月にエディンバラで開かれた党大会では、対外政策をめぐって党は危険なまでに分裂した状態にあった。議会労働党は依然として政府の軍事予算にたいして反対し、政府は国際連盟を十分に支持していないと非難していたが、国際連盟はもはや有効な実態のある組織ではなかった。政府がスペイン内戦に不干渉政策をとっていることが、事態を一層複雑にしていた。党は共和国政府を支持する点では一致していたが、スペインに武器を送ろうという案を支持したのはいつも少数派であった。アトリーは兄トムへの私信で、「ヒットラーとの全面戦争にたいする恐怖心がかなり強かったからで、それには十分な理由がある」と説明している。

しかしアトリーは、自分からは積極的な提案はしなかった。ドールトンはこの時期、ますますタカ派的になっており、党は政府の再軍備計画を全面的に支持すべきだと発言している。アトリーは、これは「愚かな態度」、党がこれまで守ってきた原則にたいする不必要な「挑発」

だと考えていた。そして大会の多数意見、再軍備は支持するが、それは国際連盟を支持する軍備でなければならぬという妥協案を支持した。それが具体的に何を意味するかは、誰にとっても不明確であった。まず多数の賛同を得られる方法を発見する、それがどのような結果をもたらすかはしばらくは論じないというのが、アトリーの優先順位であった。

一九三七年六月の予算審議においても、労働党は再軍備に反対を続けた。しかし翌七月には、全国執行委員会は、この態度はもはや維持できないという結論に達した。ドールトンとベヴィン、この二人の党内の再軍備論者が、党大会の同意はまだ得ていなかったにもかかわらず、全国執行委員会の名において、路線変更を提案して、支持を取り付けたのである。ベヴァンは「党大会立憲主義者」として反対したが押し切られた。この党内論争が転機となった。

党の最高幹部たちの間に論争が生じたことで、アトリーはこれまでの再軍備反対の縛りから解放された。アトリーはその機会に乗じて、不干渉政策はもはや空文になったとして政府を攻撃した。ドールトンは、政策攻撃の重点を国際連盟擁護から不干渉政策に移しただけだとして不服であった。しかしまさにそれこそがアトリーの狙いであった。彼は軍事予算反対の路線は放棄するとは一言も言わずして、路線転換への道を開いたのである。その後はどうなるのか、それはドイツとイタリアの出方次第のことであった。今はそれを論じる必要はない。党内の最大限の同意を保ちながら政府攻撃を続けるというのが彼の論法であり、この政策転換の方法は見事というほかなかった。

ついでに指摘しておくと、対外政策におけるアトリーの重点は国際連盟擁護から不干渉政策へと移ったが、今では（まだ公然とは発言していなかったが）眼を西に向け、アメリカのルーズヴェルト大統領が一九四〇年大統領選挙で三選を果たし、孤立主義を捨てて国際的な指導力を発揮することに希望をつないでいた。先に触れた三三年以来の立場に帰っていたのである。

一般的に言って、およそ政治論争の個々の論点について最終的な解決がある訳ではない。かつては重要と思われた論点の重要性が状況の変化とともに薄れ、次の新たな論点に移っていくだけである。論争の自由を保ちながら同時に民主的な決定を行うとすれば、その重要性の移行を演出するのが指導者の役割である。一九三〇年代のチャーチルはあらゆる論点について誤っており、ただ一点、「ヒットラーは有和できない」と信じていたために、開戦とともにようやく国民的指導者になる。一方アトリーは、どこまでもイギリス的な自由と民主主義に立つ国民的な指導者になろうとしていた。

2　破綻する有和政策

『労働党の展望』

一九三七年の夏、アトリーはようやく指導者としての権威を行使できる立場に立っていた。先に触れた彼の著書『労働党の展望』（以下、『展望』）は、この年の八月に刊行された。党内の情勢からして、共産党の唱える統一戦線、さらにはチャーチルまで含めた国民戦線を拒否することから彼は始める。このような政策は、イギリスの民主主義が危険にさらされたならば必要かもしれないが、今はそのような危険はない。イギリス人には共産主義とファッシズムは「政治的に未熟な人々には人気があるかもしれない」。それに共産主義者は、「労働党の方法、多数者の支配という方法は信じていない」。それにたいしてイギリス人とフランス人には、「何年も続いてきた個々人の自由と民主主義の経験がある」。さらにイギリス人には、「異端と反対意見を好む生まれつきの性向がある」。それがイギリスで、「硬直した正統社会主義の教義が形成されるのを妨げてきた。このような教義をイギリスに押し付けようとした人々は、着実な地歩を築くのにいつも失敗し、政党というより、むしろ宗教的な宗派にとどまった。宗教においても政治においても、イギリス人は自分で考える権利を主張してきた」。「もしイギリスがベルリンとローマの前例に従わないとすれば、モスクワの道を行かねばならないという議論ほど、不正直な議論はない」。

「宗教においても政治においても」という表現には、大きな説得力があった。そこからさらに類推を進めるならば、イギリスの社会主義と労働党の特殊性について新しい理解を得ることができるであろう。エンゲルスと同じくアトリーは、イギリスにはマルクス主義よりも先にオーウェンの社会主義があったことを指摘する。オーウェン主義者には教義はなかったが、宗教、キリスト教があった。そしてアトリーは、「聖書には革命的な思想がいっぱいに詰まっている」と言う。一七世紀の市民革命においては、国王と議会は宗教の論議を通じて戦った。宗教の争いは、名誉革命において国王を国教会の首長とすることがあらためて確認され、決着がついた。しかしイギリスには、国教会の下に大小無数の非国教徒の教会と宗派があった。それは各地方に、またさまざまな階級に分散していた。しかし人々は地方と階級の壁を越えて共通の信条で結ばれていることを意識していた。社会の末端の貧者の抗議にたいして、国教会の頂点に立つ大主教が共感と支援の手を伸ばすのも珍しいことではなかった。それは有名なロンドン・ドック・ストライキでも見られた現象であった。

政治については、保守党と自由党の二つの主要政党は議会の中で生まれ、選挙権の拡張とともに地方に支持の根を張り巡らせていった。しかし社会主義と労働党は議会の外に生まれ、各地のさまざまな組織の連合体として下から育ち、やがては労働組合と中間階級出身の知識人の同盟となる。大陸の社会主義が一つの教義で組織されたいわば一神教の組織なのにたいして、イギリスの社会主義は多宗派的になった。

ここまで読み進まれた読者は、労働党がさまざまな分派の間で激しい論戦を交わすこと、(一九二〇年代のマクドナルドを別とすれば)指導者にたいして容赦なく挑戦すること、その結果アトリーの地位が終始不安定であることに気付いておられるかと思う。それはアトリーが党内のさまざまな異論の正当性を認め、同時にそれにたいする寛容という両立困難な課題に指導者として挑戦しようとしていたからである。

最後にもう一点付け加えると、アトリーは『展望』の中で、党大会は党の規約と年ごとの綱領を定める最高の議決機関であると言っている。他方で彼は、すでに述べたとおり、政治のことは議会労働党に任せるように主張していた。この問題について、まだ決着はついていない。

転機となったボーンマス大会

『労働党の展望』は五万部売れ、アトリーには議員年俸を超える六〇〇ポンドの印税が入った。そしてこの本が、一九三七年一〇月のボーンマス党大会の政策討論の基調になった。大会の一週間前のエコノミスト誌は、この大会はアトリーの地位にたいする厳しい問いかけの場になるだろうと警告したが、この大会こそが彼の運命の転機となった。大会は左翼の「統一キャムペーン」を非難し、クリップスとトリビューン誌との縁切りを宣言した。大会は、イングランド銀行（他の株式会社の銀行も含めて）、石炭、電気、ガス、鉄道の国有化、年金と有給休暇の改善、国の東北部のような不況地域に対する公共事業と計画経済などを掲げた八頁の「労働党の当面の計画」案を可決した。めったにアトリーを褒めたことのないドールトンでさえもが、アトリーが「党内の議論の継続性を保ちながら、この計画をまとめ上げるのに大いに貢献した」、「それは問題点を列挙しただけの文書よりははるかに立派である」と語っていた。

前年のエディンバラ大会について、アトリーは兄に宛てて「ひどい大会だった」と報告していたが、ボーンマス大会については、会場は満員、討論の水準は高く、「団結と決意を示す活気に満ちている」と書き送っていた。ウェッブ夫妻も三〇年ぶりに参加していた。代議員の間で『展望』は大好評であった。新聞記者は、例年は会場の隅で探偵小説を読んでいたアトリーが、この年は会場のバーで有力な組合の指導者たちと酒を酌み交わし、パイプをくゆらせているのに気付いた。彼の太いパイプは、チャーチルの葉巻に対応する指導者のシムボルになりつつあった。「長い間、こんなにくつろいでいるアトリーは見たことがない」という記事もあった。

軍事・外交政策は長年、党の分裂を招きかねない対立の焦点であったが、今ではアトリーは、それを党の結束と道徳感覚を強めるのに利用していた。ドールトンとベヴィンの再軍備論が残した憤慨はまだ生々しかったから、彼はスペインにたいする不干渉政策を終わらせ、共和国を支持するよう大会に訴えた。すでに述べたように、これは再軍備の可否をめぐる論争を終わらせるための彼の論法であった。

前年の一〇月に、スペイン共和国の政府から、労働党代表団をスペインに迎えたいという招待があったが、アトリーは今その招待を受けることにした。この一年の間にドイツとイタリアの空軍は不干渉政策を嘲笑するかのように、一九三七年四月にバスク地方の都市ゲルニカに壊滅的な空襲を行っていた。アトリーはチェムバレン政権の一部に「親フランコ的な態度」があるのではないかと疑っており、スペイン訪問によって党の団結を一層強めようとしていた。代表団の乗ったスペイン首相の専用機はイタリア空軍機に襲われ、急降下してやっと着陸できた。

彼は政府の閣僚と話し、戦線を視察するうちに、ソ連からの援助が増大するにつれ、ソ連共産党をはじめ共産主義勢力の影響力が大きくなりつつあるのに気付いた。バルセロナ戦線では国際義勇軍の歓迎を受け、その部隊名をアトリー少佐大隊と改称するのを許可した。二九年の選挙においてライムハウス選挙区で彼と戦った共産党候補タプセルは、部隊の中隊長であった。大隊長も共産党員で、戦後にはベヴィンに次ぐ、一般運輸労働組合の伝説的な書記長となるジャック・ジョーンズであった。

帰国したアトリーにたいして、下院では一人の保守党議員から非難決議案が提出された。翌年二月に外相になるハリファックスは、先にベルリンを訪問した際、ヒットラーにナチ流の敬礼をしなかったのに、彼が国際義勇軍部隊にたいして握り拳を額にあてる人民戦線流の敬礼をしたのは不適切であり、野党指導者に与えられている給与を差し止めるべきであるという動議であった。しかしこの時、彼はすでにイギリス左翼の英雄的人物であった。

彼の指導者としての資質について、ようやく論評が始まっていた。以前よりもはるかに好意的な意見であった。スペイン訪問に同行したエレン・ウィルキンソン（党内の左翼分子であったが、後に第一次アトリー内閣の文相となる）は、いくつか欠点があるにしても「彼は鋭敏な戦略家であり、人民を理解し、チームで行動する」と評価している。数か月前には彼が追い落とされると予想していたエコノミスト誌は、下院の非難動議では擁護する側に回り、彼は政府にたいする「真の野党」を率いていると論評した。クリップスの右腕のベヴァンは、アトリーは

「スペインからの帰国後、自分の地位を大いに強化した」と言う。「彼には賢明な頭脳があるが、馬力がいくらか欠けていたために人々との意思疎通が妨げられていたのだ」という論評であった。

アトリー攻撃のいわば機関誌として発刊されたトリビューン誌さえもが、初めて彼に寄稿を依頼してきた。「私を非難してきた人々にたいする私の回答」という表題の文章で、彼は野党はいかに行動すべきかについての自分の見解を説明している。一九三一年以来、本質的には全体主義国家の国家観がイギリスに輸入されてきており、その一つは、外交政策にかんしては誰もが時の政府を支持しなければならないという考えである。もう一つは、議会は「最高国務会議」でなければならないという意見である。最高国務会議は、ルイ一四世期のフランスで国の官僚機構の頂点にあって絶対君主の王に助言した組織で、政策や人事を議論したものの、イギリス議会のように「反対派の批判の源泉」となったり、さらには与野党間の政権交代を起動させたりするような場ではなかった。アトリーは、この二つの考え方がタイムズ紙の論評の基準になっているのではないかと疑っており、これらの考えは「歴史と民主主義に反し、反愛国的である」と、書いている。

その年の年末、アルバート・ホールで開かれた大集会で、演壇に立ったアトリーは長い拍手で迎えられた。兄トムに宛てて、「スペイン訪問は国内でも国際的にも大きな効果があった」、「クリスマス前の議会の会期は、党にとってよい終わりになった」と書いた。

アトリーとチャーチルの宥和政策批判

一九三八年三月一二日、ヒットラーのドイツはオーストリアに侵攻した。オーストリアは独立国にとどまるか、それともヒットラーの第三帝国と合体するかについて国民投票を行うことになっていたが、おそらく独立という結果が出るものと予想されていた。ヒットラーはオーストリア国内では少数派のオーストリア・ナチ党の招聘を受けて、国境を越えて軍を進め、国民投票ではなく彼個人にたいする信任投票を行わせた。こうしてオーストリアは国民全体の意思によってドイツに合併されたという見せかけが出来上がった。

チャーチルは一九三三年一月のヒットラーの政権掌握以後、ドイツの膨張主義的な傾向について警告を発していたが、その予想の正しさが事実で証明されるにつれ、チェムバレンの外交政策に絶望した人々が、彼の次の動きに注目するようになった。保守党内でチャーチル派と目された議員は三〇年代前半では五指にも足りなかったが、今では五〇人あまりと推測されていた。

過去一〇年以上にわたって、アトリーとチャーチルは外交と帝国防衛政策の多くの点で意見が対立していた。アトリーは満州事変については国際連盟による制裁を支持したが、チャーチルは日本を支持していた。一九三三年のオックスフォードの学生連合での質疑応答では、「日本は、われわれがインドでやってきたことを中国でやっている。満州事変はよいことである」

と語っていた。アトリーは、チャーチルがムッソリーニとフランコを支持しているのではないかと疑っていた。後年には、「彼はスペインを正しく理解していなかったし、アビシニアについても心配していなかった」と語っていた。

他方で過去数年の間に、労働党のドイツにたいする態度はかなり変化していた。アトリーは早くも一九三二年六月に、国際連盟はオーストリア国内におけるナチの活動に「厳重な警告」を発するべきであると発言しているが、党内にはドイツにたいする強い同情があった。党機関紙デイリー・ヘラルドのドイツ通信員、ドイツ社会民主党員のシフは一貫して「ドイツが要求しているのはフェアー・プレーだけだ」と書いており、またヒットラーが政権を獲得した後にも、「ドイツ国民のすべてが彼を支持している訳でないし、彼を簡単に倒すことができるだろう」と観測していた。アトリーはヒットラーの政権掌握を警戒する一方、ヴェルサイユ条約は不当であるという風潮には賛同できないと感じていた。

ドイツが一九三六年三月、ヴェルサイユ条約を破ってライン河左岸に進駐した時には、労働党は制裁に反対していた。皮肉にもこの条約違反によって、それまで国際連盟に見切りをつけていたチャーチルは、「集団安全保障支持に転向」したと発表していた。現実主義者チャーチルと理想主義者アトリーとが、対外政策について次第に態度が近寄りつつあった。いわば右と左から、中間の宥和主義者にたいする攻撃が始まろうとしていたのである。

一九三八年の初めには、政府の外交政策に批判的な人々は、戦争は近い、態度を決すべき時が迫っていると感じていた。二月二〇日には、ムッソリーニにどう対処するかをめぐって外相イーデンがチェムバレン首相と対立して辞任した。当時は詳しい事情は明らかではなかったが、イーデンが宥和に反対したからでなく、宥和の方法についての対立からの辞任であった。めまぐるしい外相の交替であった。ハリファックスが外相に就任した。彼は宥和政策に同意してはいたが、彼も間もなく首相と意見を違えることになる。

オーストリア併合に次いで、ヒットラーの目はチェコスロヴァキアに、その次にはポーランドに向けられるであろうと予想されていた。チェコスロヴァキアのズデーテン地方の住民の八割はドイツ系で、ドイツとの併合を願っていた。ポーランドはドイツとソ連、そのどちらに安全を求めるかで分裂していた。

オーストリアが併合された三月、チャーチルは、チェムバレン首相が不決断の首相ボールドウィンから途方もなく困難なヨーロッパ情勢を継承したのに同情していた。他方で、チェムバレン外交に憤慨しながら、同時に「盲目で頑固な」保守党議員の多数にたいしても憤慨していた。その頃、チェムバレン、アトリー、それに自由党のシンクレアの三党首の間で秘密の会談が行われており、統一した政治的意思を模索しているという噂が流れていた。もしそれが実現できなければ、チャーチルは五〇人ばかりの保守党議員を率いて叛乱を起こす覚悟であった。しかし、保守党議員の多くはいまも首相を支持しており、チャーチルとその一派だけでは倒閣のような大それたことはできそうになかった。それに危機が深まれば、彼に入閣の誘いがかかり、閣内から影響力を発揮できるかもしれない。だから彼は、政府攻撃を手控えるようになった。正面から政府を攻撃するのは、アトリーの役割になった。

アトリーの宥和政策批判には二つの論理があった。一つは時の蔵相サイモンから首相チェムバレンに至るまで「道義的な観点から外交政策をみていない」という点であった。もう一つは、彼らが自慢する現実主義なるものはけっして現実的でないとするものであった。宥和主義者は、「国際情勢の中の最大の現実である独裁者の精神的な態度を無視している」と、彼は言う。ヒットラーとムッソリーニは、「名誉、正義、人間性、正直な取引などのイギリス的な観念」にはまったく関心がないというのである。

ズデーテン割譲とミュンヘン協定

一九三八年四月、いわゆる復活祭合意でイギリス政府はイタリアのアビシニア支配を事実上承認した。イタリアがスエズ運河の利用も含めて中東の現状を維持するというのが交換条件であった。それを受けて行われた下院の審議で、アトリーは、ムッソリーニにたいして「現実政治《リアルポリティックス》」を行いたいというチェムバレンの最初の声明を掲載した、一九三六年のモーニング・ポスト紙を振りかざしながら言った。「私は、首相が自分が何に共感しているかを十分に明らかにされたことを祝福したい」という皮肉な前置きに次いで、かつてオックスフォードで一五～一六世紀イタリア政治を研究したアトリーは言う。しかしそれには欠点がある。「シニヨール・ムッソリーニの本来の先生はマキアヴェリであり」、「自分に都合がよくなれば、たちまちヒットラーと取引して、すべては壊れてしまう」というのである。ムッソリーニを宥和すれば、ヒットラーから離反させられるとする現実政治は、まったく現実的ではないという攻撃であった。

一九三八年の夏、かねて予想された通りヒットラーはズデーテンの割譲を要求した。チェムバレンは三六年に、ドイツが侵略すればイギリスはチェコスロヴァキアを守ると発表している。一九一四年八月のイギリスはベルギーと防御同盟を結んでおり、ドイツに宣戦した。チェムバレンの約束は口頭のものとはいえ、ここではイギリスの名誉、すなわち約束は守るという道義が問われていた。

この時、アトリーは家族とともにウェールズに夏休みの旅行に出かけており、思いがけずウェールズが地盤のロイド・ジョージから招待を受け、スノウドン山のふもとで家族同士のピクニックを楽しんでいる。ロイド・ジョージは一四年八月には自由党政権の蔵相で、閣内でただ一人開戦に反対していたが、ドイツのベルギー侵攻の知らせを聞くと、宣戦に同意している。しかし三八年夏の彼は、ヒットラーは戦争をしないでチェコスロヴァキアを手に入れ、フランスとイギリスはドイツに宣戦しないであろうと予言していた。三八年のヒットラーは一四年のドイツ皇帝よりもはるかに強い立場にあった。特にヒットラーには強力な空軍力があった。ドイツと英仏が開戦すれば、「ロンドンは壊滅的な被害にさらされるだろう」というのが、チャーチルの観測であった。

九月初め、日本とイタリアは、ドイツのズデーテン割譲の要求を支持すると発表し、ソ連海軍は戦時体制に入っている。九月一五日、チェムバレンはミュンヘンに飛んで、ヒットラーと直接に会談し、翌日はロンドンの閣議でヒットラーの要求を審議し、九月二二日にはもう一度ヒットラーと会う予定であった。

首相が飛び立った日の午後、チャーチルは国会議事堂の近くに住んでいる歴史家H・ニコルソン（一九三一年の政変の後もマクドナルドを支持したいわゆる挙国労働派に属していたが、宥和政策にたいするもっとも鋭い批判者として知られていた）の邸宅にいた。ニコルソンは、「イギリス帝国はもう終わった」と嘆いた。チャーチルは、ミュンヘンにいるチェムバレンは態度を硬化して、ヒットラーによる兵力の動員中止を要求するであろうが、開戦には至らないだろうと予想していた。開戦になればチェムバレンはいわば人質に取られるであろうが、「さすがのドイツ人も、われわれの敬愛している首相を、われわれから奪うほどの馬鹿なことはしないであろう」という冗談を飛ばす元気はあった。午後四時半を過ぎた頃、アトリーから電話があり、チャーチルが政府と訣別すれば、チャーチルを支持するという知らせがあった。チャーチルが態度を明らかにする番になっていたが、二人は首相官邸が強硬な態度に出れば、まだ政府を支持することで合意した。チャーチル派は「もし今度もチェムバレンが逃げれば、その時には労働党側につく」ということである。

九月二七日、アトリーは首相宛ての公開書簡を発表、ドイツがチェコスロヴァキアを攻撃すれば、イギリスはフランス、ソ連とともに抵抗することをドイツ側に疑問の余地なく通告することを要求した。この書簡が首相の手に渡る前に、アトリーとグリーンウッドは首相官邸を訪れ、断固たる態度に出るよう求めた。チャーチルもまたその日のうちに首相と会い、ヒットラーに屈服しないよう要請している。

二四日、ヒットラーはチェコスロヴァキアにたいして、二八日の午後二時までに譲歩しなければ軍事行動に出ると警告していた。イギリス海軍は動員体制に入った。通告された時間を少し過ぎた頃、首相は支持者からの盛大な拍手に迎えられて下院に入り、淡々と事件の経過を説明した。一時間ばかり過ぎた頃、外務省からの一枚の文書が、与党のフロント・ベンチに届いた。首相は鼻眼鏡をかけなおした。ヒットラーはチェコスロヴァキアに二四時間の猶予を与え、チェムバレン首相にミュンヘンでフランス首相ダラディエ、ムッソリーニとともに会談すると伝えてきたのである。

平和は救われた。議場は安堵と歓喜で大騒ぎになり、泣き出す議員もいた。ニコルソンの日記によると、「チャーチルはただ一人、深くうなだれ、黙って座っていた」。しかし退席しようとした首相に握手を求め祝福した。「あなたは幸運です」。アトリーはもっと用心深く、何かを呟いただけと伝えられている。

これまで進められてきた反首相の連携は崩れた。まだ首相がミュンヘンにいる間に、チャーチル、アトリー、シンクレア、ロイド・ジョージ、イーデンの連名で、チェコスロヴァキアを裏切らないよう勧告する電報を送ろうという動きがあったが、イーデンは首相にたいする私的な報復を企んでいると思われたくないとして参加しなかった。アトリーは、党の意向を聞かなければ参加できないと言って断った。ニコルソンは、さすがのチャーチルも闘志を失っているようだと記している。

一九三八年九月二九日の深夜も過ぎた時刻に、ミュンヘンの四首脳は協定に署名した。ヒットラーがチェコスロヴァキアの他の地域を攻撃しないならば、残りの三人はズデーテン併合に同意するという協定であった。チェムバレンはこの協定の写しを手にして帰国した。「名誉ある平和」、「われわれの時代の平和」が実現されたというのが、彼の声明であった。アトリーは、信じられないといった心地であった。「これはわが国とフランスが被った最悪の外交的敗北である」と、語っていた。おそらく事情はもっと複雑であった。眼前の戦争の危機が遠のけば、誰しも安心し喜ぶであろう。ある労働党議員が言ったように、「もしアトリー首相が同じ協定を持って帰ってきたとしても、労働党は大歓迎していた」に違いなかった。

移りゆく政局

一〇月三日、夏休みが明けて議会が再開したが、首相は嵐を乗り切ったようであった。地位は安泰のように見えた。彼は「われわれの時代の平和」について語った。演説の終わりに「イギリスの再軍備は続けねばならぬ」と言いはしたが、戦意はまるでなかった。アトリーはチャーチル派の保守党議員の声援を受けながら、「われわれは屈辱を感じている。これは理性と人間性の勝利ではなく、野蛮な力の勝利であった。チェコスロヴァキアとの取引の条件は審議されておらず、最後通牒で押し付けられただけであった」と述べた。「勇敢で、文明が進んだ民主的なチェコスロヴァキア国民は裏切られ、無慈悲な専制支配者に手渡された」。ヒットラーはヨーロッパの力の均衡を覆しただけではない。民主主義は「恐るべき敗北」を喫した。「イギリスの外交政策は、女々しさとうさん臭さの合併症に感染している。宥和政策はテクノクラットと貴族層に牛耳られた支配階級の道徳的堕落、少なくとも非道徳的な性質の兆候である」。憤激は道徳的であるだけに、形容詞は多彩であったが、いささか無力に響いた。

チェムバレンは、ミュンヘン協定によって明らかに政治的な主導力を回復しており、アトリーの立場は弱くなっていた。突如として、彼の指導力が問われるようになった。クリップスはモリソンに働きかけて、党指導者改選の動きに出ようとしたが、二人にはこの陰謀に追随するだけの党内勢力はなかった。他方で、アトリーのチャーチルとロイド・ジョージとの連携の試みは水泡のように消えた。一一月のケント州での補欠選挙では、アトリーは再び挙国政権について語ることは一切しないと声明していた。一九三一年の挙国政権は、不況の脅威を前にして党派の違いを捨てて協力することを訴えたが、その結果は「現代におけるもっとも無能な政権が生まれただけである」というのであった。

アトリーの観測では、「今ではチェムバレン政権を倒す覚悟のある保守党議員がまるでいなくなってしまった」。イーデンは、アトリーとともに国際連盟協会の集会で演説するのを断った。彼自身が保守党指導者、さらには首相になることを見込んでいたからである。次いでアトリーが、チェコスロヴァキアにたいする扱いに抗議するチャーチルの起草した新聞紙上での公開状に署名するのを拒否した。それでもアトリーは、ひそかに反宥和主義者との連絡は絶やさなかった。

一九三九年一月、これまで左翼の統一戦線を唱えていたクリップスが、今度は社会主義を断念して、チャーチルを含めた広範な反ファッシズム、親ソ連の戦線を提唱し、トリビューン誌を使った全国的な請願運動を起こした。ソ連との外交交渉が進んでいる微妙な時期であり、党指導部は三月末にはクリップスを除籍し、ベヴァンには七日間の猶予を与えた上で除籍処分を発表している（ベヴァンは同年一二月に復党）。四月のトリビューン誌は、「労働党右翼の指導者たちには、自分自身の戦略がない。ただ明日にも迫っている総選挙で負けるのを待っているだけだ」と攻撃した。「彼らは政権を恐れているのである」。この頃、クリップスはウェッブ夫人を訪問している。ウェッブ夫妻には『ソ連共産主義、新しい文明？』の著書があり、親ソ連、特にその官僚制を評価していることで知られていたが、ソ連との同盟を進めるのに支援を期待していたようである。クリップスによれば、労働党指導部は、「ドールトンは厄介者、グリーンウッドは酔っ払い、アトリーは物の数に入らない」とのことであった。

他方三月半ばには、ヒットラーは併合されていなかったチェコスロヴァキアの残部に兵を進め、ポーランドに領土要求を行っている。三月三一日、チェムバレンは、ドイツがポーランドに侵攻すれば、ポーランドを支持すると声明した。首相は、今やミュンヘン協定は空文になったことを認めざるを得なかった。

しかしアトリーは、イギリスの徴兵制導入の提案には反対している。過去の軍備強化反対の態度に戻ったかのようであった。政府の再軍備は遅々として進んでいなかった。何よりも私企業の利益が優先されており、例えばイギリス空軍には認められなかった技術を使った航空機がフィンランドに輸出されていた。

五月一九日の激しい下院の討議で、労働党は、戦時の経済体制についての研究を怠っていた。アトリーは「世界的同盟の中核であるイギリス、フランス、ソ連の堅固な提携」を提唱し、「スターリンをヒットラーの手に渡してはならない」と演説していた。新聞は、アトリーは憤激のあまり、体が震えていたと書いたが、実は彼は前立腺肥大による膀胱の痛みで震えていたのである。五月末の週末、彼はサウスポートでの党大会に向かう列車の中で苦痛を覚え、執行委員会は欠席して翌日に入院した。兄トムへの手紙では、「これはうちの家系に見られる病気で」、膀胱がぞくぞくして発熱しており、性器(J・T、ジョン・トマスと表現している)に「かなりの苦痛」があると書いていた。開戦は迫っていたが、彼は二度の手術を受けねばならなかった。グリーンウッドが指導者代行を務めることになった。何ともタイミングの悪い発病であった。

開戦

一九三九年の八月下旬、アトリーはウェールズの海浜で静養していた。デッキチェアーに座って子供たちが浜辺で遊ぶのを見ていたが、その時、携帯ラジオが、独ソ間の不可侵条約の締結を発表した。九月一日、ドイツ軍はポーランドに侵攻し、条約の秘密議定書に従ってソ連軍は反応しなかった。それから二日後の九月三日に、イギリス政府はドイツ軍の即時撤退を要求した後で宣戦した。そのニュースも同じ浜辺で聞いた。アトリー夫妻は子供たちを疎開させ、スタンモアの家は賃貸に出し、アトリーはロンドンにフラットを借り、ヴァイは看護の奉仕活動をすることに決めた。

九月二日の下院では誰もが最後通告の発表を予想していたが、首相は交渉の経緯を報告しただけであった。彼は今では敗残の首相であった。グリーンウッドが立つと、チャーチル派のエメリーが、「イギリスのために語れ」と、声をかけた。労働党の議席からは「労働者のために語れ」という応酬があった。グリーンウッドは政府のこれまでの交渉経過を攻撃し、拍手を受けた。保守党の議席からも拍手があった。

グリーンウッドが立派に代役を務めたために、党内にはまたもや指導者改選の動きが出てきた。ドールトンは「彼は立派にやっている。あの貧弱な仔ウサギ〔アトリー〕よりよっぽどましだ」という意見で、モリソンも改選に乗り気だった。しかしグリーンウッド本人がこの議論にとどめを刺した。「いや、それはクレムにたいしてフェアーでない」。グリーンウッドは下院の開会中にも深酒をして、翌日の午後遅くまで寝ていることが多かったから、自分の都合もあったのかもしれない。しかし今では、アトリーには一九三五年選挙で当選した議員たち多数の中に、特に「鳥打帽」組と呼ばれた労働者議員の中に確固とした支持基盤ができていた。彼に批判的だったのは、「学位帽とガウン」、つまりは大学卒の知識人議員であった。

「戦争目的」

開戦から二週間後、病気が回復して下院に復帰したアトリーが最初に取り組んだのは、労働党の戦争目的を明らかにすることであった。「戦争目的」という言葉は、第一次大戦の開戦直後にもっぱら自由党系の知識人たち（平和主義のために党首を辞任したマクドナルドも加入していた）が結成した民主的統制同盟が打ち出したものであった。下院での質問を通じて政府の戦争目的を明らかにさせ、政府の戦争指導を、その戦争目的を合理的に追求していく手段として統制していくことで、ともすれば戦争のための戦争、ただ勝つためだけの戦争に走りがちな戦争を、民主主義の支配下に置こうとしたものであった。「変革が必要なのは独裁国家だけで、西欧の民主主義は戦争の影響を受けずに戦前の状態に戻れると考えるのは間違いである」。戦争は「促成栽培の温室」のようなもので、第一次大戦は「社会の進化の速度を大きく速めた」。一九一四年から一八年の間に産業にたいする公的な統制に大きな進歩があり、「社会化、労働力の動員に大胆な実験が行われた」。しかしこの進歩は、「一九二〇年代に時計の針を戦前の正統思想に戻そうとしたために、挫折させられた」というのである。

一九三九年一〇月のラジオ放送でアトリーは、「自分で考えることに慣れた民主主義国の市民は、独裁政治の抑圧と体制化を受けた人々よりも、はるかに戦争の緊張に耐えることができるであろう」と語った。戦争目的を各人が理解し、何のために戦っているかを知っている国民の方が、強いというのである。

第一次大戦史の有名な研究者B・リデル・ハートはアトリーに直接手紙を書いて、政府は状況の深刻さについてまだ十分に理解していない、特にイギリスの防衛力についてあまりに楽観的であるという自分の懸念を伝えてきた。しかし「戦争をいかに賄うか」の戦争の経済学については、アトリーをはじめ党指導者たちは、経済学者ケインズから学ばねばならなかった。労働党は、社会における経済生活について他の人々よりも深い理解を持っているはずであったが、彼らは初歩から学ばねばならなかった。

ケインズは一九三九年一一月一四日、一五日のタイムズ紙に「戦争を賄う」という題のついた二通の書簡（まもなくパンフレットとして刊行）を発表し、アトリーに直接送ってきた。国民はすべての所得の一定割合を政府に払うべきだというのが、彼の議論であった。一つには戦費を賄うためであり、もう一つには戦後の不況に対処するための強制的な貯金だというのであった。労働党筋では、これは労働者階級の生活水準を引き下げるのではないかという疑いで迎えられた。ベヴィンもグリーンウッドも同じように感じていた。彼らは戦争の負担は貧しい人々にしわ寄せされると本能的に感じていたが、その負担をいかにして平等化するか、さらにはその平等化を通じていかにして社会主義に進むかの方法を知らなかった。ケインズはこの無理解ぶりにあきれて、アトリーと直接に接触し、労働党の政治理論家ラスキにも働きかけた。ケインズによれば、国民、特に労働者階級から直接、強制的に借り入れた負債は、戦後、富裕階級にたいする高い課税によって返済できるはずであった。「私は戦時のどさくさを利用して積極的な社会的改善をかすめ取ろうと努めていたのである」と、ケインズは書いている。しかし彼は、労働党幹部が、自分の経済学をよく理解しているとは感じてはいなかった。一九四五〜五一年の労働党政権の経済政策はケインズにもとづいていたが、党幹部の学習はそれまでには進んでいたのであろうか。

ソ連のフィンランド侵攻

アトリーは、この戦争を「西欧的価値観――自由主義、民主主義、法の支配」と全体主義との間の戦争と理解していた。それにたいしてクリップス、ベヴァンなどの人民戦線派は、ソ連を民主主義諸国の側に数えていた。そこにソ連・フィンランド間の戦争が始まるのである。一九三九年一〇月、ソ連はフィンランドの領土の一部割譲を要求し、翌二月末に侵攻した。これまであらゆる侵略を黙認してきた国際連盟は、にわかに奮起してソ連を除名した。英仏はフィンランド政府の要請を受け、一〇万の遠征軍を派遣することにした。英仏とソ連の間の戦争の可能性が現れたのである。ベヴァンは戦前の英ソ間の軍事同盟交渉に政府が不熱心であったと攻撃し（イギリス代表団は、「船でゆっくりソ連に渡り、何か月もかけて決定に達する」ように指示されていた）、イギリスの戦力は対独戦争に集中すべきだと主張した。アトリーもクリケットの比喩を使って「われわれがストレートにプレーしなかったために」、みすみすスターリンをヒットラーの方に押しやったと感じていたが、しかしだからと言ってソ連の侵略は正当化できないとして、派遣を支持した。ソ連支持の人民戦線派は猛然とアトリー攻撃に出た。

一二月一八日に彼がダーラムで演説して「ソ連帝国主義」を攻撃した時には、おそらくは潜入していた共産党員から野次を浴びせられた。「私はたとえ社会主義者を自称している人々によるものであっても、侵略には反対する」と、彼は反撃した。ベヴァンは一九四〇年一月のトリビューン誌上で、労働党は開戦以来、チェムバレン政権と「政治休戦」を結び、政府に妥協していると攻撃した。二月にはもっと深刻なことに、いくつかの労働党選挙区組織の集会で、アトリーの党指導にたいする不信任の動きが生じていた。党指導部としては、チェムバレン政権との政治休戦の限度を定めた指針を発表せざるを得なくなっていた。その時、攻撃の対象に取り上げられたのがアトリーの戦争目的、特に三九年一〇月に行われた彼のラジオ放送であった。アトリーは、ソ連共産主義を全体主義勢力の一翼と見て敵視しているというのが攻撃の焦点であった。全国執行委員会は彼の放送原稿の書き直しを決定した。しかし出来上がったものは、ほとんどアトリーの元の放送を引き継いでいた。他方で、英仏のフィンランド救援の軍事行動が、イギリス国内の政治休戦を転換させるきっかけとなった。

チャーチルは開戦とともに再び海軍大臣として入閣しており、実質的に遠征の作戦を起案していた。遠征部隊はフィンランドに到達する前に、ノルウェー、スウェーデンを通過しなければならない。その途上でドイツへの鉄鉱石の積み出しを行っているノルウェーのナルヴィク港を攻撃し、ドイツに鉄鉱石を輸出しているスウェーデンの鉱山を破壊するというのである。それは実際にはドイツの生産力にたいする攻撃であった。彼は今では、ソ連はヨーロッパ革命を意図している革命国家ではなく、国益を守ろうとする普通の国家であるとみなしていた。反ソ戦争の意図はなかったに違いない。

チェムバレン首相は、これまで平和を引き延ばしてイギリスの再軍備を進めることができたと自賛して、「ヒットラー氏はバスに乗り遅れた」と語っていた。しかし事態に乗り遅れていたのはむしろイギリスの方であった。四月九日、ヒットラーは奇襲攻撃をかけてチャーチルの遠征計画に先手を打ち、ノルウェーの一部とデンマークを占領、スカンディナヴィア半島の制空権を握った。イギリス海軍にはそれに対抗する用意がなかった。

アトリーは、今やヒットラーとの交渉による平和の道は完全に閉ざされたと判断した。四月一二日のBBC放送では、交渉の提案は「気の狂った犯罪者と合意に達しようとするのに等しい」、「解決策は彼を逮捕することだ」と語っていた。しかし、そう考えない人も多かった。閣内では外相ハリファックスは、おそらくはムッソリーニの力も借りてヒットラーと取引することは可能であると考えており、海相チャーチルとの対立が浮かび上がっていた。チャーチルは今では閣僚の一人であり、政府攻撃はできなかった。それからの一か月間、事態を結末まで動かしていったのはアトリーであった。

アトリーは、アメリカの参戦、少なくとも財政援助に希望をつないでいた。それが先のことだとすれば、ソ連との提携が絶対的な必要条件であった。この二つの点では、アトリーとチャーチルは同じ立場に立っていた。他方でスターリンは、八月の不可侵条約にもかかわらず、ドイツには強い警戒心を抱いていた。BBCでの放送から二日後、アトリーとグリーンウッドは、ソ連大使館のマイスキー大使を訪問している。マイスキーはチャーチルとは友好的であったが、労働党とは縁遠くなっていた。酒のはいったグリーンウッドは、ソ連・フィンランド戦争には一言も触れず、英ソ関係の改善とイギリスからの援助について熱烈に語り、要点の一つ一つに「そうではないかね、クレム」とアトリーに問いかけ、アトリーはシェリー酒をすすりながら、「まったくその通り」と合槌を打った。マイスキーはその日の日記に「事実は頑固だ。ソ連の力は現実であることは、今や否定できない」と記している。この日記には、チャーチルが同じ目的で何度もマイスキーを訪問したことが記されていた。

倒閣、チャーチル政権の誕生

五月の七日と八日、ノルウェー戦の失敗についての審議が下院で行われた。開戦前夜の労働党の立役者はグリーンウッドであったが（アトリーは病気で不在）、七日にまず立ったのはアトリーであった。彼は前線の兵士やノルウェー国民へのエールを述べた後、開戦以来、政府には「計画の熟考も十分な情報収集もなく、本質的な目標への必要な集中も見られず」「イギリスは敗北の淵に立たされることになった」と攻撃した。途中で首相が立ち上がって反論を挟もうとしたが、労働党議員の不満のうなり声で席に戻らされた。

そしてアトリーは、首相の「ヒットラー氏はバスに乗り遅れた」という発言を取り上げ、「では首相とその仲間たちが一九三一年以降あらゆるバスに乗り遅れてきたことはどうなるのか」と切り返した。「彼らはあらゆる平和のバスに乗り遅れ、戦争のバスを捕まえたのだ」。さらにタイムズ紙の社説の「首相の最大の弱点は、失敗した同僚、休養を必要とする同僚への思いやりが強すぎることである」という一節を引いて、「この生死を賭けた闘争においては、失敗した人々、休養を必要とする人々の手にわれわれの運命を託することはできない」と語った。明らかに倒閣の呼びかけであった。序章でも言及したように、チャーチル派のエメリーは、一七世紀市民革命で長期議会を解散させた時のクロムウェルの発言を引いて言う。「これまで成し遂げたことに比して、貴公はこの席に長く座り過ぎた。去れ……神の名において去れ」。

翌八日、審議が再開される前にアトリーは、労働党議員の集会で、開戦の時に政府と結んだ政治休戦を破る時が来たから、党として政府不信任を問う動議を提出すると提案した。チャーチルは作戦失敗の責任は自分にあるとして首相をかばったが、ロイド・ジョージはチャーチルに向かって「同僚たちに爆弾の破片が当たらないようにする防空壕の役を引き受けないように」と要請した。信任決議の採決では政府は勝ったが、政府支持は八一人に落ち、棄権は六〇人、これまで政府を支持していたのにこの採決では野党側についたのは四一人という結果であった。指導者間の秘密の交渉の時は終わった。もはや政変は避けられなかった。労働党は、戦時連立内閣に参加するかどうかを問われていた。しかし誰が首相になるのか。

翌日の五月九日、アトリーとグリーンウッドは首相官邸を訪ね、ハリファックス外相、チャーチル海相も同席しているところで、労働党はチェムバレン政権に参加できないと伝えた。首相は重ねて参加を要請してから、労働党に二つの質問、労働党は戦時連立内閣に参加するか、チェムバレン首相の下で参加するかを尋ね、党としての答えを求めた。アトリーとグリーンウッドは二つの質問を党に諮ると返答した。労働党の二人が去った後、首相はチャーチルに、ハリファックス首相の下で政府に参加するかを尋ねた。そう聞かれたら黙っているようにと閣僚のウッドに言われていたチャーチルは沈黙を守り、気まずい時間の後、ハリファックスが、貴族で上院議員の自分が首相になるのは不適切だろうと発言した。チャーチルは「国王から組閣を委任されるまでは野党とは連絡しない」と口を開き、暗黙の了解として首相就任に同意した。

翌一〇日の早朝からドイツ軍がオランダ、ベルギー、ルクセンブルクにたいする電撃的な攻撃を開始したというニュースが、ロンドンに届いた。これは首相にとっては思わぬ援軍であった。この重大事態に首相の交代はするべきでないという意見が強くなったからである。しかし午後の閣議ではウッドが、今こそ首相は辞任すべきと発言した。

折から労働党全国執行委員会は、その週末に開かれる年次党大会の準備のためにボーンマスに集まっていた。アトリー、グリーンウッド、ドールトンの三人は、その全国執行委員会にチェムバレンの二つの質問を伝えた。委員会は、チェムバレン政権には参加しない、しかし連立政権には参加するという回答に同意した。では、ハリファックスとチャーチル、そのいずれを首相に選ぶのか。

チェムバレンは保守党の前首相ボールドウィンとはまったく違って、野党労働党に尊大で傲慢な態度をとっており、労働党の政府攻撃を冷笑していた。ハリファックスは宥和外交の当事者ではあったが、巧みに非難は免れていた。その日までの二、三週間、アトリー、ドールトン、モリソン、クリップスら労働党の指導者が、来るべき挙国一致内閣の首班としてすべてハリファックスを推していたことは、今ではよく知られている。五月六日においてもクリップスは、ガーディアン紙に匿名で書いた新内閣の閣僚下馬評に、ハリファックスが首相、アトリーが蔵相と予想していた。またドールトンは同じ頃、晩餐の席でアトリーが、チャーチルは「年を取り過ぎている」と語ったのを聞いており、自分も同意していた。ただし実際には、その時のアトリーは、ハリファックスは首相就任には乗り気でないことを知っていたと思われる。

五月一〇日の夕刻五時、首相秘書からボーンマスのホテルに、返事を聞きたいという電話があった。アトリーは数分後に折り返し電話して、秘書が筆記できるようはっきり、ゆっくりした口調で、労働党は「新しい首相の下で」政権に参加する用意がある、と伝えた。チェムバレンの辞任は避けられなかった。保守党内でチャーチルを強固に支持するのは五〇人ばかりしかおらず、労働党内の大勢がハリファックス首相を想定したのは自然なことではあったが、チェムバレンは自分とハリファックスが進めてきた宥和政策が完全に破綻したことを痛切に自覚していた。そのことを決定的にあらわにしたのは労働党のチェムバレン拒否であり、それはアトリーによる一貫した宥和政策批判の帰結でもあった。

アトリーとモリソンがロンドンに帰ると、ウォータールー駅には政府の車が二人を待っており、連れていかれたのは海軍省のチャーチルの執務室であった。首相はすでに国王に辞職を申し出て、チャーチルを後継者に指名していた。その決定には労働党は直接加わってはいない。しかし彼を首相に押し上げた真のキング・メーカーはアトリーではなかったか。そしてこの後、ドイツ降伏まで、チャーチルとアトリー、この二人の信頼関係が政権を支えていくのである。

五月一二日の夕刻、アトリーは党大会にチャーチル政権に参加することを提案した。「労働党は戦争を避けるためにすべてのことをしてきた。しかし今や決断の時であり、危機にあっては逡巡することはできない」。平和主義者と人民戦線派は反対したが、決議は大多数の賛成で可決された。ガーディアン紙は、「この見事な演説で、一〇年近く野党にとどまっていた労働党が野党コムプレックスを克服できた」と書いた。

第五章　副首相

1　アメリカの参戦

宥和政策の終わり

チャーチルは組閣にあたって、各省庁を担当する閣僚の上に立つ戦時小内閣を設けた。彼自身は首相と三軍を統括する国防相を兼任した。アトリーは副首相格で国璽尚書卿という古くからの職名で入閣するが、一九四二年には正式に副首相という肩書になる。彼は、しばらくはピカディリーのオックスフォード・アンド・ケムブリッジ・クラブに泊まっていたが、やがて首相の要請で、首相官邸の隣、ダウニング街一一番地の蔵相官邸に住む。労働党からはグリーンウッドもこの小内閣に入ったが、戦時中を通じて彼の影は次第に薄れていく。保守党からは前首相のチェムバレンが枢密院議長、また下院保守党指導者として、ハリファックス外相は留任、また上院議員として小内閣に加わった。

チャーチルはこの二人を登用して、前内閣との継続性を少なくとも外見上は保とうとした。保守党の一般議員から見れば、彼はいまだに保守党を裏切った人物であった。チャーチルは第一次大戦の戦後間もなくまでは自由党に属していたが、自由党は戦時中にロイド・ジョージ連立内閣が成立するとともにアスキス派とロイド・ジョージ派に分裂し、労働党が自由党に代って野党第一党にのし上がっていく。彼自身は三度の落選を経て保守党に移った苦い経験があった。彼は、ロイド・ジョージが自由党を分裂させた轍を踏んで、保守党を分裂させたくはなかったのである。それはともかく、彼の言うには「敗戦の責任を取ってロンドン塔で首を斬られるのはこの五人」であった。しかしチェムバレンは一年とたたずして癌で死に、ハリファックスはアメリカに大使として送り出される。また、労働党側からはクリップスがソ連にイギリス大使として赴任していく。

大きな内閣にはベヴィンが労働相、モリソンが供給相、ドールトンが経済戦争相など、労働党からは一六人が閣僚と次官として入閣した。その数は一九四二年三月には二二人、四五年には二七人と増加していった。戦時の最重要決定を行う三つの組織、戦時小内閣と国防委員会(チャーチルが議長で、アトリーは副議長)、そして三つ目の、アトリーが特に首相に頼んで設けられた戦時の国内問題を処理する委員会、その三つのすべてに参加したのは閣内ではアトリーただ一人であった。彼はかつて陸軍省や郵政省を担当した時、組織内のセクショナリズムを処理する権限と責任を重視していたが――例えば陸軍次官の時には陸軍と海空軍の調整、郵政相の時には郵便事業と電話事業の調整など――、まさにその役割を閣内で担うことになった。

一九四〇年五月一三日、チャーチルは首相として最初の演説を下院で行った。チェムバレンが入場すると保守党議員は熱烈な拍手で迎えたが、新首相に拍手を送ったのはもっぱら労働党議員であった。この有名な演説で、彼は「私の提供できるのは、血と労苦、涙と汗しかない」、新政権の政策は何かと問われるならば「戦争の遂行」、その目的は何かと問われるならば「勝利」と語った。これは全面戦争を開始するという宣言であった。逆に言えば、これこそが過去一〇年、彼が荒野に孤立させられていた理由であった。

「皆が後についているぞ、ウィンストン」。アトリーはチャーチルの真後ろ。アトリーはネズミ、ウサギ、小男などの仇名で呼ばれることも多かったが、それらしく描かれた一例（デイビット・ロー、イヴニング・スタンダード紙、1940年5月14日）

　この間、戦局は急速に悪化し、一五日にはオランダが降伏し、ベルギーの英仏軍は分断させられた。二八日にはベルギーも降伏した。その前々日には、イギリスの対岸、ダンケルクに孤立した英仏軍を救出する有名なダイナモ作戦が始まっている。海軍の艦艇だけでなく、漁船、フェリー船、そしてイギリス本土でダンケルクに一番近いケント州は富裕層の高級別荘地であったが、その別荘のプレジュア・ボート、ヨットまで、大小八六〇隻を動員し、約三四万人、うちフランス・ベルギー兵一四万人の救出に成功した。六月一七日には、フランスのペタン政権はドイツに休戦を申し出ている。イギリスはヨーロッパ大陸から完全に孤立した。「われわれだけになった。これからはうまくやっていけるだろう」、奇妙なことにこれが島国の国民心理であった。チャーチルは撤退成功を下院に報告する演説で、「戦争は撤退によって勝てるものではない」と警告しなければならなかった。

ダンケルクからの撤退作戦開始の翌日、戦時小内閣の会議が開かれ、交渉による平和を求める最後の試みが検討されていた。外相ハリファックスは、「イギリスの独立を守るためには死ぬまで戦う覚悟がある」と前置きした上で、もしこの独立が交渉によって確保できるものなら「大きな取引」をすることも考えねばならぬと提案した。チェムバレンは、ムッソリーニが仲介の労をとってくれるならば、対独講和条件の一部として、イタリアにジブラルタルとマルタ島を与えることも考えられると発言した。ヒットラーはこの時、イギリスとの和平を再考できるかもしれないという趣旨の演説をしている。チャーチルは、そのような和平は敗北より悪いと反駁した。アトリーは、イギリス国民はそのような和平は支持しないであろうし、「一旦交渉が始まれば士気を維持するのは難しくなるであろう」と指摘した。グリーンウッドは、「北部の労働者階級はそれを破滅と解するであろう」と語った。

小内閣の会議は翌日の午後まで続いた。宥和派は二人、宥和反対派は三人、この議題が大きな正式の閣議に諮られたならば、成立したばかりの政権は宙に消えていたかもしれない。しかし撤退開始の翌々日、通常の大きな閣議で、チャーチルは新閣僚と初めてそろって顔を合わせ、作戦の進行を報告した後、さり気なく「もちろんダンケルクで何が起きようと、われわれは戦い続ける」と付け加えた。「それにたいする反応は、正しかったか誤っていたかはともかく、戦前のあらゆる見解を代表する二五人の老練の政治家と議員というこの閣議の性質を考えると、私には大きな驚きであった。多くのものが席を立って私の椅子のところまで駆け寄り、大声を上げ、私の背中をたたかんばかりだった」。戦争継続という閣議決定は、このようないささか形式を欠いた形で下された。そして宥和政策には、最後のとどめが刺された。

小内閣でのアトリーとチャーチル

新内閣の人事、そして新内閣の運営にあたって、チャーチルとアトリーの人間関係、特に二人がともに第一次大戦を経験したことは、極めて大きな意味を持った。アトリーが第一次大戦で海相チャーチルの起案したダーダネルス作戦に参加したこと、チャーチルはこの作戦失敗の責任を負わされて辞職したこと、そして第二次大戦の初期、チャーチルが再び海相としてノルウェー作戦失敗の責任を問われたことはすでに述べた。第一次大戦後、チャーチルが三度落選した時、共産党の野次部隊は、「昔むかしのことを話しておくれ」という民謡を歌って、ダーダネルス作戦の「失敗者」を攻撃したが、アトリーは労働党議員の中でほとんどただ一人、あの作戦は「健全」であったと新聞に語って擁護している。健全な作戦構想が陸海軍の指導者が無能だったために台無しになったというのである。「先の大戦でのすばらしい戦略構想はただ一つ、ウィンストンのダーダネルスであった」とまで言っていた。

第一次大戦の最大の失敗は、「戦時内閣と軍の上層部との間のコミュニケーションがなかった」ことにあるという点では、二人は完全に一致していた。アスキス首相は戦争のことは軍人に任せていたし、ロイド・ジョージ首相は外から、あるいは横から軍に影響を及ぼそうとしていた。それにたいして第二次大戦でのチャーチル首相は国防相を兼任しており、国防省の権限や責任について法的な根拠はまったくなかったが、三軍の長に命令できる立場にあった。彼は政治家であるだけでなく、軍事の専門家でもあると自負していた。

アトリーは政権参加に党の合意を取り付けた時点から、内閣の人事で「政治をやる」気はまったくなかった。「ダーダネルスが失敗したのは、その時、自由党と保守党が連立政権の人事でつまらぬ喧嘩をしていたからである」。連立政権が発足してから最初の二年間、アトリーは「私はガリポリの老兵士である……だから人事について駆け引きはしない」と何度か語っている。五月一〇日の深夜、チャーチルが労働党から何人入閣してほしいか数字を言うと、「私はそれに合意し、それで政府の主要人事はその夜に決まった」。

労働党の幹部で、チャーチルとこのような関係を築き、しかも変動の激しい戦時の五年間を通じてそれを保ち続けた人は、アトリーの他にはいなかった。労働党の一般党員の間では、チャーチルは今も好かれてはいなかった。一九一〇年、彼が自由党政権の内相であった時、炭鉱町のトニーパンディでストライキが暴動化したのにたいして、彼は躊躇なく軍隊を送って鎮圧した。二六年のゼネストでは、時の保守党政権の蔵相であった彼は政府の先頭に立って対決した。直近では、開戦とともにチェムバレン政権の海相であったチャーチルは、議場で労働党議員の政府攻撃に盛んに反撃して首相を擁護してきた。いずれの記憶も、党員には今も生々しく残っていた。

1941年春、チャーチル内閣主要メンバー。前列向かって左からアンダーソン、チャーチル、アトリー、イーデン。後列向かって左からグリーンウッド、ベヴィン、ビーヴァーブルック、ウッド（写真提供：Central Press/ゲッティ/共同通信イメージズ）

労働組合は労働党にとっては票と資金の源泉であり、党内の議論は福祉と医療をめぐって争われたために忘れられがちであったが、アトリーはこれまでの組合の権利にたいする規制を緩和することを優先させた。アトリーは、第一次大戦前の自由党政権で、自由党急進派に属していたチャーチルが、商務相として老人年金と失業者に再就職を斡旋する労働交換所を設けたことも忘れてはいなかった。後年のチャーチルが、「社会福祉国家の最初の布石を置いたのは私であった」と語ったのは嘘ではないことを知っていた。チャーチルは労働者階級に敵対してはいないと信じていたのである。他方でアトリーは、チャーチルがしばしば「行き過ぎ」をしてきたことも知っていた。「ウィンストンの厄介なことは、マストのてっぺんまで登ってしまい、そこでズボンを釘にひっかけ、降りてこられなくなることだった」と、後年に回想している。

もちろん、二人の政策が完全に一致していたわけではない。インド問題については、チャーチルは根本的に間違っているとアトリーは信じていたし、戦時中にますます厄介になっていくインド問題の処理という難問については激しく対立した。他にも多くの問題をめぐって対立があった。しかし二人は対立するよりも一致する点の方が多かった。まずチェムバレンとその支持者、特に宥和政策に反対する点では完全に一致していた。苛酷なまでに戦争を遂行する点でも一致していた。

フランスが降伏すると、チャーチルはアルジェリアのオラン港に碇泊しているフランス艦隊にたいしてイギリス側に降伏することを要求し、拒絶されると撃沈した。アトリーはラジオ放送で、フランス海軍に一三〇〇人近い死者が出たことを悼みながらも、「ただ一つ残ったヨーロッパの自由の城塞を保持しなければならないとすれば、その防衛に当たるものは、状況の要求するこのような行動を尻込みすべきではない」と話した。

イギリス空軍がドイツのルール工業地帯の爆撃を開始した際には、工場や鉄道は対空砲火で防御されているため、イギリス側の犠牲が少なくなるよう民間人の住居にいわゆる無差別攻撃を行った。またイギリス軍の毒ガス兵器は、アトリーの責任で増強されており、彼はドイツ軍が本土に上陸すれば躊躇なく使用する覚悟であった。それまでアトリーは、軍事・外交を道義的観点から論じ、「イギリスの名誉」、つまりは約束を守ることを強調してきた。今では戦争は正義と悪との戦いであり、道義も戦時国際法も必要とあらば無視する覚悟であった。

一方で、チャーチルの人間的な欠点について、アトリーは眼をつぶっていたわけではない。チャーチルは彼自身の巨大なエゴと独断ぶりのために閣僚の人選を誤ったと、アトリーは感じていた。政権の最初の二年間、保守党系の閣僚と労働党の閣僚の間の軋轢は絶えることがなかった。これは後に具体的な例を挙げて説明することにしよう。人的な対立が政治的な危機にまで発展するのを防いだのは、もっぱら副首相の手腕によるものだったが、それは二人の間にゆるぎない信頼があって初めて可能なことであった。

チャーチルの雄弁には定評があったが、アトリーから見れば、「あまりに重々しく、派手で、精巧にできていて、下院の討論には相応しくない語り方」であった。それに閣議では饒舌な独演になりがちであった。閣議の席では、チャーチルが話し始めると、アトリーはよく「イエス、イエス」を連発した。それは確かに長話をやめさせるのに効果があった。それとは対照的に、委員会の議長としてのアトリーは、自分の右に座っている重要な出席者から発言を求め、ひとしきり議論が出ると簡潔で的確な要旨にまとめ、決議をとり、次の議題に移っていった。見事な議長ぶりであった。

ルーズヴェルト大統領三選と党内からの批判

政権が一九四〇年五月二二日の下院で、国防非常大権法案を提案した時には、首相が不在のためにアトリーが代わりに立った。予想される未来にわたって、政府にイギリスの人と財産を調達する独裁的な権力を与える法案で、アトリーが一年前には反対していた徴兵も可能にするものだった。下院の審議は二時間で終わり、法案は上院に送られ、直ちに国王の署名を得た。彼は放送で国民に新法案を説明し、「わが国の古来のさまざまな自由は、勝利のために質入れされることになる。ヒットラー主義が打倒されるまでは質屋から出ないであろう」と語った。

七月には、チャーチルの言う「イギリスの空の戦い」の前哨戦として、ドイツ空軍によるイギリス海峡を行き来する船舶にたいする攻撃が始まった。九月にはロンドンにたいする空襲が始まり、アトリーの選挙地盤で、イギリスでもっとも人口密度の高いステプニー、二〇〇〇エーカーのこの地域に四万の爆弾が落ちた。イギリス全体で翌年五月にかけて民間人四万三〇〇〇人が死んだ。半ば廃墟となったステプニーは、ヨーロッパから殺到してきたユダヤ人難民の最初の収容所になる。アトリーは空襲の度ごとにステプニーを訪れている。九月には日独伊の三国同盟が結ばれ、翌一〇月にムッソリーニがヨーロッパ戦線に本格的に参戦する。

一九三九年九月の開戦以降、イギリス共産党の反戦活動とストライキの煽動は、特にロンドンの労働者の間で活発になった。アトリーはロンドンが地盤のモリソンとともに共産党機関紙デイリー・ワーカーを精読し、背後にモスクワからの指令があるのではないかと疑っていた。新聞の発行禁止や党の解散命令の可能性まで討議している。四〇年八月にソ連大使マイスキーにたまたま下院で会うと、思わずソ連のフィンランドとバルト諸国への強圧的な行動を非難してしまった。マイスキーが、進行中の英ソ間の協議を打ち切ろうとしているのかと反論すると、慌てて「いや、君は私を誤解している」と返答している。しかしこの時期の彼は、チャーチルと同じく、大粛清の犠牲になった赤軍の軍事能力にあまり大きな期待は持っていなかった。

他方、アトリーはアメリカ大統領ルーズヴェルトが大統領は二期で引退するという初代ワシントン以来の伝統を破って三期目の出馬に備えているという報道には大いに励まされた。共産主義者が資本主義をファッシズムと同一視しているのとは違って、ニュー・ディールはイギリスの社会主義と同じ部類に属するという考えからであった。一一月に三選が実現すると、ラスキに次のような手紙を送っている。「アメリカの選挙結果は素晴らしいことではないか。ホワイト・ハウスの人事が交代すると、軍事努力に混乱と遅延が起こるという事実もさることながら、ルーズヴェルトの留任はヨーロッパの諸問題、戦略と経済だけでなく、おそらくはあらゆるイデオロギー的な問題についても理解のある人がそこにいることを意味している。国内政策と外交政策の間の相互関係を理解している人だけが、われわれが必要としている援助の手を差し出すことができるのだ」。アメリカの左翼の間に知己の多いラスキは、この手紙が新大統領に届くように手配した。

ところでアトリーは、新政権成立以後のあわただしい最初の数か月間、チャーチルは何をしていたかと尋ねられて、いかにも彼らしい簡潔な表現で「ただ話していた」と答えている。確かにチャーチルは話した。閣僚や軍の幕僚とは政治と軍事の政策を語り、下院とラジオで国民にも語った。アトリーも話はしたが、もっぱら政府内の事務処理についてだけであった。一九四〇年九月七日にはドイツ軍の本土上陸が近いことを知らせる警報が発せられ、国内には緊張感が走った。教会の鐘が鳴り、「おとっつぁんの軍隊《ダディズ・アーミー》」と呼んで親しまれていた国土防衛軍《ホーム・ガード》（民兵による義勇軍）の兵士たちは、なけなしの武器を手に集まった。この時、アトリーは内務省の宣伝映画に出て「ゼロ・アワー」について語り、「われわれは待っている」と話した。その「待っている」には、ヒットラーは「大歓迎を受けるだろう」という意味合いが込められていたが、映画館の観客の反応を調査した内務省の役人の報告書には、「語調があまりに淡々としており、観客の意気を消沈させた」と記されていた。チャーチルと比較すれば、彼はいわば影の人であった。それが労働党内の不満と批判を引き起こすことになった。

政府の公職を約束されていたクリップスは、政府批判を控えていたが、トリビューン誌への出資は続けていた。ベヴァンはトリビューン誌の事実上の編集者として、新政権の成立後のアトリーはチャーチルとの交渉で騙されているのではないか、労働党の閣僚は人的、物的資源の運営の責任を負わされ、「国という車にガソリンを入れたが、ハンドルを握っているのは依然保守党である」と主張するのであった。ラスキはアメリカの新聞紙上で、アトリーをはじめ労働党の閣僚が政権に入っていることの意味をニュー・ディール派の民主党員に訴えたが、「アトリーが入閣したのは、彼がマクドナルドとは違っているからである」という消極的な理由しか挙げていない。そして一九四〇年七月のトリビューン誌上では、アトリーとグリーンウッドにたいする一二の質問を書き連ねている。「二人は連立政権から何を得ようとしているのか」、「彼らは二つの戦線、一方ではファッシズムと戦い、もう一方ではファッシズムの専制支配を可能にした利潤追求の体制とも戦っていることを忘れてはならない」。こうして、いわば左からはベヴァンとラスキ、右からはベヴィン、モリソンら、労働党指導者によるアトリー批判がまたしても始まり、戦時の五年間続くことになる。

何のための戦争か

一九四〇年九月に始まったドイツ空軍の空襲は激しく続いていたが、本土上陸の可能性は遠のいたようであった。現実にヒットラーは九月一七日には、「次の命令まで侵攻を延期する」

と命令していた。アトリー家では下の娘二人、一四歳のフェリシティと一〇歳のアリソンは空襲から安全なイギリス東南部の寄宿学校に送られ、終戦までそこで過ごした。一七歳の長女ジャネットは心理学の勉強を中断して、地域防空砲部隊の指揮官助手になり、長男のマーティンはやがて海軍士官候補生となる。妻ヴァイオレットは赤十字に志願して難民の援助と傷病兵の看護に当たった。彼女は勤務が終わると、配給手帳を手に自転車を走らせ、店の列に並んだ。副首相夫人としての役得は一切受けなかった。

副首相としてアトリーが最初に取り組んだのは、戦争目的を明らかにすることであった。一九三九年九月の開戦とともに、彼が労働党の戦争目的の明確化に取り掛かったことはすでに触れたが、党が入閣した今では、政府の戦争目的と並んで党独自の目的も明らかにしなければならなかった。そうでなければ、ドイツは世界的な革命戦争を戦い、イギリスは現状維持のための保守的な戦争をしているという印象が生まれると感じていたのである。彼は自分の議員秘書ジェンキンズを各官庁に走らせて、党の閣僚たちそれぞれに、戦後の計画、労働者階級は何のために戦っているのか、それぞれが払った犠牲の代償として何を求めるかを提出させた。やがて戦争目的に並んで「再建」、さらには「平和目的」という言葉が用いられるようになるであろう。

入閣してから一か月もたたないうちに、アトリーはイギリス文官公務員の最頂点にある財務省事務次官サー・ホーレス・ウィルソンの即時更迭を提案している。彼がチェムバレン首相に協力してきたからではなく、連立政権の決定した戦時計画経済に抵抗していたからである。アトリーは、「文官公務員の上層部では、国家の改造にたいする抵抗は、たんに意図的ではなく、むしろ本能的、慣習的なものである」と感じていた。一九四〇年の初めには彼は兄トムに宛てて、「政府内の各所で再建をめぐって大きな思想的な変動が起こりつつある」と書いていた。ケインズの理論は影響力を急速に拡げており、労働党幹部の学習も進んでいた。今ではロンドンの銀行界の大物たちからも、労働党の戦時経済政策を支持するという覚書が届いていた。この戦時の改革によって、戦後の再建、革命的な改革への道を開くことが、彼の目的であった。

同時に彼は、(王政の廃止はさておき) 貴族制、騎士号、パブリック・スクール制度の廃止など、センセーショナルな「象徴的な勝利」はかえって逆効果になると信じていた。この点ではベヴィンやモリソンも同意見であった。保守党の文相バトラーが戦後のパブリック・スクール制度について労働党の意向を打診するために訪ねてきたが、彼はバトラーの態度は「合理的で、印象的」だったと書き残している。「わが国の多くの制度と同じように、パブリック・スクールも廃止するのではなく、時代に適合させるべきだ」と、アトリーは信じていた。彼は戦後に予想される改革を、階級構造の変革とか、この国に伝統的な「貴族と金持ちにたいする尊敬の文化」の変革という観点から考えてはいなかった。階級も文化も、時代に「適合していく」と信じていたのである。

一九四一年の長い冬の夜を通して、ドイツ空軍の空襲は続いた。アトリーはほとんどの夜を地下の防空壕で過ごした。しかし三月の春の到来とともに、イギリスは依然ヨーロッパで完全に孤立してはいたが、戦争の最初の危機の段階は終わったと、国民に伝えることができた。

独ソ戦の開始と真珠湾攻撃

一九四〇年の七月末、イギリスの空の戦い《バトル・オブ・ブリテン》が始まるか始まらないかの時期に、ヒットラーがこう語ったと伝えられている。「イギリスの希望はソ連とアメリカにかかっている。もしソ連が舞台から脱落すれば、アメリカもまたイギリス支援の機会を逸するであろう。ソ連が脱落すれば、極東における日本の脅威が大いに増大するからである」。同じ年の末、イギリス侵攻を断念した彼は、「対英戦争終結以前に、短期決戦でソ連を粉砕せよ」と命令していた。イギリスの運命は、アメリカとソ連の動きにかかっていた。

一九四一年三月、ルーズヴェルト大統領が前年末に提案していた武器貸与（レンド・リース）法案がアメリカの上下両院で可決された。イギリスには戦争終結までの時期を通じて三一〇億ドルの借款が供与され、大統領がアメリカの防衛に必要と判断した同盟国（そこにはソ連と中国も含まれることになる）には武器貸与の申し出がなされた。次いでこの年の六月二二日、ドイツ軍はソ連に大規模な侵略を開始した。これによってチャーチルがかねて望んでいたソ連との同盟が実現し、ヨーロッパ東部にナチに出血を強いる戦線が生まれた。開戦から二日後、独ソ戦の開始と、イギリスはソ連を支援することを発表したのは、アトリーであった。モスクワ駐在のイギリス大使クリップスは、七月一二日にモスクワで英ソ同盟協定に調印した。しかしイギリスが物的な支援だけを送るのか、それとも兵力を派遣するかは、それからの数か月、イギリス国内で激しい論争を引き起こすことになるであろう。英独間の戦争が一時緩和したために、アトリーにたいしては戦争の新しい段階における戦争目的と再建計画をチャーチルに求めるよう要求する党内の圧力が高まった。ラスキはアトリーにたいする休戦を停止し、トリビューン誌上に「われわれをもうこれ以上待たせるな、クレム」と題する文章を発表した。「アトリー氏はわが国の将来の国内政策について覚悟を決めねばならない、もし人民の戦意を保つことを望むならば、戦意……希望と士気の高揚を与えねばならない」。

ところで一九四一年八月、チャーチルとルーズヴェルトは、イギリス領ニューファンドランドの湾上で、最初の会談を行っている。この会談の共同宣言は「大西洋憲章」、英米両国の共通の戦争目的をうたった文書として有名になるであろう。この会談は他方で、英米間の将来の見通しの対立点を明らかにした。アメリカ大統領は戦後の永久平和の条件として世界貿易の自由化を提案した。しかしチャーチルにはイギリス自治領との間に結ばれた帝国特恵関税体制を手放す意図はなかった。ルーズヴェルトは、「ファッシストの奴隷制支配と戦うと同時に、遅れた植民地政策から全世界の人民を解放しないでいる訳にはいかない」と語った。陪席していたルーズヴェルトの長男は、チャーチルは顔を赤らめ身を乗り出して、「卒中を起こしそう」だったと記録している。

ロンドンのアトリーは、この機会に機敏に行動した。労働党の指導者を深夜の会議に召集し、共同宣言案に、「欠乏からの自由」を書き足し、チャーチル宛てに電報で送った。そこでは戦後の原則として、「経済分野においては、労働条件、経済の調整、社会保障の改善を目的に、すべての関係諸国は完全な協力を実現しなければならない」と記されていた。チャーチルが帰国の船旅の途上にあるため、共同宣言の内容を下院で説明するのは、アトリーの役目であった。しかし彼にはあまり自信がなかったようである。兄トムへの私信では、「先週は首相を代行しなければならなかったが、芸達者な人の真似をするのは容易なことではなかった」と書き送っていた。

国民にたいしてもラジオで発表したが、これもあまり評判はよくなかった。世論調査によると、「拍子抜け」、「政治家は話をするのが好きだからね」とか、「何にでもそうだ、そうだと言っている」とかが一般の反応であった。一つには、民衆はアメリカの即時参戦とか講和の提唱とかの、もっと直接的な態度表明を期待していたのに、宣言はあまりにも曖昧かつ抽象的だったからだと分析されている。「アトリー氏の放送には欠けていた宣言のパンチと明晰さが明らかになったのは、チャーチル氏が帰国してからだった」とも分析されていた。戦争目的の意識は、国民のレベルではまだ明晰ではなかったようである。

しかし、植民地問題の戦後処理については、アトリーはチャーチルよりはるかに明晰であった。その夜のロンドン大学での講演で植民地からの多くの留学生を前にして、労働党は「黒い皮膚の人種にたいして白色人種が行ってきた間違いを常に懸念しており」、宣言の掲げた自由と権利は「アフリカ人、アジア人、否、すべての人類のものである」と宣言していた。

一九四一年一〇月、アトリーは国際労働会議に出席するために、ニューヨークに飛んだ。コロムビア大学での講演では、明確にアメリカ参戦の時を予想してか、「愛国的な目的のためには社会主義的な形態の計画が必要である」という、彼のお得意の論題について語っている。ワシントンを訪れ、アメリカ駐在のハリファックス大使とともに、大統領専用のヨットでポトマック河の秋の観光を楽しんだ。ルーズヴェルトとの会談では、印象的な、戦史の上では極めて重要な話し合いがあった。大統領が書架から地図を取り出し、北アフリカのアルジェリアを指さして、「ここが私がアメリカ兵を送りたいと思っている地点だ」と語ったのである。アトリーは、大統領が「世界戦略を広く理解している」のに深い感銘を受け、チャーチルに報告している。「私はイギリスの中東戦略について説明することができたし、それが批判されている個々の点についても応答できた」。何故、アルジェリアが重要であったのかについてはすぐ後に述べることにしよう。

一九四一年一二月、日本が真珠湾のアメリカ太平洋艦隊を攻撃し、香港とマレー半島のイギリス領にも攻撃を開始した。八日、イギリスとアメリカは日本に宣戦し、一一日、ドイツとイタリアはアメリカに宣戦した。多難の上にさらに多難な事態が生じた。アトリーは首相に、「下院の機嫌は悪い」と報告した。アジアの戦局は急速に悪化し、香港、シンガポール、マレー半島は日本の支配下におちた。一国でもドイツと戦い続けると宣言した首相、労働党と連立した首相でなければ支えきれない難局であった。しかしイギリスはもう孤立していなかった。ソ連軍の抵抗とルーズヴェルトの指さした北アフリカだけが、英米にとって明るい希望の持てる地点であった。しかし僅かでも希望の光が差し始めると、その過大な希望が失望を生み、国内に政治危機が生じる。

ビーヴァーブルックの政変

新しい二つの同盟国、ソ連とアメリカについては、イギリス政府に参加している政治指導者は、保守党か労働党かに関係なく、皆がアメリカに親近感を持っていた。しかしイギリスの工業労働者は、「労働者の国」ソ連との連帯感を抱いており、一九一七年に起こったロシア革命にたいして、ロイド・ジョージ内閣の閣僚チャーチルが反革命戦争の先頭に立ったことを覚えていた。この親米か親ソかの対立は、国内の階級対立に沿った対立点であった。赤軍の「英雄的な抗戦ぶり」は新聞紙上で伝えられ、今や西欧文明の運命はソ連国民にかかっていると評されていた。ソ連を支持する「第二戦線」（第一戦線は東の独ソ戦の戦線であった）を作れという世論はにわかに高まっていた。そこにモスクワに大使として派遣されていたクリップスが、外務省の許可を得ずに帰国する。親ソ派にとっては、彼は英ソ同盟を結んでソ連を自陣営に引き入れた英雄であった。ただしこの英ソ同盟協定は、イギリスのソ連にたいする援助物資の提供は約束していたが、直接的な軍事援助には触れていない。それから数か月のクリップスは、チャーチルは「巧妙ではあるが科学的ではない」と語っていた。カリスマ的な指導力ではなく計画が必要であるというのである。自ら首相になろうとする野心を、そこに見て取ることができた。大衆新聞の社主で航空機生産相として入閣していたビーヴァーブルック卿は、労働力の配分をめぐって労働相ベヴィンとは激しい対立を繰り返していたが、その二人が第二戦線を支持して時ならぬ同盟を結んだようであった。

一九四二年の二月、チャーチルは閣僚の数人がソ連にたいする軍事援助を求めているのに「非常に不機嫌で」あった。アトリーはイーデンとビーヴァーブルックに反対して首相を擁護した。自由党のシンクレアは中立で迷っていたが、労働党内ではモリソンもベヴィンに同調してイギリス軍の派遣を支持していた。他方でアトリーは、モリソンを支持して共産党機関紙デイリー・ワーカーを発行禁止にしたことでも抗議を受けていた。クリップス派のベヴァンは、この措置はソ連人を失望させるであろうし、何よりも自由主義に反すると批判した。アトリーは議会労働党の集会で、「他の国でそのような見解を支持した古風な自由擁護者たちは、自らの自由を失った」と反論した。

この時期のスターリンは、独ソ不可侵条約の秘密議定書で得るはずだったバルト三国と東ポーランドの支配権を要求していたが、アトリーはもしその要求が容れられるならば辞任すると発言していた。かつてソ連のフィンランド侵攻を批判した彼としては、容認できる要求ではなかった。また彼は、クリップスを労働党の下院指導者に任命するというビーヴァーブルックの提案にも反対した。それは明らかにアトリーの地位を脅かす提案であった。グリーンウッドを戦時小内閣からおろして、クリップスを入れるというビーヴァーブルックの提案にも反対した。クリップスが党から除籍されてまだ日も浅いのに彼を昇格させれば、党内に「内乱が起こるだろう」と言って、ドールトンがアトリーを支持した。ことは政策の争いから人的な抗争に転落しつつあった。

二月一八日、財務省の建物にあった作戦企画室《ウォー・ルーム》の中のチャーチルの別室に呼び入れられたビーヴァーブルックは、チャーチルに引退の時が来たと告げてから、猛烈なアトリー攻撃を始めた。アトリーは労働党員を入閣させ、彼らの無事を図ることしか考えていない、彼をクビにして、代わりに「戦う人」、つまりはクリップスと代えねばならないと熱弁をふるった。チャーチルはそれに答えて、クリップスは入閣させるが、連立政権内のバランスを維持するためにビーヴァーブルックが内閣を去らねばならないと告げた。二人が閣議室に移ると、ビーヴァーブルックはそこでアトリー、イーデン、ベヴィンなどが会話を交わしているのを見た。彼は即座に、彼らはチャーチルの決定をあらかじめ聞かされていたと悟った。そしてまたもやアトリーを攻撃を開始した。「何故私はこのような扱いを受けるのか」。アトリーは「君は私を批判し、私はそれに反論しなかった」と反論した。ビーヴァーブルックが反論すると、アトリーは冷静に、「私はあなたを批判したことはない」と答えた。ビーヴァーブルックは怒りに身体を震わせなから部屋を去った。

ビーヴァーブルックがベヴィン、イーデン、クリップスと組んで、いわば右と左からの圧力でチャーチルの追い落としを企んだのは、明らかにアトリーの力を過小に見た動きであった。ビーヴァーブルックには新聞があったが、アトリーには議会労働党という勢力があった。何よりもアトリーはチャーチルに忠実であった。すぐ後で見るようにけっして無批判ではなかったが、公然と首相を批判したことはなかった。

とはいえ、ビーヴァーブルックは政界での力を失ってからも新聞を通じてチャーチルを支持した。チャーチルも彼の人柄、ダイナミズムを愛したようであった。ビーヴァーブルックは戦局の停滞に焦り、事態の打開を求めていたが、チャーチルを直接攻撃しない代わりにアトリーに怒りを向けたというのがことの真相に近いようである。アトリーから見れば、それはチャーチルが人物の判断を誤った多くの事例の一つであり、そもそも彼を入閣させたのが間違っていたと考えていた。他方でこの時期、グリーンウッドの仕事ぶりがいかに「不活発で惰性的」になっていたとは言え、年来の盟友を切らねばならなかったのは、アトリーにとって心の痛むことであったに違いない。

この政変の結果、戦時小内閣は五人から七人に改造された。クリップスはアトリーの職、国璽尚書卿を継いで入閣した。アトリーが降格されたという印象を与えないように、彼は正式に副首相になり、自治領相を兼任した。クリップスとアトリーの二人が協力して政務全般の調整に当たることになったが、連立政権内部での労働党の地位は、副首相アトリーの下、一挙に堅固になった。チャーチル、アトリー、イーデン、ベヴィン、そして国内戦線の首相格の保守党系のアンダーソンが留任し、名目的には無所属のクリップスと、保守党のリトルトンの二人が加わった。イーデンはチャーチルとアトリーが提携して「何事も二人で片付けようとしている」と疑ったが、チャーチルからアトリーとともに陸軍改革に当たるよう命じられ、この二人の関係は好転していく。

しかし戦局は依然として悪化していった。ここでは第二次大戦の戦史を詳しく記述はしない。第一次大戦においてチャーチルが打ち出したアトリーのいう「ウィンストンのガリポリ構想」、第二次大戦においてはチャーチルとアトリーの協力関係の基礎となったこの構想が、英米ソ三国の大同盟を支える基本戦略となっていく過程の粗筋を素描した上で、それを実際に実現していく過程で、アトリーが構想実現にたいする障害をいかにして次々と処理していったかを見ていくことにしたい。

2 「始まりの終わり」

北アフリカ戦線

シンガポールの陥落に北アフリカではトブルクの陥落が重なり、さらに第二戦線は開かれそうにないとあって、一九四二年七月にはチャーチルにたいする議会の不満は戦時中を通じてもっとも強くなり、首相の不信任動議が提案されることになった。戦時中の首相にたいする不信任動議は第一次大戦中にもなかったことであった。この動議は、首相が国防相の兼任を辞め、代わりに軍事の全権を有する人物を置くことを提案したが、「その人物は戦時内閣に従う」と補足して、議場の失笑を買った。事実上、首相の兼任と同じことだからである。動議は四七五対二五、棄権四〇名で楽々と否決された。ベヴァンは、「首相は議論では次々に勝ち、戦争では次々に負けている」と皮肉った。ベヴァンの批判はもちろんアトリーにも向けられていた。

チャーチルは八月にはエジプトのカイロに飛んで、攻勢をためらっていた第八軍司令官オーキンレックを解任してモントゴメリーを任命し、さらにモスクワに飛んで、スターリンとの最初の会談に臨んだ。

最初の会談でスターリンは第二戦線の開設を要求し、それには準備が不足だというチャーチルの説明を暗い顔をして聞いていたが、チャーチルは北アフリカ戦線で勝って地中海を制圧することの利点を説いた。彼はワニの絵を描いて、ワニの固い鼻面よりも「柔らかい下腹」を突きたいと語った。スターリンは大いに共感して、「神よ、この計画を成功させ給え」と叫んだという。これは大きな外交的な成果であった。

モスクワからカイロに帰ったチャーチルは、八月一九日、フランス北岸のディエップにたいするイギリス・カナダ軍の上陸作戦が失敗に終わったことを聞いた。この作戦は、一つにはイギリス本土で身体を持て余していたカナダ軍に実戦を体験させることを意図していた。しかし英加軍は空軍と海軍の十分な援助がないままに上陸作戦を行って重大な損失を受けた。カナダ軍の半分は戦死するか捕虜になった。これはまさにチャーチルのいう防備の厳重な「ワニの固い鼻面をたたく」作戦であった。これが失敗に終わったことで、イギリスは第二戦線の即時開設を断念することになった。

しかしこの年の一〇月から一一月にかけて、北アフリカのエル・アラメインで新たに任命されたモントゴメリーの第八軍が、ロンメルのアフリカ軍団を打ち破った。イギリスではこの勝利を祝って教会の鐘が鳴った。ドイツ軍の本土上陸が近いことを警告する警報以来のことであった。これはイギリスがイギリスだけで戦って勝ち取った最後の勝利であった。チャーチルは下院で、「これは終わりの始まりではなく、おそらく始まりの終わりであろう」と語って、戦争の先行きを展望した。同時に彼は、北アフリカであれどこであれ、イギリスには領土的な野心はまったくないと表明した上で、こう述べた。「しかしどこにも誤解がないようにはっきりさせておこう。われわれはわれわれの領土を保持する。私はイギリス帝国の清算に立ち会うために、国王陛下の首席閣僚に就任したのではない」。少なくとも彼自身は帝国主義者であることを宣言したのである。国王の次席閣僚であるアトリーは、もちろんそれに反対であった。アメリカ大統領は、もし問われたならば、アメリカはイギリス帝国を擁護するために参戦したのではないと答えたであろう。

同じ一一月には、フランス領北アフリカのアルジェリアで、英米の連合軍が「トーチ作戦」と呼ばれる上陸作戦に成功した。この英米連合軍の成功によって、ロンメルのアフリカ軍団は東のエジプトと西のアルジェリアから挟撃されることになった。スエズ運河の安全も確保された。ペルシャ湾からの石油供給にたいするドイツ軍の脅威も消滅した。ここで読者には、一九四一年一〇月、アトリーがワシントンでルーズヴェルト大統領と会談した際、大統領が地図の上でアルジェリアを指して、「ここが私がアメリカ兵を送りたいと思っている地点だ」と語ったことを思い起こしていただきたい。この時期、アメリカはまだ参戦していなかったが、ルーズヴェルトは、アメリカがヨーロッパの戦争に参加するとすれば、またヨーロッパ上陸作戦の準備が整っていない時期にアメリカ軍が実戦に参加するとすれば、その地点はまずアルジェリアであろうと見抜いていたのである。

もともとアトリーのいう「ウィンストンのガリポリ構想」は、第一次大戦の最初の数か月、英仏軍とドイツ軍が互いに相手の側面に迂回しようとする行動を繰り返しながら、スイス国境から北海までに至る長大な塹壕戦の停滞に陥り、寸土を争って戦死者の山を築いていた状況を打開することを企図していた。海相チャーチルが海軍力を使って地中海からダーダネルス海峡を突破し、トルコのガリポリ半島に兵を上陸させ、中欧側の「下腹」を突こうとした作戦であった。第一次大戦当時のイギリスでは、西ヨーロッパでの塹壕戦、要塞戦を主張した軍人たちは西部戦線派、チャーチルのように海を使った機動戦を主張した人々は東部戦線派と呼ばれたが、第二次大戦におけるイギリス軍部はすべて東部戦線派であり、アメリカ軍部は逆に当初から西部戦線派であった。一九四二年六月にアメリカのヨーロッパ派遣軍の司令官に任命されたアイゼンハウアーは、着任の当初から大規模な大陸侵攻作戦を提唱していた。それにたいしてアメリカ大統領は慧眼にも、アメリカ兵を最初に投入する地点として早くから北アフリカを念頭に置いていたのである。この点については、チャーチル、アトリーとアメリカ大統領とは、完全に同意見であった。

これも先に述べたことであるが、アトリーはチャーチルに、ルーズヴェルトとの会談について、大統領にはイギリス側の戦略構想を説明したこと、それにたいするアメリカ側からの「批判」があることはイギリスも承知していると伝えたことを報告している。その批判とは、イギリスは依然として地中海と中東における帝国主義的な優位の維持を図っているという批判であった。

トーチ作戦と戦況の好転

ところで一九四二年二月の戦時小内閣の改造で正式に副首相、自治領相兼任になったアトリーが最初に取り組んだのはインド問題であった。この時期、インドのナショナリストは、総督リンリスゴウ卿がインド人には全然諮らないで日本に宣戦布告したことに激怒して不服従運動を再開していた。日本軍はビルマを制圧し、インド国境に迫っていた。シンガポールで日本軍に降伏したインド兵は、インド国民軍として日本に協力していた。インド国内では、臨時インド独立政府を樹立しようという動きもあった。アトリーは自治領相として、内閣のインド委員会を一一回開き、打開の道を探った。彼にとって問題の根本的な解決はインド国民による自決であったことはすでに述べたが、この時点で彼が準備した覚書には、「総督のむき出しの帝国主義は、間違っているだけでなく、近視眼的で自殺的である」と、記されていた。インドの今後の地位の問題だけでなく、「中国、ソ連、アメリカなど、イギリスの帝国主義的態度を不快に思っている国の支持を維持していく必要があるからである」。

インドに自治領としての独立を約束するという点では閣議の合意が得られなかったので、クリップスをインドに派遣して、インド側と協議させることになった。クリップスはインド国民会議派指導者との交際を絶やさず、ガンディやネルーが訪英するたびに、自宅に招いて懇談していた。しかしこのクリップスのインド訪問は完全な失敗に終わった。クリップスがインド国民会議派指導者と懇意であることが裏目に出て、ムスリム連盟の指導者たちが会談を拒否したからである。自治領相アトリーは、ガンディを終戦までの期間、監禁するという決定を下さねばならなかった。

またアトリーは、リビヤとマレー半島での陸軍の敗北の後を受けて、軍指導部の改革についてチャーチルに宛てた二四頁の詳細な覚書を記していた。「研究心を刺激するためにいささか論争的な事柄を率直に提起したい」と書き起こしているが、いかにもアトリーらしく、三人の同僚にしか見せていないと付記していた（おそらくベヴィン、モリソン、ドールトンの三人であろう）。彼はけっして首相にたいして公然と批判は行わなかったのである。

アトリーによれば、ドイツ軍は「速度、打撃力、機動性、戦場における兵力の維持、そして指揮能力」に優れていた。兵力と装備についてはイギリス軍は劣ってはいなかったが、将軍たちはドイツ軍の方が優れていた。イギリス側は第一次大戦の時と同じように「兵員と師団の数」にもとづいて作戦を起案し、戦線の維持に専念していた。第二次大戦では戦車と航空機が大規模に利用され、戦線は容易に寸断されるようになったが、ドイツ軍の将軍たちは最前線にあってその場その場で兵力の集中に巧みであった。マレー半島に上陸した日本軍は軍の機動力を高めるためにあらゆるものを犠牲にし、イギリス軍幕僚が突破は不可能と判断したマレーのジャングルを徒歩と自転車で突破した。「まるでゲリラを相手にしているようであった」。アトリーが特に強調したのは、航空機と海軍と地上兵力の協力体制を維持することにかけては敵の方が優れているという点であった。

アトリーがルール地方の工場と鉄道にたいする爆撃、さらには民間人にたいする無差別攻撃を主張したことはすでに触れた。重爆撃機による不断の空襲がなければこの戦争には勝てないとする点では、チャーチルは特に頑固で、いわば重爆撃機だけでも戦争に勝てるかのように考えていたのである。ドイツ空軍、特にその急降下爆撃機は常に地上兵力と緊密に提携して行動していた。現実に英米の重爆撃機による空襲は終戦の日まで続けられたが、戦後の調査によるとドイツの生産力に与えた損害は僅か一％以下、無差別爆撃で殺害されたドイツ民間人よりもイギリス空軍兵士の損失の方が大きかったという結果になっている。しかし、ダンケルクの撤退後、一九四四年六月のノルマンディ上陸までの四年間、大陸での戦争、特にイギリスだけの戦争を続けようとすれば、この空襲だけしか方法がなかったのかもしれない。

アトリーの覚書にたいするチャーチルからの返答は慎重に言葉を選んだもので、同じように軍事技術の細部にわたって論じていたが、アトリーの批判と提案はすべて検討中であり、「多くは常識的である」と受け流していた。特定の目的のために特別の訓練と装備を備えた特別攻撃隊作戦を、「正統派」の反対を押し切ってでも断行しようという点では、アトリーと同意見であった。「ドイツ軍が一〇年にわたって戦争の準備をしたのにたいして、イギリスは過去二〇年間、平和主義に悩まされ、大国であることにたいする臆病な恐怖心に取りつかれていた」という一節は、むしろ軍事予算の増額と徴兵制に最後まで反対を続けた労働党にたいするあからさまな批判であった。

同じ一九四二年の九月、チャーチルが何らかの理由でいなくなった場合、誰を首相に望むかを問う世論調査の結果が発表された。イーデンが三九％、クリップスが二四％、ベヴィンが四％、そしてアトリーには二％という結果であった（ちなみにチャーチル自身は、万一の場合に備えて自ら準備した遺書では、アンダーソンを候補に指名していた）。そしてインドでの使命に失敗して不遇をかこっていたクリップスは、二四％の支持率に野心を募らせたからか、一〇月一日、再度第二戦線の即時開設をチャーチルに迫り、公然と辞意を示した。イーデンとともに首相官邸での二人の対決に同席していたアトリーが、近いうちにトーチ作戦が始まることになっており、それが成功すれば戦況は好転するであろうと言って、辞任は思いとどまるようクリップスを説得した。

作戦が始まり、見事に成功した。イーデンが首相官邸を訪ねると、隣の蔵相官邸に住んでいるアトリーがすでに来ていた。この時、チャーチルは、二人にこう語った。「トーチが失敗していれば、私はもう終わり、君たち二人のどちらかに席を譲らねばならなかったであろう」。戦時小内閣の一員であるクリップスが、トーチ作戦の開始が近いことを知らなかったはずはない。ただ、知っていたとしても、第二戦線を主張しているクリップスと、アメリカとの提携を戦略の主軸にしているチャーチルとの間には、作戦成功の評価に決定的な違いがあった。チャーチルが自分の進退を考えなければならないほどまでに、戦時小内閣は深刻な分裂状態にあったのである。

一一月八日に終わったエル・アラメインの戦いは、予想外の大勝利に終わった。今や北アフリカの全沿岸は英米軍の支配下にあり、対岸の南フランスとイタリアに上陸する体制が出来上がったのである。ディエップに第二戦線を築く試みは失敗に終わったが、いわば地中海を隔てて第二戦線の準備が完成したのである。最低のところまで沈んでいたチャーチルとアトリーの評判も回復した。それまではチャーチルがワシントンとモスクワに飛んで、英米とソ連との提携を図ってきたが、一九四三年一月下旬、ルーズヴェルトが病身を押して、カサブランカでアイゼンハウアーとともにチャーチル、イギリス軍のアレクサンダー将軍と会談し、今後の連合国側の戦略を協議した。

この首相の留守に、副首相アトリーが下院で戦況の報告を行っている。「一九四三年は幸先よく始まった」と口を切ってから、彼は警戒心と決意を保つよう下院に要求した。チャーチルならばその機会に、戦争の過去と将来を展望して、一つの歴史のドラマを語ってみせたであろう。初めてのことではないが、彼は首相の手柄を奪わなかった。半年後には二五万もの兵士（その半数がドイツ兵）を捕虜とするような戦況であるのに、彼の報告は「あまりにも地味で白けていた」と、歴史家ニコルソンは酷評している。「敗北を勝利のように言うのは難しいが、勝利を敗北のように言うのは、人知の極致である」。

ベヴァリッジ報告の衝撃

しかし一九四二年の一二月一日、ウイリアム・ベヴァリッジの社会保障にかんする報告書「社会保険とそれに関連する諸保障」が発表されて、イギリス国民の関心の方向は一挙に転換していた。ベヴァリッジはオックスフォードを卒業して、第一次大戦前の自由党政権でチャーチルが商務相であった時期に商務省に入り、労働交換所担当の局長を務めた。戦後、アトリーがロンドンのトインビー・ホールでセツルメント活動をしていた時期に、彼と一時協力して働いたこともあった。その後、ロンドン経済学学校の学長、アトリーの母校ユニヴァーシティ・コレッジの学長にもなり、アトリーとの交流を絶やしてはいなかった。開戦とともに労働省で戦時勤務していた。

第二次大戦とともに導入された国家主導の計画経済と完全雇用は、彼のいう「五つの巨悪――欠乏、病気、無知、不潔、怠惰」にたいする全面戦争を企画する絶好の機会であった。戦後イギリスの社会保障は、家計調査によって貧者を振り分けるのではなく、「揺りかごから墓場まで」の普遍的な保障でなければならない。「もしイギリスがヒットラーを打倒できるとすれば、失業と貧困にたいしても勝てるはずである」と、彼は言う。

報告書が国民的規模で熱狂的に歓迎されたのを知って、BBC放送はフランス語とドイツ語に翻訳し、空軍はそれをナチ占領下の大陸諸国に空からまいた。ドイツの都市には爆弾とともにまいた。前線からは、イギリスの兵士たちが何のために戦っているかを知って士気がにわかに高くなったという報告があった。全国労働組合会議は、終戦まで報告書を棚上げしようとする動きがあるなら、即時総選挙を要求すると決議した。ベヴァリッジは日曜新聞のオブザーバー紙の紙面を自由に使うように割り当てられ、その記事は労働党機関紙デイリー・ヘラルドに転載された。彼の構想はさらに広がり、新しく計画されている国際連合は社会福祉国家を構想したイギリス民主主義を国際的に広げたものでなければならないと論じていた。

一九四三年二月、下院は三日間にわたって、ベヴァリッジ報告を審議した。グリーンウッドが労働党を代表して最初に発言した。彼は今では戦時小内閣を外れていたが、先にベヴァリッジを社会保障にかんする省間委員会の委員長に任命したのは彼であった。二階の傍聴席にはベヴァリッジ夫妻が座っており、グリーンウッドの背後のバックベンチには、大勢の報告支持の党議員が陣取って声援を送った。グリーンウッドは政府が報告を直ちに政府の政策として採択することを要求した。政府を代表して立ったアンダーソンは、報告の細部を審議する時間を与えてほしいと答えた。グリーンウッドは、社会保障省を直ちに設置するよう要求した。普段は穏健なデイリー・ヘラルド紙の社説も大胆になっており、政府が即時、報告を採択しないのは重大な誤りであろうと警告していた。

アトリー、ベヴィン、モリソン等の労働党指導者はベヴァリッジ報告をめぐって連立を解消すべきではないと考えていたから、党と党議員にたいする指導力を完全に失うことになった。今では党指導部を攻撃するのは、ベヴァンやラスキのような党内左派の常連だけではなかった。審議三日目の採決では、政府支持の動議は大差で勝ったが、九七人の党議員が反対に回っていた。議会労働党は深刻な分裂に直面させられたのである。党議員のグリフィスは、それまでは党に忠実で、後にはアトリー政権の国民保険相に任命されるが、その彼もアンダーソンの冷ややかな政府答弁で気持ちを変えて、グリーンウッドの動議に修正案を提出して加勢していた。モリソンはアトリーにたいする不満を一身に受け止めて立ち、一時間にわたって頭髪をふり乱し、議長席の前の大きな樫のテーブルに書類をちりばめながら、連立維持を支持して熱弁をふるった。「政府には人民を裏切る意思は毛頭なく、報告にもとづき法案を作るために懸命に働く」と、彼は党議員に約束した。アトリーは彼の演説を「第一級の指導力」と称賛した。

審議が終わって、アトリーが官邸にしているダウニング街一一番地に立ち寄ったモリソンは、今や党は「勝利よりも輝かしい敗北を求めている」、「まるで自殺クラブだ」と語った。アトリーは例によって兄トムへの私信で苦情を漏らし、党議員のあまりにも多くが「頭脳を使わずに心情を使い……いつ勝ったのかを理解できないでいる」と書いた。

五月に政府提案の老齢年金法案の審議が行われて、再びグリーンウッドが政府案は不十分だとして攻撃し、採決に加わった一一〇人の労働党議員のうち、四八人が反対に回った。開戦とともに政党間の政治休戦が結ばれ、議員が死去したり引退したりした時には、その議員が属していた党の候補者を当選させることになっていたが、この休戦を維持するのが急に難しくなった。労働党に限らずイギリスの政党は、それぞれの選挙区の党候補者を指名する権利を頑固に主張してきたが、今では労働党の選挙区組織は政治休戦を破って、党の候補者、特にベヴァリッジ報告を支持する人を指名しようとした。この時期、共産党は大都市だけでなく地方の小都市でも大規模な党員拡大の運動を展開していたが、これは労働党に失望したこれまでの支持者を共産党に勧誘しようとする動きであった。政治休戦を続けることは難しくなっていた。

ベヴァリッジ報告をめぐって、労働党指導者は一般党員に、政府は世論に、完全に先を越されていた。この時期のアトリーは、「三六年前のこの日、私が労働党の運動に参加した時と比べると……人々の社会の見方は大きく変わっている。ケア・ハーディなど初期のイギリス社会主義の指導者たちの思想が広く受け入れられている」。特に彼が注目したのは、党の幹部と公務員の間にケインズの経済計画とベヴァリッジの社会保障の理論が当然のこととして受け入れられていることであった。

首相チャーチルは、ベヴァリッジ報告のような大規模な財政支出を必要とする計画については、総選挙で国民の承認を得なければならないと考えており、一貫して態度を保留していた。

連立解消

他方、一九四三年初めにはソ連軍はレニングラードの解放を目指して猛攻撃に出て、夏になるとクールクスの大平原で反攻に転じた。四四年六月には遂にノルマンディ上陸作戦が成功する。アトリーの言う「ウィンストンの構想」が完成した。戦争の帰趨は明らかであった。

イギリスでは、一九四三年六月の労働党大会が開かれる頃には、党はベヴァリッジ・ショックからいくらか立ち直り、党大会では共産党員の労働党入党を認める提案を大差で否決することができた。この大会以降、議会でアトリーを擁護したモリソン、全国労働組合会議の幹部と党機関紙デイリー・ヘラルドの編集部を粘り強く説得して、報告書の原則について即時採択を政府に求めるという方針を撤回させたベヴィン、それにアトリーの三人が、党の中心的な指導者として広く知られるようになった。英米ソの三巨頭になぞらえて労働党の「ビッグ・スリー」と呼ぶのが新聞用語になっていく。他方でベヴァンの編集するトリビューン誌では、古い民謡をもじって「三匹の盲のネズミ」と呼ばれた。この民謡の一節を訳しておくと、三匹は前のネズミのしっぽをくわえて一列に並び、農家のおかみさんの足元を追う。おかみさんは肉切包丁でしっぽを切る。三匹は迷走する。「どんな走り方をするか、見てごらん」という歌詞である。しかし皮肉なことに、このビッグ・スリーの存在が浮かび上がってくると、チャーチルを閣内で助けて、いわば影で働いているアトリーの姿が薄くなっていくことになった。

今ではアトリーの一番熱烈な支持者になったベヴィンは、全国労働組合会議を説得し、アトリーを労働党執行部の代表として、九月にブラックプールで開かれた全国労働組合会議年次大会に招待させた。初めてのことであった。アトリーが彼の議員秘書も務めるA・ジェンキンズ議員とともに会場の奥の方に座っていると、議長が来て二人を退席させた。そして会場が代議員で満員になった頃合いに、正面の扉を開けて二人を入場させた。議長はマイクロホンを握り、「われわれの政治指導者、国の副首相を盛大に歓迎しよう」と呼びかけた。そして会場の中央まで歩んできたアトリーは、彼のこれまでの生涯で最大の、長い拍手で迎えられた。陰ながら彼を支持してきた人々が初めて表に出た瞬間であった。アトリーは秘書に向かって、「本当にこんなことが必要なのかね」とつぶやいた。「これが正常なことです。異常なことではありません」というのが秘書の答えであった。ちなみにこの秘書の息子であるロイ・ジェンキンズは、戦後のウィルソン労働党政権の内相になり、受刑者にたいする人間的な更生対策で、「二〇世紀イギリスのもっとも偉大な内相」として尊敬された。短いものであるが、アトリーの伝記も執筆している。

それでも党内の内紛は、政策と原則をめぐる対立に人的な対立が重なって、何度も勃発した。一一月の党の集会では、労働者災害補償法案をめぐって叛乱が起き、アトリーとグリーンウッドが攻撃の矢面に立たされた。同じ一一月には、非常大権法で拘禁されていたファッシスト連合の指導者モズレーが情状酌量を理由に（本当の理由は戦局の好転であった）釈放されたのにたいして、抗議の嵐が起こっている。釈放は内相モリソンが決定し、首相の承認を得ていたが、モリソンにたいして何かにつけて反対してきたベヴィンは地団太を踏んで憤激し、政権全体を倒せと怒号した。アトリーがテヘランでルーズヴェルト、スターリンとともにヨーロッパ侵攻計画を協議しているチャーチルにこの政治危機を電報で知らせたが、チャーチルは労働党の内紛の激しさに呆気にとられたと伝えられている。

しかし一二月には、アトリーは保守党の文相バトラーの起草した教育法案を歓迎していた。この制度によって労働者階級の子弟にも大学進学の道が大きく開かれたからであった。この改革案は一六歳までの中等教育を無料にし、公立進学校のグラマー・スクールを大量に新設することを提案していた。アトリーがパブリック・スクールの廃止のような「象徴的な勝利」はかえって逆効果であるとして反対していたことはすでに述べた。

一九四四年一〇月、チャーチルはモスクワでスターリンと会談し、奇妙な数字を使って戦後ヨーロッパの英ソ間の勢力範囲について協定に達した。ルーズヴェルトはアメリカの実力に自信を持ち、ソ連との関係はその場その場で現実的に解決しようとしていたが、国力を使い果たしたイギリスは、ソ連との協定で安定を図ろうとした。ルーマニアは九〇%をソ連、ギリシャは九〇%をイギリスが勢力範囲とするということになり、時を同じくしてドイツ軍がギリシャから撤退すると、イギリスはギリシャ王政を支持して、ギリシャ共産党の抵抗勢力と戦い、打ち破った。もちろんイギリスの左翼からは激しい攻撃を受けることになった。

首相とイーデンの留守にアトリーが下院を指導したが、党の統一を保つのは困難であった。労働党執行部は、ヒットラー打倒までは連立を維持するという、アトリーが起草した声明を発表したが、トリビューン誌の攻撃はヒステリーに近かった。マクドナルドの「裏切り」を再現して、チャーチルの下、再び挙国一致内閣を続けようとしているというのである。一九四四年一一月のギャラップ世論調査では、三五%が戦後にも挙国政権(おそらくはチャーチルを首相として)を、二六%が労働党政権を、一二%が保守党政権を望んでいた。マクドナルド路線の再現を希望する人々は、けっして少なくはなかったのである。

一九四五年四月には、ヒットラーはベルリンの地下壕で自殺し、ドイツ軍は降伏した。日本との戦争はまだ続いていたが、連立はもはや維持できなくなった。イギリスには成文憲法がなく、議会の会期は五年、政権は五年以内に議会を解散し、総選挙を行うことを定めた国民代表法のような法律でも、議会の合意によって停止することができた。戦前のイギリスで最後の総選挙が行われたのは三五年で、四五年に三〇歳に達した男女有権者には、これまで選挙権を行使する機会がなかったのである。トリビューン誌は、「これ以上総選挙を先に延ばせば、民主主義の習慣は忘れられるだろう」と警告した。

一九四五年四月末、アトリーは外相イーデンとともに国際連合設立の準備会議であるサンフランシスコ会議に出席した。ベヴァンは、アトリーは保守党の外相イーデンの配下の人として行動していると解して激怒した。この時、トリビューン誌に掲載された長編の風刺詩「目に見えない人」は、アトリーを「亡霊」になぞらえている。アトリーがイギリスを留守にする間の党務をベヴィンに託したことで、ベヴィンの地位が一挙に高くなったと解された。ガーディアン紙は、労働党指導者としてのアトリーの地位はもう長くはないであろうと論評している。しかしアトリーがワシントンに飛び、四月一二日に死んだルーズヴェルトに弔辞を送り、大統領就任を待っているトルーマン副大統領と会った時には、「同じ立場にある人同士」、トルーマンはルーズヴェルトを、アトリーはチャーチルの後を継ぐかもしれない人として、互いに信頼関係を結んだようであった。実際に二人の政治的進路は、それからの六年間、深く絡み合うようになるであろう。

終戦とともに、イギリスを勝利に導いた英雄として、チャーチル首相の支持率は八〇％台という驚異的な数字に達していた。他方で一連の世論調査では、労働党支持は保守党にたいして二〇ポイント上回っていた。しかしアトリーとベヴィンは安心してはいなかった。慎重の上にも慎重でなければならない十分な理由があったからである。

五月一二日、ブラックプールでの党大会に向かおうとしていたアトリーに、チャーチルからの手紙が届いた。即時連立を解消するか、それとも対日戦争の終結まで連立を継続するか、そのいずれを選ぶかを問い合わせた手紙であった。チャーチル自身は、一年先と予想されている対日戦終結まで、「名誉ある協力関係」を続けたいと希望していたし、アトリーも同意見であった。第一次大戦終結から一か月後に行われたいわゆる「軍服姿の総選挙《カーキー・エレクション》」では、動員解除の混乱の中で十分な国民的論議が交わされなかったと感じていたからであった。

しかし、連立継続は不可能になった。一つには、ブラックプールの労働党全国執行委員会が拒否したからである。もう一つにはチャーチルが、その拒否の仕方について、すなわち、この党大会で任期一二か月の全国執行委員会の議長に選任されたラスキをはじめ、誰一人選挙で国民に選ばれていない執行委員会が連立を拒否したのは「非立憲的」であるとして激怒したからであった。何通かの手紙が二人の間で交わされた。アトリーは、一九四〇年五月、彼がチェムバレン首相から労働党は戦時連立内閣に参加するかどうかを問われ、執行委員会の意向を訊いて決めたいと答えた時には、チャーチルは苦情を言わなかったことを指摘したが、それで事態が好転するはずはなかった。チャーチルの書簡は新聞で公表された。

チャーチルは連立を解消して、保守党の選挙管理内閣に改組した。労働党は野党に戻った。総選挙は七月五日に投票と発表された。アトリーの五年間の副首相の時代は終わった。

第六章　首相

1　労働党の大勝

総選挙に向けて

選挙戦の雰囲気は、それまで五年間の保守党、労働党間の挙国的な友好関係とは打って変わって、「非紳士的」で「敵対的」な「泥の投げ合い」であった。その基調は、一九四五年六月四日のチャーチルのラジオ放送で決まった。彼は、「社会主義政権を強行していくには何らかの形態のゲシュタポを必要とする」と語ったのである。ゲシュタポはナチス・ドイツの秘密政治警察であり、総選挙を前に五月に開かれた党の年次大会で全国執行委員会の議長に選任されていたラスキがそのイギリスの頭目になぞらえられた。

この考えは、オーストリア出身でイギリスに帰化したロンドン大学の教授、自由主義経済学者F・ハイエクの著書『隷従への道』（一九四四年）から借用したのであろう。ハイエクは徹底した自由主義者で、計画経済と国営企業の下では国家は必ずや政治的自由を侵害するに違いないと信じていた。自由主義経済を熱烈に信奉しているエコノミスト誌は、党内の紛争が絶えたことのない労働党、「自分たちの願うところを自党の支持者にも説得できないでいる労働党指導者ほどに、そのような方向に動かしていく能力のない集団はあまりない」と論評した。労働党内にはゲシュタポを生み出す能力さえないという皮肉がこもっていたが、他方でこの社説は、そもそもチャーチルがそのような考えを抱いていることが、驚くべきことであると指摘していた。

当時一九歳のオックスフォードの学生で、このチャーチルの放送を聞いた、後のサッチャー首相は、チャーチルは「行き過ぎた」と感じたと後に回想している。サッチャー首相は、一九八〇年代に国有企業を民営に戻したことで知られているが、さしもの彼女も社会福祉国家体制の一角である国民健康保険だけは民営化できなかった。

翌日の夜、アトリーは慎重な語調ではあったが、チャーチルが「常軌を逸した」ことに反論した。チャーチルを真正面から攻撃しないで、責めは他に向けた。「あの声はウィンストンの声であったが、精神はビーヴァーブルック卿の精神である」。首相は社会主義の下での生活を

「生き生きと描いた」が、「それはオーストリアの教授の学問的な見解の二番煎じ」でしかない。「イギリスの社会主義はロバート・オーウェンに始まっており、大陸の理論にはほとんど影響を受けていない」というのである。この放送についてエコノミスト誌は、「穏健で分別があり、建設的でフェアー」であり、「あらゆる点でチャーチル的ではない」、しかし同時に、「選挙では誰かが誰かに代わらねばならない」が、「アトリーがチャーチルに代わって次の首相になると想像するのは難しい」と論評した。

この総選挙での保守党は、チャーチルを前面に押し出して戦った。党の選挙綱領は「チャーチル氏の有権者にたいする宣言」と題されており、党に割り当てられた一〇回の放送のうち四回はチャーチルが話した。それにたいして、モリソンが執筆した労働党の選挙綱領「未来に直面しよう」は、すべての階級、すべての国民にたいする呼びかけであった。社会主義という言葉はただ一度しか出てこないし、アトリーはもちろん、指導者の名は一人も挙げられていない。アトリーの放送はこの一回だけであった。

しかしもし労働党がこの選挙に勝つとすれば、党指導者の誰か一人が首相になるはずであり、その首相候補の名が選挙綱領に出ていないのは奇妙な話であった。実際にイギリスの有権者は、総選挙は個々の選挙区から一人の議員を選出するだけでなく、首相を選ぶ機会だと意識していた。いくつかの世論調査では、アトリーよりもベヴィンの方が首相候補としての知名度が高かった。この選挙でアトリーの名が綱領に出なかったのは、一つには綱領を執筆したモリソンに自ら首相になりたいという野心があったからであり、もう一つには過去の労働党が少数政権ながらも政権についた時、党首マクドナルドが一般議員にはまったく諮らずに組閣を進めたことにたいする強い反感があり、一九三一年の政変以後、労働党が次に政権につく時には新議会の召集の日に新議員による党首選挙を行うという内規を定めていたからであった。そのためこの総選挙では、政権成立の直前にひと悶着起こることになるが、それについてはすぐ後に述べる。

それはともかく、労働党の選挙綱領は一五〇万部売れている。ベヴァリッジ報告は数万部売れたが、それを大きく上回る大ベストセラーであった。主要産業を国有化する計画は戦前一九三七年の党大会で採択されており、それには何も新しく書き加えられていない。今ではベヴァリッジ報告の立法化の公約が付け加わっていた。戦時中の人口移動のために一〇ばかりの選挙区で境界線の引き直しがあったが、その対策も打たれていた。労働党は政策においても組織においても、保守党よりはるかに「勝つ」準備が整っていたようである。

しかし労働党指導部、特にアトリーとベヴィンは慎重であった。選挙結果の予想では二〇ポイントのリードを保ってはいたが、勝ち誇った様子はいささかも見せなかった。モリソンが党の一般議員たちは「勝利」より「輝かしい敗北」を望んでいると嘆いていたことは先に述べたが、それにはアトリーも同感であった。もともと労働党や労働運動の歴史は見方によっては敗北の連続の歴史であり、党員のそのような心理と行動は十分に理解できることであった。イギリスには、「選挙とは勝つものではない、相手党がひとりでに負けるものである」という政治的格言がある。この格言はどうやらこの選挙戦の経験から生まれたようであった。

チャーチルもアトリーも全国を駆け回ったが、チャーチルは側近を率い、それに記者とカメラマンの車が続き、長い自動車の列を作って回った。それとは対照的に、アトリーは妻の運転する中古車で遊説した（同乗していた護衛の警官によると、彼女はロンドン周辺で一番危険な運転手だとのことであった）。チャーチルの行列が来ると、人々は彼を一目見ようと道端に並んだが、アトリーが小さな町や村を訪れると、演説会場は満員になって、入れなかった人々はスピーカーから流れてくる演説を聞いた。彼は、選挙は指導者の選択、つまりヒットラーの独裁権をうたった「総統原理」を選択するわけではなく、古い社会観と新しい社会観の間の選択であることを強調した。しかし彼自身は内心ひそかに、この選挙をいわば彼とチャーチルとの間の決闘と感じていたのかもしれない。

選挙戦が進むにつれ、チャーチルは自信を失いつつあったようである。彼の主治医モランの日記によると、彼は「私には国民に訴えるメッセージがない、私はこの厄介な選挙について心配している」と、漏らしていた。

ところで一九四五年の労働党の年次大会は、党は外交政策については連立政権の政策を継承するという決議を採択していた。そして選挙戦では、外交・軍事政策についての論戦はまったくなかった。第一次大戦直後の総選挙で「カイザーを吊るせ」（戦争犯罪問題）と「ドイツをレモンの種がキーキー鳴るまで搾り上げろ」（賠償問題）のスローガンが声高に叫ばれたのと対照的であった。対独戦終結直後のイギリス国民は戦後の再建（特に住宅と雇用）の問題だけにしか関心がないようであった。

しかし選挙戦が終盤に入って、またもや事件が勃発する。総選挙を前に下院が解散する最後の日にチャーチルが、ドイツのポツダムで開かれる英米ソの首脳会談に、総選挙で首相に選ばれるかもしれないアトリーを招待すると発表しており、またアトリーは同僚に諮ってその招待を受けることにしていた。それにたいして労働党全国執行委員会議長に正式に就任していたラスキが、党機関紙デイリー・ヘラルドに覚書を発表、アトリー氏はポツダム会談の合意に拘束されるべきではないと主張したのである。

連立政権を対独戦の終了と同時に解消するかどうかの問題について全国執行委員会が反対を声明して、チャーチルを激怒させたことは先に述べた。ここでは外交問題が絡んでいたから、チャーチルは、外交・軍事の国家機密が執行委員会に漏れる可能性まで問いただそうとした。イギリスの閣僚経験者は枢密顧問官に任命され、機密保持の責任を負っているのである。アトリーは労働党の規約と慣行を説明し、機密漏洩の危険はないと、選挙戦が終わるまで何度も手紙を往復させて、二人の間に問題はなくなった。

しかしビーヴァーブルックの新聞は大見出しで「労働党の分裂、アトリー、ラスキの命令を拒否」、「アトリーは操り人形、ラスキが人形遣い」と書き立てた。ビーヴァーブルックは、一九二四年選挙でのジノヴィエフ書簡事件の時と同じように、「赤の恐怖」で選挙の形勢逆転を企んでいたのである。この騒ぎ、アトリーのいう「ばかばかしいラスキ事件」は投票日まで続いた。通常の総選挙では、選挙結果は投票日の深夜までには判明するものである。しかし四五年選挙では、国外に駐在している兵士たちの票を集めるのに時間を要したために、開票は投票日の三週間後とされていた。

開票前夜

こうして七月一五日、アトリーを含めたイギリス代表団は、ベルリン南郊のポツダムに到着する。イギリス海兵軍楽隊の演奏の中で空港に降り立ったチャーチルは、軍服姿で得意のV(勝利)サインを出し、イズメイ、モントゴメリーなどの将軍たちに迎えられた。まるで凱旋将軍のようであった(チャーチルはハロー校、陸軍士官学校の卒業で、青年将校として帝国の各地で戦ってから、政治家になった。第一次大戦で、ダーダネルス作戦失敗の責任を負わされ海相を辞任するが、その時一時、フランス戦線の塹壕戦にも参加している。軍服を着る資格はあった)。

アトリーにロシア語通訳として付き添うことになったランギィ少佐には、華やかな軍服姿の中でほとんどただ一人平服姿のアトリーはいかにもみすぼらしく見えた。ランギィはその夜、宿舎でアトリーとウィスキーを酌み交わし、自分がヘイリベリー校での後輩、しかもアトリーとは学校の同じ寮、同じ部屋で暮らしたことを打ち明けている。彼はアトリーよりももっと名門パブリック・スクール卒業生らしい経歴を積んでいた。イギリス外交官の父とロシア貴族の母の間に生まれ、英露二か国語で育ち、開戦とともに従軍して砲兵隊少佐になったが、ロシア語通訳としてモスクワのイギリス大使館に勤務し、チャーチルとスターリンの会談にも出席していた。彼はその夜、アトリーについての自分の第一印象を次のように書き残した。「アトリー氏はダイナミックな人柄のようには見えない。こめかみの周りの頭髪を除けば、頭は禿げており、眼鏡をかけ、学者らしく物静かで慎重、外見だけでは小柄で、ほとんどつまらない人のようだ。静かで甲高い柔らかさという奇妙な質の声で、物思いにふけるかのようにパイプをくゆらし、パイプを口から放して、穏やかなユーモアのある言葉を吐く。顔をしかめて、内気さを思わせる素敵な微笑を浮かべる」。これが、間もなく首相になる時期のアトリーについての描写であった。

会談の内容は後に述べるとして、イギリス代表団の一部は二六日の開票に立ち会うために、会談を一時中断してイギリスに帰国することになった。この帰国に先立ってベルリン駐在のイギリス軍兵士の閲兵式が、一九三六年オリムピックの会場になったスタジアムで行われた。イギリスの学校行事やスポーツの会合では、誰かが「ヒップ・ヒップ」と音頭をとって、皆がフレーと応じる。この閲兵では兵士の誰かがチャーチルとアトリーに支持の音頭をとったが、ランギィは行進していく兵士たちがチャーチルよりもアトリーに向かって大きな歓声を上げたのに驚いた。

帰国したチャーチルは、公用車に迎えられて宮殿に赴き、国王に会談の模様を報告し、選挙結果については三〇議席から八〇議席の差で保守党が勝つだろうという予想を伝えていた。これが保守党本部と株式市場の予想であった。しかし一九四五年総選挙については予想不可能な要因が非常に多かった。有権者のほぼ三分の一に当たる三〇歳以下の有権者には初めての選挙だったから、彼らの投票行動については判断する資料がなかった。国外にいる兵士についても同様であった。ソ連兵と接した一部の兵士は、彼らの英雄的な戦闘ぶりに感銘を受けていたが、また一部は赤軍の暴行と飲酒と不潔さにあきれていた。

ナチス支配下の東ヨーロッパでは旧社会民主党系の政党指導者たちは共産党に鞍替えしつつある状態で、共産党が有力になることは予想できた。イギリスの選挙戦では、労働党左翼の候補者の中には、労働党と共産党の「左翼同士は理解しあえる」というスローガンを唱える者もいたが、その影響力も予測できることではなかった。一番の不確定要因は、チャーチルが保守党の首相としてだけではなく、国民的な指導者として党派を超えた支持を集められるかどうかであった。ガーディアン紙は、その場合には再び連立政権に返ることになるであろうと予想していた。

他方アトリーは、妻の車に迎えられてスタンモアの自宅に帰ってくつろいだが、留守中にたまった党関係の書類と書簡に急いで目を通さねばならなかった。中にはアトリー批判の不愉快な文書があったが、先に通読し整理した秘書は、その一通、モリソンからの手紙の封筒の表に、「アトリー氏のみ親展」と書き込んでいた。その要旨は「労働党は伝統的に新議会の開会前に新議員による指導者の選出を行っており、この数週間多くの同僚から立候補の指名を受ける意思があるかという問い合わせが多数あり、私はそれを受けることにした」というものであった。「もちろんこれは党の利益と党員の民主的権利を尊重したものであって、あなたにたいする個人的な友好関係に反するものではない」とも書きそえられていた。

アトリーが下院に初当選した総選挙では、労働党の選挙戦はクラインズが指揮したが、選挙後の新議員の集会でマクドナルドが党指導者に選出され、後に首相になった。一九二九年の第二次マクドナルド政権では、マクドナルドが党の右派指導者にだけ諮って閣僚を任命したために、総選挙直後の党首選挙はいわば党の内規になっていた。モリソンはそれを党の「民主的伝統」だと主張したのである。

イギリス人の間では、私信を読めばほとんどその場で返書をしたためるのが習慣になっているが、この手紙にたいするアトリーの一行の返書は、その簡潔さで今では有名である。「貴信に感謝します。その内容は留意されています」。

チャーチルを降す

七月二六日の開票日の朝、アトリーの選挙区ライムハウスでは、妻ヴァイオレットが立会人として投票箱の封を切った。この選挙区の有権者数は空襲の被害のために半減していたが、アトリーは大差で保守党候補に勝った。隣の選挙区マイル・エンドでは共産党候補が勝ち、選挙結果は複雑化しそうであった。しかし一一時には、北部の工業地帯一五〇議席のうち、労働党が六〇議席を獲得していた。午後には保守党の有力閣僚、チャーチル側近の海相ブラッケン、イーデンと並んで次の保守党指導者と目されていたマクミラン空軍相、チャーチルの娘婿で建設相のサンズなどが、「ボーリングのピン」が倒れるように落選していった。チャーチルの選挙区では他の政党は彼に敬意を表して対立候補を立てなかったが、無所属で週一日労働制を掲げた地元の暖炉職人が、チャーチルの二万七六八八票にたいして一万四八八票という驚くべき票数を得ていた。BBCでは一九三六年からテレビが実用化していたが、午後二時には「労働党政権獲得」のテロップが画面に出た。まったく予想外の労働党の地滑り的な大勝であった。

1945年７月26日、総選挙勝利に沸く労働党本部。向かって右側後列がアトリーと妻ヴァイオレット（写真提供：Universal Images Group/共同通信イメージズ）

全国的な得票では、労働党一一九九万五一五二票、保守党九九八万八三〇六票、議席数では労働党は一六六から三九三に飛躍し、保守党は三九八から二一三に減った。自由党はベヴァリッジ報告の評判を背に勢力回復を図ったが壊滅状態で、議席は一二、前年一九四四年の補欠選挙では「人民のウィリアム」という呼び名で親しまれていたベヴァリッジが自由党議員として当選していたが、その彼も四五年には落選した。

その夜、午後七時にチャーチルはバッキンガム宮殿で国王に会い、辞意を伝え、後継首相にアトリーを推薦した。次いでアトリーが宮殿に呼ばれ、妻の運転する車で宮殿に行き、組閣を受諾した。ヴァイは盛装していたが、国王はアトリーだけに会いたいという意向だったので、車の中で待たされた。その間、労働党の新議員は続々と議会の中央ホールに集まっていた。モリソンが大きな顔に大きな笑みを浮かべて、新議員に、明日の朝、議会に集まって指導者の選挙を行う、アトリーは宮殿に招かれても行ってはならないと説いて回った。アトリーがすでに宮殿に行ったことを知らなかったようである。彼はまずベヴィンに立候補するよう勧めたが、ベヴィンは陰謀はやめろと告げた。アトリーにも降りるつもりはまったくなかった。「国王に呼ばれて組閣を命じられ、四八時間待ってほしいと返答できるものではない」、二日後に王宮に戻って「できませんでした。誰か他の人を呼び出してくださいと言えというのか」、それが彼の意見であった。

その夜、アトリーは議会の中央ホールで開かれた党議員の祝勝集会に出席した。彼は、五分間の長い拍手で迎えられた。アトリーは簡潔に、四五年前、独立労働党の議員として初めて当選したケア・ハーディはこの結果をどう思ったであろうかと思いを馳せ、それ以後の党の発展のために戦った「無名の同志たち」をしのび、国民が党に寄せた信頼を裏切ってはならないと訴えた。モリソンは今も党首選挙を求めて画策を続けていたが、アトリーを指導者として信任することを求めたベヴィンの演説、原稿なしで「党の諸原則にたいする彼の一貫した不断の忠誠心と文句のつけようのない人間的な誠実さ」をたたえる熱弁で最後のとどめを刺された。

午後七時に発表された最終結果は、労働党の大勝であった。党は歴史上初めて下院で絶対多数を占めて政権につくことになった。特に北東部の伝統的な工業地帯とロンドンでは圧倒的な強さだった。党の新議員の職業構成は、国民全体の職業構成を反映していた。三九三議員のうち職歴不詳の者を除くと、法律家は四〇人、大学とその他の学校の教師四九人、一六人が経営者ないし技術者、一五〇人が肉体労働者、三九人が炭鉱夫、主婦が八人となっていた。下院全体で女性議員の数は九人から二四人に増えたが、そのほとんどが労働党に属していた。

労働党の勝因

一九四五年五月の連立政権の解消の日まで、イギリス国民はチャーチル――公爵の孫、保守党の首相――を上にいただいて戦ってきた。「身分のある人と金持ちを尊敬する」伝統的な政治文化は、外見的にはまだ存続しているかのように見えた。しかしその内実はすっかり変わっていた。戦争という圧延機が社会の平等化を静かに推進していた。第一次大戦では、紳士は将校になり、労働者と農民は兵士になるという慣行がまだ残っていたが、第二次大戦では兵士と水兵が将校になり、工場では現場の労働者が職長や技師に登用されていた。料理女が、主人は朝食に卵を二つ食べる、配給では一つ、前線の夫も一つなのにといった不満を、自分の名を明かして新聞社に投書するような事例は数多く記録されていた。外見はもとのままなのに内実が一変していたからこそ、労働党の勝利が「予想外の大勝」として労働党員さえも驚かせたのである。

この勝利は、論者によっては「涙なき社会主義」とか「静かな革命」とか呼ばれた。果たしてそれは社会主義革命であったのであろうか。一九四五年における労働党の選挙綱領が依拠したのは、ケインズの経済理論（彼の主要著作『雇用、利子および貨幣の一般理論』は三六年に刊行されている）とベヴァリッジの社会保障理論であった。炭鉱夫の組合は二六年のゼネスト以来、炭鉱国有化を唱え、戦時中の炭鉱ストはすべて即時国有化を要求していたが、それを具体的に立法化する手続きを打ち出したのは、労働省に勤務していたベヴァリッジであった。この二人は自由党員であり、自由主義者であった。もし労働党政権下で社会主義が実現されたのだとすれば、それは労働党が自由党の理論を取り込んだ上の社会主義であった。つまりは一八九二年、イギリスにおける社会主義の復活を見てエンゲルスが言った「中流階級の世論における社会主義」であった。

それにしても労働党は、党内の内紛、特に指導者にたいする辛辣な攻撃を頻発させながらも、どうして国民の圧倒的な信頼を獲得できたのであろうか。現実に三年前の世論調査では首相候補としてのアトリーの知名度は僅か二％であり、その後に大きな変化があったわけではない。

彼が組閣の大命を受ける時まで、党首降ろしの策謀は続いていたのである。

もともと政治家は野心的な動物であり、イギリスでは「議員になれれば次は閣僚、閣僚になれれば次は首相になることを望む」のは正常なこととされている。一七世紀後半に生まれたトーリィ党、ウィッグ党（それぞれ保守党、自由党の前身）の二大政党政治においては、与党では首相、野党では次の首相候補としての党首の権威の下、多少とも安定した人的な秩序があった。伝統的な政党の政治家は多くがパブリック・スクールで教育を受け、午後の集団競技（秋と冬はサッカーとラグビー、春はクリケット）で「一人は皆のために、皆は一人のために」をモットーにキャプテンを無条件に支持する倫理が育まれていた。それは政治的には、政治支配を上流階級の手に独占し、第三党として登場してきた労働党には譲らないようにするための自制の倫理であった。一九二三年の総選挙が、保守、自由、労働の三党がいわば三すくみの状態になった時、自由党の元首相アスキスが「労働党を政権につける実験をするには、今ほど安全な時はない」として、少数の労働党に閣外協力して第一次労働党政権を成立させたのにたいして、チャーチルが猛然と反対し、遂には彼が保守党に復帰する遠因の一つになったことは先にも述べた。

それにたいして労働党は、大衆選挙権の拡張とともに、いわば下から、議会の外に生まれ、各地の労働運動と政治的知識人を統合しつつ成長してきた。特に一九三一年の政変でカリスマ的指導者マクドナルドの「裏切り」のために手痛い惨敗を経験した党においては、強力な指導者はいわば禁物であった。議員五二人に転落した労働党は、むしろ「他に成り手がいなかったから」アトリーを選んだのである。

議会労働党はあまりに弱体であったから、議会外の全国執行委員会や全国労働組合会議の発言力はそれだけ強くなり、国民に選挙で選ばれていない全国執行委員会議長ラスキの介入が、「非立憲的」であるとしてチャーチルの非難を招いたことはすでに見た。また先にも述べたように、党指導者を非難するにあたっては「階級間協力主義《コラボレーショニズム》」などの意味合いの言葉がもっとも頻繁に用いられたようである。第二次大戦開戦とともに連立政権に参加する運びとなると、党指導者に政権参加の代償を求め、十分な代償を得ていないと非難し、さらには連立離脱を要求するのが指導者批判の常道となった。そして四五年総選挙において、労働党がようやく「統治するに相応しい」党として政権につき、イギリス議会制民主主義の一角に組み込まれたのである。

一九四五年選挙における労働党の勝因は人によっていろいろ挙げられてきたが、以上のように見るならば、最大の勝因はアトリーの指導の下、党が曲がりなりにも統一を維持し続けたことにあるようである。繰り返して言えば、彼の指導原理は「己の良心に反しない限り多数に従う」、国際連盟支持や軍事予算反対などの党の伝統的な原則にかかわる問題については真正面から論じずに「熱の醒めるのを待つ」、そしてイギリスの戦争目的と平和目的についての具体的な青写真を出し続けることにあった。第一次大戦で重傷を負った元将校として、戦後イギリスにおける元将兵の間の最大の要求は住居と雇用にあることを、彼は誰よりもよく知っていた。もし彼がいわば党の避雷針として党内からの批判をそらしていかなければ、あるいは逆に例えば労働組合の票数に恃んで何らかの決定を強行したりしていれば、おそらく党は分裂し、四五年の勝利も望み得なかったであろう。

新首相は開票日の翌々日にはポツダムに帰らねばならなかったから、主要閣僚人事だけを発表した。アトリーがチャーチルと同じく首相と国防相を兼任する。モリソンは副首相で枢密院議長、グリーンウッドは国璽尚書卿、ベヴィンが外相、ドールトンは蔵相、クリップスは党籍を回復して実務的な商務相に任命された。アトリーが国王から組閣を命じられた時には、ドールトンを外相にと考えていたが、国王からベヴィンを外相にという案が出て考えを変えた。ベヴィンが彼の希望通り蔵相になれば、モリソンと何かにつけて対立するかもしれないが、ベヴィンを外相にすれば「国内戦線の平和」が保たれるであろう。モリソンは今は首相をあきらめ外相を望んでいたが、それは外相が首相、蔵相に次いで閣内第三位の序列にあるからであり、外交に特に関心があるからではなかった。それにたいしてベヴィンは労働運動の指導者として大陸諸国の事情に通じており、何よりもベヴィンには「物事の根本」についての感覚があると、アトリーが信頼していたからである。

ポツダム会談

ところでポツダムに残っていたイギリス代表団、特にこの五年間、チャーチルの下で働いてきた年長の人々は、総選挙の結果に驚き呆然としていた。先にチャーチルがスターリンと会談し、二人の間の信頼関係にさらにルーズヴェルトが加わって、いわばチャーチルを主軸にして三大国の関係が維持されてきたからである。ロシア語通訳のランギィは、「もっとも突拍子もない夢を見る人でも、これに近い異変が起こるとは予想していなかった」と言う。戦略をめぐってアトリーと何度も衝突してきた参謀総長ブルックは、「そもそも世界史のこのような時期に総選挙を行ったのがひどい間違いであり、イギリスに神のお許しがありますように」と日記に書き、外務省事務次官のカドガンもまた、この選挙は「(チャーチルにたいする)卑しい忘恩の行為であり、わが国の恥である」と記していた。

ランギィによると、ソ連代表団の外相モロトフも同じように驚愕したようである。先に副首相アトリーが会談の前半に参加し、後半では彼が首相として出席するこの交代劇はおよそ不可解であると考え、チャーチルが何か陰謀を企んでいるのではないかと疑って、尋ねて回ったようである。四月にはルーズヴェルトが死んでトルーマンが後を継ぎ、今ではチャーチルが退き、アトリーが首相であった。かつての三巨頭のうち残ったのはスターリンだけであった。英米の二人の新代表は、スターリンに対等に立ち向かうことができるのであろうか、これがランギィの憂慮したことであった。

しかし彼の不安は、会談後半の第一日目に解消された。アトリーもベヴィンもそれまでの会談の経緯を完全に理解しており、怯むことはなかった。大戦はヒットラーのポーランド侵攻で始まっており、ポーランドの戦後処理はイギリス国民にとって大きな関心事であった。ソ連外交は本題に関係のない論点、外交用語でいう「赤ニシンの罠」を仕掛け、議論を混乱させるのに巧みであった。議論が好きなチャーチルは時にこの罠に思わず深入りしたが、ベヴィンには効かなかった。会談ではアトリーの右にベヴィン、左に通訳のランギィが座ったが、ベヴィンは巨体をアトリーの方に乗り出し、ランギィに言った。「労働党では白は白、黒は黒とはっきり言うと、奴らに伝えてくれ」。ベヴィンは英語の慣用句「鋤《スペード》は鋤《スペード》と呼ぶ」を使ったが、ランギィはロシア語でいう牧草を刈る大鎌の語を用いて訳した。二日目には二人は、ソ連が設立するポーランド政権の代表ビエルートに向かって、自由な選挙と言論、集会、結社の自由を力説した。

ポツダム会談の前半第一日の夜、アメリカ代表は英ソの代表に、アメリカが原子爆弾の実験に成功したことを通告している。スターリンはその夜直ちにソ連でも原爆の研究開発を急ぎ行うように指令した。日本の読者には関心のあることと思うが、会談の半ばでは、日本に無条件降伏を勧告したポツダム宣言が発せられている。日本政府はこれを「笑殺」したが、ソ連が対日戦に参戦する八月八日に前後して、広島と長崎に原子爆弾が投下され、日本は一四日に降伏する。日本を降伏させたのはソ連の参戦ではなくてアメリカの原爆であることを世界に示し、同時に米ソ冷戦の始まりを告げたのであった。

さらに先まで話を進めておくと、対日戦終了の一週間後、トルーマンはレンド・リースの終結を宣言する文書に事前にイギリスに告げることもなく署名するであろう。武器貸与を約束したレンド・リースを終結すれば、イギリスは巨額の返済を迫られることになり、戦後経済の再建のためにはアメリカに新たな借款を要請せざるを得なくなるであろう。他方で原子爆弾の出現は、従来のイギリスの安全保障政策の構想を完全に覆していた。こうしてアトリー政権は成立早々に、原子力の国際管理を求める働きかけを、アメリカへの借款の要請と同時に進めねばならなくなったのである。

組閣

それはともかく、ポツダム会談は八月二日に終わった。戦後処理の問題はまだ端緒についたばかりであったが、イギリスの新政権はソ連にたいして宥和的になるのではないかという予想はまったく当たっていなかった。ベヴィンは、「イギリスは他の国にこづき回されたりはしない」と記者団に語った。トルーマンはアトリーが世界政治を「深く理解している」のに感銘を受けた。会談中には、トルーマンとアトリーはピアノの前に座って、二人がともに第一次大戦で聞いた兵士たちのいささか卑猥な歌を一緒に歌ったこともあった。最後の晩餐では、アトリーがスターリン元帥の会談主催の労に感謝する決議を提案した。

1945年8月、アトリー労働党内閣が成立。前列向かって左からアディソン、ジョウィット、クリップス、グリーンウッド、ベヴィン、アトリー、モリソン、ドールトン、アレクサンダー、イード、ウィルキンソン。後列向かって左からベヴァン、アイザックス、ベン、ホール、ペシック・ローレンス、ローソン、ウェストウッド、シンウェル、ウイリアムズ（写真提供：Hulton-Deutsch Collection/CORBIS/ゲッティ/共同通信イメージズ）

翌三日の朝、スタンモアの自宅で起きたアトリーは、その夜からはダウニング街一〇番地の首相官邸で過ごすことになる。午前中に国王への会談の報告を終え、正午に再び参内して、まだ任命していなかった閣僚の名簿を提出した。チャーチルの家財の引っ越しが済んでいない中、官邸で幕僚長たちとの最初の会議を終えた。アトリーの長男は輸送船に乗り組んでいたが、三人の娘たちも一家の犬と猫とともに移ってきた。新しい内閣官房も官邸で執務を始めた。

二〇人の新閣僚のうち、イートン校出身者は蔵相ドールトンとインド相のペシック・ローレンスだけで、先のチャーチル内閣の閣僚一〇人がイートン校出身であったのにたいして、大きな変化であった。ベヴィン、モリソン、ドールトン、クリップスを筆頭に閣僚のほとんどすべてが、アトリーと同じ世代に属していた。平均年齢では先の二つのチャーチル政権の閣僚よりも高齢であった。ほとんどすべてが、戦時内閣での閣僚経験があった。

しかしもっとも大きな議論を招いたのは、それまでアトリー攻撃の先頭に立ってきたベヴァンが最年少の四八歳で、保健・住宅相に抜擢されたことであった。アトリーはベヴァンを面談に招いて、「私は君とは白紙の状態で始める……君は一番に若い閣僚だから、できるだけ多く学ぶとよい」と告げた。アトリーは、ベヴァンが反抗的で鋭い論客であるだけでなく、「柔軟な利害の調節者」だと信じていた。イギリス最大の利益団体、イギリス医師会を向こうに回して医療の国有化を進めるのに適していると思っていた。

組閣から数日後、ラスキが首相との面談を求めて、駐米大使に任命してほしいと願い出た。ここでもアトリーは既往にはまったく触れなかった。かつて、ラスキが本格的に「アトリーには戦略がない」という攻撃を開始したのにたいして、アトリーは次のような手紙をラスキに送っていた。「私は戦争についてはかなりの経験があるが、突撃ラッパを吹きならして正面攻撃をかけるのは、兵士を勇気付けるであろうが、敵陣を落とす最善の方法ではない」。ラスキは「政治学の教授だが、政治というものはあまりわかっていない」というのが、アトリーの数少ないラスキ評であった。労働党の大勝を受けてラスキはアメリカのニューヨーク・タイムズ紙に「イギリスの同意による革命」を称え、アメリカもまた「イギリスの社会主義への転向の例に倣う」よう説いた文章を盛んに書いていたが、アメリカ議会の共和党筋には、アメリカのイギリスへの援助は、社会主義への援助ではないという意見が強く、孤立主義への復帰の気配も強くなりつつあった。借款交渉を控えているイギリスにとって、ラスキ駐米大使は適切な人選とは思えず、アトリーはラスキの既往には触れなかったものの、駐米大使に任命することもしなかった。

終戦と財政危機

一九四五年八月一四日、日本の降伏が（八時間の時差の遅れで）ロンドンに伝えられた。首相はラジオで発表して、「くつろげる人は皆、くつろぐように」と放送した。イギリスの第二次大戦の大部分を指導したチャーチルには祝辞を送った。五月のドイツの降伏の時と同じく、民衆はピカディリー・サーカスとトラファルガー広場に繰り出し、兵士たちとパジャマ姿の娘たちが腕を組んで歩き、一部の人々はバッキンガム宮殿に向かって、王室一家の顔が見たいと叫んだ。街頭には祝いの気分が流れていたが、しかしこの時点の政府内には危機感が走っていた。八月一三日に、イギリスの極めて深刻な財政危機、「金融のダンケルク」を予告するケインズの文書が配布されていたのである。国はまだ戦時経済を続けていたが、軍事支出のために破産状態にあった。国民の日々の食糧さえも供給困難な状態にあった。「戦時に背負った地球規模の責任から、突如として屈辱的な撤退を迫られていた」のである。アトリーはこの報告の詳細と、それについての閣議の審議を、「極秘事項」とするよう命じた。

ほとんど同時に、原子爆弾の威力と、広島、長崎の被害状況についての情報が入ってきた。爆弾はパラシュートとともに投下され、地上一六〇〇〜一九〇〇フィートの高度で爆発、閃光と白い円状の雲を作り出し、ほどなくして「黒い雨」を降らせ、火災を起こした。軽い火傷を負っただけと思われた人も、その後苦しみながら死んだ。あまり詳しくはなかったが、それまでイギリスの安全保障の構想とされてきたものをすべて「無効にする」だけの衝撃を与える情報であった。アトリーは、この新兵器の出現の意味について直ちに長文の覚書をしたためた。

ドイツ軍の空襲の経験から、戦後のイギリスの産業地帯は全国に散在させる計画があったが、それも数発の新爆弾で破壊されるであろう。第一次大戦では毒ガス兵器は禁止されていたが、それでも使用された。第二次大戦では、アトリー自身がドイツ軍のイギリス本土上陸にたいして使用する毒ガスの準備に責任を負う閣僚であった。新兵器にたいする対抗手段は「抑止」であった。「ロンドンとコヴェントリーの空襲にたいするイギリスの応答は、ベルリンとマクデブルクにたいする空襲であった。すべてはゲルニカに始まっていた」。原子爆弾にたいする抑止は、イギリス自身が原子爆弾を持つことでなければならない。

ついでに指摘しておくと、ドイツ軍は戦争の末期にロケット爆弾でロンドンはじめイギリスの都市を攻撃し、数千人の市民が殺された。だが、彼の覚書ではロケット兵器については言及されていない。また英米にカナダも加えた連合国側の原爆開発は、ドイツにたいする抑止を目的にしていたが、実際に日本にたいして使用されたのは抑止が目的ではなかった。

開戦前のアトリーが、国際連盟による集団安全保障に最後まで希望をつないでいたことはすでに述べたが、彼は当然、戦後には国際連合による原子力管理を望んでいた。しかしそれには二つの難点があった。一つはソ連が「軍事力と策謀による世界革命を断念し」、進んで原子力開発の工程にたいする国際査察を受諾するかどうかであった。もう一つは、アメリカが原子力関係の情報をそれまでのようにイギリス、カナダと共有するのに同意するかどうかであった。いずれも難問であった。

対日戦終了から一週間後、トルーマン大統領はレンド・リースの停止を決定する文書に署名した。イギリス側はアジアでの戦争が終わればレンド・リースも終わることは知っていたが、イギリスに事前の通知はなかった。ロンドンのアメリカ大使館でレンド・リースの事務を担当する者にも知らされていなかった。しかしアトリーはトルーマンを非難しなかった。非難しても無駄だったであろう。後で知らされたところでは、それがイギリス人にとって何を意味しているか、トルーマンは知らなかった。通常の手続きだと思っていたのだ。もし彼にすべてが知らされていたら、「彼は議会に行って借款の継続を要請していたことであろう。しかし彼らは、法律の文面通りに行動したのだ」と、アトリーは回想している。

八月二三日、アトリー首相、副首相のモリソン、外相ベヴィン、蔵相ドールトン、商務相クリップス、それにインド相ペシック・ローレンスと駐米大使ハリファックスが同席して、アメリカとの交渉の方針を審議した。ケインズ卿（一九四二年に男爵に叙せられていた）は、財務省に一室を与えられていただけで役職にはついていなかったが、彼がアメリカとの交渉に当たることになった。アメリカにたいしてイギリス側が統一戦線を作っていることを示すために、アトリーがチャーチルに協力を要請することも決定された。ケインズは五〇億ドルの借款を要請することになり、彼自身は楽観的であった。

翌二四日、アトリーは下院にハリファックスとケインズが交渉に当たることを報告するとともに、交渉締結までは議論を控えることを提案し、チャーチル自身が同意を表明した。他方で下院に行く前にトルーマンに電話して、もし交渉が成功しなければ、イギリス政府はすべての輸入物資をドル通貨圏の外から買わねばならなくなるであろう、また食糧、衣服、タバコ、贅沢品の輸入を厳しく削減して、全面的な輸出振興を図らねばならなくなるであろうと告げた。イギリス政府は戦時中のブレトン・ウッズ会議で約束した、いわゆるスターリング圏、すなわちポンド通貨で緩く結ばれている英連邦諸国をドルに開放するという協定を維持できなくなるであろうとも告げていた。現実の交渉の過程では、アメリカ側はポンドとドルの交換制と、帝国特恵関税領域内の市場のドルへの開放を借款の条件として要求したから、アトリーの電話通告は交渉の基本条件を設定していたことになるであろう。アメリカは自由な世界貿易を外国にたいして要求していたが、自国市場は関税で保護できる状態にしていた。これは明らかに不平等であったが、イギリスは戦後の現実として承認せざるを得なかった。

八月の末、アトリーは兄トムへの私信で、政権最初の数週間は「まったくきつかった」と告白していたが、幸いに議会は夏休みの休会に入って一息つくことができた。新聞と世論は、新政権の出方を待って、いわゆる「蜜月期間」の静観を続けていた。しかし「間もなく、嵐は来るに違いない」。

2 帝国の終焉

パレスチナ問題と対米関係

レンド・リースに次いで緊急を要したのは、今も国外にいる二〇〇万人以上の兵士たちの動員解除であった。家族は夫や息子との再会を待ち望んでいたから、その感情を無視できなかった。トリビューン誌は、この問題についてアトリーの放送には「温かさがない」と非難した。もっと深刻なことに、除隊兵士に平服と配給通帳、食と住宅を確保するには除隊を遅らせるのが責任のある政策であるというベヴィンの説得を押し切って、九月の全国労働組合会議は除隊を早めることを決議した。政府の軍医の除隊を優先するという方針には、年齢と兵役期間の長さだけを基準に除隊の順序を決めるという原則に反しているとして、陸相ローソンが抗議辞職しかねなかった。アトリーは、二〇年以上前、ともに陸軍省で働いた旧友を説得しなければならなかった。また、イギリスの豪華客船、クイーン・エリザベス、クイーン・メアリ、アキタニアの三隻が、アメリカ兵士の帰国に使われていたことが、英米間の問題になった。一〇月三日には、アトリーは直接トルーマン大統領に訴えかけた。「きわめて率直に言うが、わが国最大の客船がイギリス兵士よりも勤務期間が短いGI〔アメリカ軍兵士の俗称〕の帰国に使われているのは、イギリス国民にたいして正当ではない」。船は帰ってきた。

九月には、英米関係、さらにはアトリーとトルーマンの関係に一層の緊張を強いる事件が勃発している。東ヨーロッパのユダヤ人収容所で何が起こったかが明らかになるにつれて、アメリカではユダヤ人にたいする同情の嵐が募りつつあった。パレスチナにユダヤ人の国を建設しようとするシオン主義の運動は、議会への強力な働きかけを展開していた。大統領再選を望んでいたトルーマンは、ユダヤ人票を計算して彼らの最大の支持者という姿勢を打ち出そうとしていた。他方イギリスでは、労働党の左翼はかねてからシオン主義を支持していた。

イギリスは一九二二年に国際連盟から、パレスチナの委任統治の権限を与えられていた。それにはパレスチナの治安を維持するという責任が伴っていた。外務省は伝統的にいわゆる親アラブの政策、アラブ人を敵に回さないという方針に立ち、三九年の政府白書では、パレスチナに移住を希望するユダヤ人には一年間に一万五〇〇〇人に限って許可証を発行することを定めていた。ユダヤ人が洪水のように入り込めば、たちまちアラブ人は土地を奪われ、ユダヤ人とアラブ人の間に激烈な紛争が生じることは誰にも予想できることだったからである。

アトリーとベヴィンは、初めはこの移住制限の数を守るつもりでいた。しかし九月一四日、アトリーはトルーマンが先の政府白書の方針に異を唱え、一〇万人のユダヤ人に移住許可証を発行するよう要求する計画でいることを知り、直ちにトルーマンに親書を送った。「そのような行動は、必ずやわれわれ二国間の関係に重大な害を及ぼすであろう」。また「全中東地域を燃え上がらせるであろう」。今日では中東のアラブ人は各地でそれぞれに国家を形成し、時には激しく対立しており、「全中東地域が燃え上がる」という表現は、誇張が過ぎるように思えるかもしれない。しかし大戦後第一世代のムスリムは、独立国家よりもムスリムの帝国、いわば一九二二年に消滅したオスマン帝国の復活を熱望していた。北アフリカのムスリムもそれを望んでいた。さらに言えばインド亜大陸のイギリス領インド帝国（まだインド、パキスタン、ビルマ、バングラデシュに分裂していない）の九二〇〇万人のムスリムも、ムスリムの世界的な願望が無視されたことに反発して「たちまち燃え上がり」、アトリーのインド独立への構想にも大きな影響を及ぼすであろう。

イギリスは戦前の大帝国の遺産を抱えながら、戦争で国力を使い果たし、それを現実的に処理する能力を失っていた。それにたいして新興の世界帝国アメリカは、自身の手による世界秩序の実現に着手しようとしていた。アトリーの親書にたいするトルーマンの回答は「われわれにも政治的に困難なさまざまな諸問題がある」とそっけなく述べただけで、一〇万人の移住許可証については態度を変えなかった。

パレスチナ問題は、アトリーの抱いていたもっと重大な構想、原子力の国際管理という問題を難しくしていた。彼はいわば本能的に、原子力を新しい国際連合の管理下に置くことを考えていた。これに成功しなければ、国際連合も過去の国際連盟と同じく失望に終わるであろう。彼は九月二五日、トルーマンに宛て、核兵器の国際管理の重要性を強調する親書を送った。世界の終末を予想するかのような黙示録的な語調で、「成層圏を航行する飛行機から大都市に投下される原子爆弾」の脅威について語った。これは、彼が日本の降伏直後に書いた先の覚書の延長であった。そして今やイギリスとアメリカは「世界政治を新たに見直し、われわれが国家的利益と呼んでいるものの新しい評価を明らかにする責任を負わされている」と書いた。

たまたまアメリカの国務長官バーンズがロンドンでの五か国外相会議のために訪英していたから、アトリーは彼自身もトルーマン大統領と会談したいと告げている。この五か国外相会議には、英米ソの外相の他にフランスと中国国民党政権の外相も出席していたが、ソ連のモロトフ外相が、折から中国共産党と内戦寸前の状態にあった中国を除外することを要求していたのである。先の書簡と同じ九月二五日、アトリーはスターリン宛てに、この中国除外の要求は「私の理解しているポツダム会談の精神と意図に反している」と書き送った。

アトリーは、トルーマンへの書簡を閣僚たちにも配布し、またチャーチルにも送った。もともと英米関係は、チャーチルとルーズヴェルトとの関係で成立していたからである。チャーチルの意見は、アトリーの書簡は英米は「誠実に行動しよう」という要請にとどまっており、アトリーが原子爆弾の情報を国際連合で、あるいは三大国の一つであるソ連と共有しようと意図しているなら、アメリカは拒否して当然であるとするものであった。そしてもっと端的に、彼とルーズヴェルトとの関係は、軍事的な同盟関係にある二国間の「紳士協定」にもとづく「特別な関係」であったと指摘した。

この「特別な関係」という表現は、その後イギリスではアメリカに協力する、あるいは従属することの根拠を指す言葉として使われることになるであろう。チャーチルは、もしイギリス側が「この点を評価せずに……〔英米関係を〕信仰にも似た空虚な言葉に解消しようというなら、大いに残念な結果になるだろう」と書いた。さらに、イギリスとカナダの科学者も参加してアメリカが世界に先駆けて原子爆弾の製造に成功したことの有利さがあるにもかかわらず、国際交渉で時間の無駄使いをすれば、みすみすソ連に追いつかれることになるであろうと指摘した。アトリーが国際管理に固執するのは誤りであるというのである。

チャーチルの返書は、アトリーの国際連合にたいする思い入れに冷や水を浴びせたが、アトリーは態度を変えなかった。閣僚の多くが、まだソ連との協力に希望をつないでいたからである。他方で彼は、先のチャーチルの連立政権で「国内戦線の首相格」であった保守党系のジョン・アンダーソンを新設のイギリス原子力諮問委員会の議長として、政権に参加させていた。アンダーソンが、原子力問題をめぐる英米関係についての経験を積んでいたからである。彼はアトリーとともに英米会談に参加することになっていた。明らかに原子力関係については、アトリーの立場はかなり大きく変化していた。彼は依然としてトルーマンが国際連合を「生きた組織」として活用するのを望んでいたが、彼がワシントン訪問のために準備した覚書では、イギリスはアメリカよりもはるかにヨーロッパ大陸に近く、また人口密度が高いため、それだけ自衛のために原子爆弾を備えなければならないとしていた。

他方、アメリカからの借款の問題について閣議の同意を得るのは、原爆問題の場合よりも一層困難であった。ケインズはカナダからの分と合わせて五〇億ドルの借款は得たが、それには多くの条件が付けられていた。一つに、イギリスはポンドの国際市場での価格で金利を払わねばならず、返済は二一世紀初めのブレア政権まで続くことになるであろう。二つに、イギリスは、ブレトン・ウッズ会議で帝国特恵関税を段階的に解消し、同時にイギリスからの輸出は関税で保護しないことを約束していた。三つにイギリスは、アメリカ議会による借款協定への承認が得られてから一二か月後に、ドル・ポンドの交換制を導入することになっていた。これはおそらくもっとも危険な条件であった。交換制導入までにイギリス経済が安定していなければ、ポンドの暴落が生じかねなかった。

一一月六日の閣議では、ベヴァンがこれはアメリカがイギリス経済を弱体化させ、自国経済の優位を確保しようとする意図的な企みであるとして、首相に調印を拒否するよう提案している。イギリスの貿易収支の赤字とそれに伴うポンドの価値の低下は、それからの三〇年間、労働党内の内紛の新しい原因になった。外相ベヴィンが、自分としては先のような条件が付いていない協定を望んでいるが、ケインズの協定は今のところ最善であろうとして弁護した。初めてのことではないが、アトリーはベヴィンの弁護を受けて、彼自身の態度を表明しないで済んだ。

アメリカ訪問

一九四五年一一月一〇日、イギリス代表団を乗せた飛行機はワシントン郊外のダレス空港に着き、ハリファックス大使に迎えられて、アトリーはホワイト・ハウスに泊まった。カナダのマッケンジー・キング首相も会談に同席することになっていた。恒例のポトマック河畔での夕食会があり、翌朝、第一次大戦の休戦記念日には、大統領と首相はアーリントン国立墓地に詣でた。一三日には、アトリーがアメリカ上下両院の合同会議で演説することになっていた。そのすべてが、五〇億ドルの借款を得たイギリス労働党政権が責任のある政権として行動し、英米の協力関係を保証するための外交的な行事であった。

アトリーは上下両院の議員の多くが四年前、日本の真珠湾攻撃の数週間後の同じ合同会議で、チャーチルの演説に出席したことを強く意識していた。この時チャーチルは冒頭、「もし私の父がアメリカ人で母がイギリス人であったならば、本当はその逆なのだが、私は皆さんとともに議席に座っていたかもしれない」と語って聴衆を和ませた。共通の大義のために立ち上がったアメリカ合衆国の代表者たちに語り掛ける「血統の権利を有している」とチャーチルは感じていた。演説は長い拍手を受けた。それにたいしてアトリーは、英米の政府の統治の仕方には明確な違いがあることを最初に語った。

「われわれが国有化計画、普通の人に生活の安定を与える広範で全面的な社会保障に乗り出すのを、諸君は見られるであろう。われわれは計画経済を作り出しているが、おそらく諸君はもっと個人主義的な方法を続けられるであろう。しかし……」と、彼は続けた。「労働党の運動は英米共通の伝統に根差した「自由を愛する運動」であり、われわれ労働党員は、マグナカルタ、ヘビアス・コーパス（人身保護令）のために戦った人々、最初にアメリカに渡ってきた巡礼の父たち、独立宣言に署名した人々と同じ列に並んでいる……われわれの共通のものは多い、われわれはミルトンとシェイクスピア、バークと大ピット、リンカーンとジェファソンの言葉を有している」。

アトリーはパレスチナ問題については触れなかった。彼がチャーチルに賛辞を述べた時には大きな拍手があったが、おそらくそれに次ぐ大きな拍手は、彼が原子爆弾の管理は国際連合に手渡すべきだと述べた時であった。アトリー自身が国際主義からイギリスの戦略的利益に後退し始めた時のこの拍手はいささか皮肉であった。この演説について賛否こもごもの批評を聞いた後年のアトリーはこう述懐している。「批判するものは大いに叫ぶであろう。われわれはことを処理しなければならなかったのだ」。

チャーチルとの対決

アメリカからの借款の交渉が続いている間、チャーチルはアトリーの要請に応じて借款の議論を手控えていた。労働党が総選挙で打ち出した公約については、「適切に実施されるならば」支持すると発言していたし、外国の要人と会見した時には、労働党の計画に特に警戒する必要はないと語っていた。しかしアトリーがアメリカから帰国すると、彼と保守党は態度を一変させた。一二月六日には政権にたいする非難決議を提出し、チャーチルは、政府は食糧、住居、職など国民の切実な要求を無視して、「長期的な国有化計画という社会主義理論の実施に専念しようとしている」と非難した。さらには「アトリー氏は許されるとしても、モリソン氏やベヴァン氏の勝ち誇った様子に挑発されて、黙ってはいられなくなったのだ」と語った。

アトリーが立って、あらぬ非難を浴びせられたのを嘆くかのような物静かな口調で、この日の対決の責任を保守党に負わせた。「私は、名誉ある議員〔チャーチル〕が選挙戦の冒頭で行った放送を忘れていないし、この国の人民も忘れてはいないだろう」。それは先の首相と新首相との、公の場での最初の対決であった。しかし政策については、下院で一四六議席差という絶対多数を握っている政権には、譲歩する必要はまったくなかった。海外の兵士たちの除隊が遅いという非難には、世界各地の要所に十分な兵力を配置する外交政策上の必要はないと思っているのかと反論した。イギリスの主要産業の頭上にはハゲタカが舞っているという恐怖の絵をチャーチルが描いたのにたいしては、「尊敬する議員はハゲタカについてよくご承知に違いないと思うが、ハゲタカは腐った死肉を喰らう。われわれすべてにとって幸いなことに、ハゲタカは議員を食わない。生きておられるからである。しかし議員は、わが国の基礎産業はハゲタ力を招くまでに腐っているのだと信じておられるのか」と、応酬した。

真の問題は、保守党はもはや政権についてはいないという事態に対応できないでいることであった。旧約聖書ヨブ記の一節、「確かに汝らからは知恵が去った」という趣旨の一句を引いた締めくくりは痛烈であった。与党席からは、首相への歓声が何度も沸いた。挑発の名人チャーチルにたいして、アトリーは珍しく鮮やかな挑発で切り返したのである。

首相の演説は、新聞各紙で好評であった。一貫してチャーチルびいきのビーヴァーブルックの新聞デイリー・エクスプレス紙が数日後に発表した世論調査では、五九%が政府を支持し、特に首相については六七%が支持、首相に不満な人は二一%であった。それからの六年間、首相アトリーと野党指導者チャーチルは何度も議場で対決するが、しかしこの日の演説のように、アトリーにしては珍しい、華やかな比喩と表現でチャーチルと保守党を愚弄した演説はむしろ例外であった。

新内閣と閣僚たち

先に触れたように、戦前二度の労働党政権で党首マクドナルドが閣僚はもっぱら党内右派から選び、閣僚にたいしては蔵相スノウデンとともに細々した指示で縛ったのは、アトリーにとっていわば反面教師であった。一九三五年に下院の指導者に選ばれたアトリーにとって、理想的な指導者の在り方は「委員会の議長」のようにふるまうことであった。首相になってからは

「よき閣議の議長」になることであった。そして閣僚がそれぞれ与えられた任務を十分に理解したことを確かめると、その後は自由に、存分に腕を振るわせた。

閣僚は、閣議の席で省庁から配布されている文書を読むのは禁じられた。事前に勉強しておくべきであるというのである。ある閣僚は国有化の「提案」についての審議を提案したが、首相は国有化はすでに決定されているとして審議を断った。彼にとって、閣議は審議の場ではなく、「行動」の場であった。「成績」のよくない政務次官は容赦なく更迭した。モリソンが言ったように、首相はいわば「校長先生」のようであった。

エレン・ウィルキンソンは新政権のただ一人の女性閣僚であったが、彼女は戦前にはアトリーとともにスペイン内戦の戦場を訪れた左派議員であり、戦時にはベヴァンとともに活発に政府を批判していた。しかし彼女は、短く終わった文相の時期に（一九四七年に、喘息薬と不眠のための睡眠剤の服用を誤って死んだ）、身近で見たアトリーにたいする評価を改めている。

彼女は、戦時中に保守党の文相バトラーが起草した教育法の施行のために活動していた。この教育法は無料の義務教育の年齢を一九四七年四月までに一五歳に、やがては一六歳にまで延長させ、中等教育を大学進学、普通教育、職業教育の三つの進路に整理することを定めていた。しかし、一つには戦後の財政窮乏のために、もう一つには、保健・住宅相のベヴァンが住宅建設のための資材と労働力が学校建設に回されるのに反対していたために、実施は難しくなっているように見えた。副首相のモリソンと商務相のクリップスも、四七年四月までに新しい校舎を作ることに反対していた。

一九四七年一月、ウィルキンソンは彼女が死ぬ三週間前の閣議の席で、新学校の開設の延期に反対して熱弁をふるった。経済が困難になると最初に犠牲になるのは教育であり、「延期によって最大の被害を受けるのは、まさに戦争によって教育の深刻な中断を強いられてきた労働者階級の子供たちである」。ベヴァンは説得された。首相はモリソンとクリップスを抑えて、しっかりと文相の側についた。

アトリーはまだ戦時中の四五年二月に、「私自身は階級の壁を倒し、国民の統一を維持するような教育制度を支持する」と語っていた。他方でパブリック・スクールの存続を支持し、「しかし同時に多様性を支持し、伝統の廃止と、すべてを灰色の画一性にならすのにも全面的に反対する」とも語っていた。ちなみにこの新教育制度で教育を受けた人々は（私が六〇年代初めに留学した時に同年配であった）、自分たちの受けた教育について語る時に、決まって運動場一杯に仮設の教室が建っていたことを話してくれた。

彼女が議場で法案を守って奮闘していた時、フロントベンチに座っている閣僚たちの口伝えで、「よい言い回し」や「パンチのきいた表現」がよく送られてきた。「議員なら誰しも自分で使うのにとっておくもの」を、彼は惜しみなく部下に送った。それは「心の温まることであった」と、彼女は回想していた。

ウィルキンソンに輪をかけて反抗的であったベヴァンを、何故、政権の最重要公約である保健・住宅の担当相に任命したのかと、アトリーはしばしば尋ねられた。答えは決まって「彼が有能だったから」であった。ベヴァンはイギリス医師会と粘り強い交渉を重ねて、一九四五年一〇月には彼の国営医療サーヴィスの構想を議会に発表するまでにこぎつけた。アトリーは閣僚の人事については、「与えられた仕事を着実にこなせる人」――その多くは労働組合出身の閣僚であった――と並んで、「抜群に有能な人」も必要であると考えており、ベヴァンは後者の部類の一人であった。アトリーは兄トムに「彼は内閣で最高によくできた閣僚である」と書き送っていた。新聞紙上で彼が首相より大きく脚光を浴びても、一向に気にかけた様子はなかった。

医師は家庭医と病院医に分かれ、国民はすべて地元か職場の家庭医にまず診療を受け、専門の治療が必要なら病院に送られる。医療の対象は妊娠から出産までも含んでおり、乳幼児には粉ミルク、肝油、オレンジ・ジュース、さらに大人向けにはコンドームまで（最近では避妊用のピルも）無料で支給される。歯科、眼科も国営で、義歯も眼鏡も無料であった。「イギリスの誇るべき制度を外国人に知らせる」ために、外国人もこの医療の恩恵を受けることができた。

M・フットによるアナイリン・ベヴァンの伝記では、戦後のベヴァンは戦時中よりも一層「無礼で小心」であったように描かれている（フットは、一九五一年以後、野党労働党内ではベヴァン派に属し、一九八〇年から八三年まで労働党党首であった）。ベヴァンから見ると、首相は医師会との激しい闘争に取り組んでいる自分に十分な指導権を行使せず、むしろ「まるで無縁で無関心のようであった」。しかし同時に「政府の業務に初めてついたベヴァンは、彼自身の計画を自由に作らせてくれた」ことに驚き、また感謝していた。それでもベヴァンがアトリーにたいして「無礼で小心」であったのは、ベヴァンが身近に首相に接し、首相の中流上層的で紳士的な態度に階級的な反発を感じたからのようであった。彼の法案を首相はクリケットの比喩を使って「守りが固い」と称賛したが、この比喩は一三歳から炭鉱で働き、クリケットとはまったく無縁な短い学校生活しか経験していないベヴァンを激怒させた。国王の晩餐会に閣僚とその夫人たちが招待を受けた時、アトリー夫妻はベヴァンと妻のジェニーにドレス・コード通りの正装をさせようとしたが、二人は反抗し、平服で通したのは有名な逸話として残っている。

国有化の進展

戦後の財政危機が一時回避されると、社会保障と並んで主要産業の国有化が最重要の課題となったが、ここでは時間の順序に従ってまず国有化について先に述べておく。国有化案は一九三七年の労働党の計画に取り込まれた。その草案はドールトンが起草したが、彼自身はアトリーから大きな援助を受けたことを日記に記している。最初に国有化されるのは中央銀行であるイングランド銀行であったが、戦時中のイングランド銀行は事実上、財務省の統制下にあったから、むしろ消極的な意味しか持っていなかった。それでもトリビューン誌から見れば、イギリスの時代錯誤の遺物の国有化は、象徴的な施策として重要であった。アトリー自身は議会での激しい論戦を予想していたが、法案は簡単に議会を通過した。この問題についての「喧嘩と苦労があったことを思うと、奇妙なことであった」と、兄トムに打ち明けている。

一九四五〜四六年の会期を通じて、政府はイングランド銀行に続いて電気、ガス、民間航空、無線と有線の通信、道路と鉄道を国有化し、四七年には炭鉱が国有化された。鉄と鉄鋼の国有化には複雑な問題が絡んでおり、アトリー政権の後半に持ち越される。炭鉱の国有化は二六年のゼネスト以前にさかのぼる象徴的な事例であるが、労働条件と賃金体系が炭鉱によって多様であったから、厄介な問題であった。しかしイングランド銀行と同じように炭鉱は最重要の動力源として戦時中は政府の統制下にあったから、国有化は「難しくなかった」。炭鉱夫組合はもちろん炭鉱国有化を支持していた。鉄と鉄鋼の国有化がそれに反して論争の的になったのは、鉄鋼業が同時に自動車生産にまたがっていたりして、複雑な事情が絡んでいたからである。鉄道の国有化は難しくはなかったが、道路運送業については商品の流通と生産とが複雑に絡んでいるために容易ではなかった。

他方で信用と資本の国有化は、アトリーが言うには「たんなる国有化のための国有化ではなく、われわれが予想している経済政策の問題であった」。イギリスは一九世紀半ばに穀物法を廃止し、保護貿易から自由貿易に移行した。原料と食糧はもっぱら輸入に頼りながら、輸出貿易によって経済の均衡を維持し、広大な世界市場を築いてきた。戦時中は戦争遂行を至上の目的にして、政府の権力によって経済を計画化してきたが、平時経済への移行とともに経済のさまざまな分野は急速に自由化した。自由な経済の上に計画経済を築き、国際収支と国内消費を、インフレを警戒しつつ、均衡させていかねばならない。アトリー政権においては、経済再建の過程でクリップスの権限が次第に強化され、ついには経済全般を監督するまでになるが、クリップスが亡くなる一九五二年までに、この目標は一応実現されるであろう。

国有化は、このように大きな目標を目指して進められた。さまざまな分野での国有化を統括するために首相官邸に入った経済学者D・ジェイ（その後一九六四年のウィルソン労働党政権に商務相として入閣する）は、官邸に入ったばかりの時は、首相は「政府の権力を手にした……軍の将軍のように、戦場で思うがままに兵士を動かしている」と想像していたが、間もなく、首相はそれどころか「追い詰められた動物や、岸壁にしがみついて登りも下りもできずにいるロック・クライマー」のように、経済の変動に何とか対応していることに気付いた。やがて彼は、アトリーが平然と政府の梃子を動かしているのに感服するようになった。このような困難な状態でこれだけのことが短期間に達成されたのは、むしろ驚くべきことであった。

国有化には大きな期待が寄せられていたが、その結果は多くの人々を失望させた。一九六〇年代のニュー・レフト運動の論客R・ウィリアムズ（後にケムブリッジ大学演劇学教授）によれば、彼の父は鉄道労働者であり、「彼は一貫して国有化を支持してきたが、半年もたたないうちに苦々しい反感を持つようになった。彼には重役会議が別の重役会議に代わっただけのように思えた。〔労働者にたいする〕直接の労働規律はかえって厳しくなった。以前は現場の監督者は一人であったのに二人になった」。アトリーは、労働環境や文化を変革するには、国有化では限界があることを知っていた。彼の後の述懐では、「われわれは労使間の共同の合議の習慣などといったものを確立するのに懸命であったが、大した成功を収められなかった」、「管理体制にたいする古くからの反対感情が強く残っていて、一部の人は率直に、管理はわれわれの仕事ではないと言っていた」。

第一次大戦から復員した時期のアトリーは、モリスの影響を強く受けて、労働者はそれぞれ自分の作ったものに愛着を感じ、自分の労働環境を自ら支配したいと望んでいるに違いないと考えていた。また労働党史と社会主義の専門家G・D・H・コール（後のオックスフォード大学社会理論教授）が唱えていたギルド社会主義の理論についても批判的に考察していた。この理論は労働の単位を小グループにすれば、労働者は中世のギルドの成員のように労働の自己管理と労働の充実感を得られるだろうと主張していた。現実に、楽器や陶磁器を作る小さな協同組合工場には成功した事例もある。しかし現在の大規模生産の過程は極めて高度に分業化しており、労働者は原料から完成品までの全工程を見渡して自らの労働に充足感を感じることは不可能であろう。さらに小グループで働くからといって、労働で自己解放感が得られるものではない。小グループは、例えば共産党の細胞のように、かえって抑圧的にもなるであろう。アトリーは、一日一二時間以上の労働強化を強いていた、いわゆる苦役工場制にたいする戦いを通じて、生活のための労働はしょせんは苦役であり、人間の自己充足感は余暇の中にしかないと感じていた。今日ようやく唱えられるようになった労働と生活のバランス理論に至るまでの道はまだ遠かったのである。

社会保障関連法案

アトリーは国有化計画をはじめとする政権の重要課題を、一九四〇年にチャーチル政権と連立した時からの同僚、ベヴィン、ドールトン、モリソン、クリップスに任せきりでいたが、社会保障と福祉、そして次に述べるインド問題はむしろ自分自身の個人的な課題と考えていたようである。四六年二月二日の政府提案の社会保障関連法案の審議では、彼自身が立って法案を説明した。ジェイが起草した草案は捨てて、演説はすべて自分で書いた。法案は国民生活を全面的に包括し、国民のすべてが義務として加入することになっていた。保健相ベヴァンの下、イギリス医師会との戦いの中で骨子を整えつつあった国民健康保険もその中に組み込まれていた。労働年齢のすべての人が週給から差し引かれて拠金し、代わりに失業、疾病、傷害の時には支給を受けることになっていた。孤児、配偶者を失った寡婦と男やもめ、年金生活者にも支給があった。死者の家族には葬儀費用が支給されることになったが、これはいわば死者の福祉でもあった。

演説の初めに、首相はケア・ハーディ、ウィル・クルックス、ロイド・ジョージ、ウェッブ夫妻、ウイリアム・ベヴァリッジなど、福祉の先駆者の歴史を懐古し、さらには公平にも戦時の連立内閣でともに働いた保守党の閣僚の名も挙げた。彼らは、アトリーが二〇世紀の初め、ヘイリベリー・クラブで活動を始め、独立労働党に加入した時から、いわば同じ側で戦ってきた人々であった。ここでは、一九〇九年、当時の自由党政権でロイド・ジョージとともに党内のもっとも左翼的な急進派に属していたチャーチルが、ベヴァリッジの知恵を借りて失業保険の構想を打ち出し、失業者に職を斡旋する労働交換所を設立したことも指摘しておかねばならない。

この政府案の保険が「包括的、かつ普遍的」であるのは、一九四二年のベヴァリッジ報告に倣ったものである。アトリーはベヴァリッジに男爵位を贈ろうとしたが、ベヴァリッジは拒否し、代わりに自由党の推薦で男爵に叙されている。アトリーは後年、ベヴァリッジは己の重要性を過大に評価した、「自分を自分以上に大きく考えるのは誤りである」と回想しているが、アトリーが彼のどの点をそのように考えたのかは、明らかではない。それはともかく、この法案によって福祉は、ベヴァリッジの言う「金持ちの食卓から零れ落ちたパン屑」を恩恵として、しかも屈辱的な家計調査で選抜して与えられるものではなく、国民個々人の権利、アトリーの言う「市民としての権利」になった。国家と市民との関係が作り直され、新しい社会契約が結ばれることになるのである。これがイギリスの社会主義、イギリス版ニュー・ディールであった。

翌日のガーディアン紙は、首相の演説を「物静かで内省的、彼の最上の演説」と批評した。

拍手や歓声はほとんど起こらず、下院全体が傾聴した。ただ一度、彼にしては珍しく誇らしげに、この法案が可決されれば、労働組合のストライキ権の制限を撤廃した産業関係法と並んで、彼の政権は「成立一年にしてイギリス史上、もっとも急進的かつ改革的な政権になるであろう」と語った。彼は演説の冒頭で列挙した先駆者たちの列に自分自身が連なっていることを意識していたに違いない。それは彼の半生の輝かしい到達点であった。

「このように大きな転換は、もちろんかなり大きな財政支出を伴う。われわれにその余裕はあるのか」。演説の中で首相は自ら問いかけ、こう答えた。「その答えがノーであるとすれば、それは何を意味するか。それが現実に意味するのは、この国の国民が生み出す財やサービスの総計が、国民すべてがつつましい生活水準を手にする――病気の時も健康な時も、若い時も高齢の時も――には、不十分だということである……私はわが国の生産性がそれほど低いとも、われわれの労働意欲がそれほど乏しいとも信じられないし、国民の大部分が窮乏の運命であると世界に認めたくもない」。

こうしてアトリーは演説から数週間後、国民にたいして「繁栄のための戦い」を呼びかけることになった。雇用者も被雇用者も協力してともに生産能率を最大限に向上させようという呼びかけであった。ベヴィンが労働組合の協力を取り付けた。オブザーバー紙はこの運動について、「閣僚たちのいらだち」、「誰にたいしてももっと懸命に働けと説教する癖」を募らせていると論評した。それとともに、政権内部に最初の不服の兆候が表れることになった。

クリップス商務相の下で働く次官が、輸出の増加をあまりにも強調し、また戦時下の配給制をいつまでも持続させようとしているとして辞職した。菜食主義者で酒も飲まないクリップスが、イギリスの耐乏のシンボルとなった。一九四六年五月、対独戦の勝利を祝うダーラム炭鉱夫の祝賀会でのアトリーは耐乏への批判にいくらか受け身になったのか、「責任ある閣僚は誰も配給制を続けたいとは思っていない」と語っていた。配給制の持続を要求するクリップスと、配給制の緩和を要求するモリソンの間の対立が閣内で目立つようになった。他方で保守党系の新聞は、配給制の廃止を唱えて「主婦たちの世論の煽動」を始めていた。政権の中核を占める閣僚たちの間には疲労の色が現れ、ベヴィンをはじめ入退院を繰り返す者も現れるようになった。

帝国から連邦へ

若き日のチャーチルは、陸軍士官学校を卒業して一八九六年にインドへ派遣されると、父の後を継いで政治家として立つと決意し、同僚の将校たちが昼寝をしている間に猛烈な勢いで読書、政治家になるための独学を開始した。最初の休暇までの七か月間に父の愛読したマコーレーの『イギリス史』(全五巻、一八四八~六一年)を読破し、それと並行してギボンの『ローマ帝国衰亡史』(全六巻、一七七六~八八年)を読み進めた。一九四五年に首相に就任したアトリーが、チェッカーズの首相専用の別荘で週末の休暇に読みふけり読了したギボンの六巻は、チャーチルが別荘の書架に残したものであった。この時期、アトリーは兄トムに宛てて、「私はギボンに没頭している」と書き送っている。

ギボンの『衰亡史』は、ローマ帝国崩壊の原因を、ローマ市民の間に帝国市民としての義務感と男らしい責任感、つまりは帝国興隆の原因となった美徳が堕落したことにあったとしている。その一つの兆候は、キリスト教の普及によって平和主義が帝国市民の徳性をむしばみ、市民兵に代わって傭兵を利用するようになったことであった。その傭兵がやがてはいわゆるゲルマン諸族のローマ乱入をもたらして帝国を終わらせたというのである。首相がギボンを愛読していることが世間に知られるようになると、当然のように首相はギボンの目でイギリス領インド帝国を見ようとしていると解され、特にニューヨーク・タイムズ紙がそれを書き立てたために、ダウニング街一〇番地の新聞担当者は、それを否定する声明を発表している。

しかしJ・ビュー教授（ロンドン大学キングス・コレッジ教授）によるもっとも新しいアトリーの伝記（二〇一七年刊行、「イギリスを近代化した人物」という副題がついている）によると、インドをイギリス連邦に属する一国へ移行する構想において、ギボンと並んで、いやむしろもっと大きな影響をアトリーに与えたのは、C・D・バーンズのエッセイ「政治的理想」（一九一五年）であった。兄トムへの私信で、彼は「イギリス植民地の独立はかならずしもイギリス連邦からの決別ではない」という発想をバーンズから学んだと記している。

バーンズはロンドン大学の講師で古代史の専門家、反帝国主義の態度で知られていた。彼もまたギボンと同じく、アテネ市民が市民権の意識を失い、「自分たちにとっては賞賛すべきものであった自由と独立を支配下の他の国々には許さなかった」ことがペロポネソス戦争での敗北を招き、紀元前四〇四年のアテネ帝国（デロス同盟）の崩壊を招いたと考えていた。その傲慢さ《ヒュブリス》にたいして、運命の神から与えられた報復《ネメシス》であった。この議論は帝国問題にたいするアトリーの態度に直接連なっていた。社会保障関連法によってイギリス国民に市民的権利を与えたアトリーは、インド国民にも市民権を認めることによって、インドを独立させようとしている。

他方で一九四九年の秋には、ヨーロッパにとってもっとも差し迫った問題は、「鉄のカーテン」により、ヨーロッパが東西に分断されつつあることであった。アトリーはバーンズの遺著となった『第一のヨーロッパ、中世キリスト教世界の成立』（一九四七年）を読む。この本はユスチニアヌス帝の時代からシャルルマーニュ帝の統治にかけて、西ヨーロッパが統一されるまでの時期を扱っていた。バーンズは序文で、第二次大戦による荒廃の上に第三のヨーロッパを再建するという課題に直面している政治家に向かって、「シャルルマーニュの時代は近代民主主義の真の基盤――すべての人が社会体制から恩恵を受ける平等の権利を持ち、すべての成人がその体制を維持する平等の責任を負わされているという前提を築いた」と書いていた。

ビュー教授のアトリー伝は特異な構成になっており、各章の冒頭にそれぞれの時期のアトリーに感銘を与えた著作の抜粋が掲げられ、第一節ではそれらの文章がアトリーの感性と現実感覚を形成していく過程を描きながら、それぞれの時期のアトリーの生涯を追跡していく。それは、著者が「アトリーを真に理解しようとするならば、それぞれの時期に彼を作り上げていった精神世界を再発見しておかねばならない」と考えているからである。アトリーの文字と言葉による発言は「特に生き生きしているわけでもなく、事態を深く解明してはいない」と、著者は言う。しかし彼の読書遍歴をたどれば、彼のその時々の精神と彼の活動した空間を一層深く理解できるというのである。この手法は、彼の問題意識が市民的権利――その言葉は彼の最初の著作、ロンドン大学での教科書として書いた『ソーシャル・ワーカー』(一九二〇年)の第一章にまでさかのぼる――、インド問題、ヨーロッパ再建といった課題にまで拡張されていく過程の描写において特に効果的で、私には感動的であった。

歴史とは、過去と比較することによって現在を理解しようとする営みであるが、ここで引照されている過去は、(地域的にはヨーロッパに限られているが)紀元前五世紀からシャルルマーニュの帝国まで、深く、長い。このことは、古い文化との継続性を保ってきた文化を持つ国にはよく見られることで、さして驚くべきことではない。日本でも、少なくとも明治期までの知識人は漢籍を読み、古代中国の歴史や道徳、詩に照らして日本を理解しようとしていたが、日清戦争に勝った後は、中国の国力を軽視するようになった。また一つにはマルクス主義の影響によって、近代とは資本主義の発展であり、帝国主義とは――レーニンの『帝国主義論』の原題がいうように――「資本主義の最新の段階」であると考えられた。中国の古代以来の帝国と、大日本帝国を比較することはなかった。

本書の第一章では、一八九七年に行われたヴィクトリア女王の即位六〇周年を祝う行事が、一四歳のアトリー少年が見た、彼にとって最初の、誇らしい政治的記憶となったことを述べた。詩人キップリングはこの式典を祝って有名な「白人の責務」の詩を書いたが、この一編はこの時には発表されず、アメリカのフィリピン併合に際して刊行されて、後に大統領となるセオドア・ルーズヴェルトを狂喜させた。帝国主義の詩人と言われるキップリングはシェリーとともにアトリーが愛した詩人で、彼自身、この二人の文体を混ぜていくつもの詩を書いている。それはともかく、「白人の責務」、帝国主義支配者の責任を問うのは帝国主義を全否定することではなく、帝国主義にも責任感のある良いものと悪いものがあり、悪しきを捨て良きを拾おうという態度を示唆している。その良きものには（チャーチル流にいえば）何か「崇高」で「高貴な」ものを感じとっていることが含まれている。旧帝国領を独立させるにしても、帝国から「逃げ出す」（これもチャーチルの使った表現であった）のと、良い独立を助けるのとの間には、大きな違いがあったはずである。

私事にわたって恐縮であるが、幼少期の私は紀元二六〇〇年の祭典、あるいは南京、シンガポールの陥落を祝う行事に喜んで参加したが、敗戦後にはその記憶は、虚偽の歴史を与えられ、それを信じたという屈辱の記憶でしかない。日本の現代史は敗戦によって断絶しており、ヒットラーとスターリンによって分断されたヨーロッパ諸国の歴史記憶についても同じ断絶がある。

ついでに指摘すれば、第二次大戦では英米ソのビッグ・スリーが帝国主義国としての責務を担ったが、ソ連帝国はベルリンの壁とともに崩れ、今では中国が新しい帝国として興隆して、それぞれに帝国としての責任を問われている。

アトリー政権の外交・軍事政策

帝国の責任を論じて思わず話を先にまで進めてしまったが、一九四五〜四六年のアトリー政権の外交・軍事政策に戻ろう。連立政権を解消したばかり、総選挙の前夜の四五年五月の党の年次大会では、ベヴィンが政権の外交政策の展望を報告している。イギリスに生まれる社会主義政権は、資本主義のアメリカと共産主義のソ連との間の、「調停役」を果たすべきであるというのがその構想であった。ベヴィンが外相に就任してからも長い間、労働党内の左翼、M・フット、D・クロスマン、I・ミカードら若手議員たちは、「キープ・レフト」と名乗る派閥を形成し、このベヴィンの構想を盾にとってアトリー政権の外交政策を批判することになった。民主的社会主義のイギリスは、世界政治の中に「第三勢力」を結成していく中心にならねばならないというのが、その主張であり、ベヴィン外相が彼らの批判の標的となった。

戦争を通じてアメリカは最強の大国になり、イギリスにたいする新たな借款に同意した。四七年には、イギリスも含めたヨーロッパの再建のために、いわゆるマーシャル計画を発表するであろう。第二次大戦後のアメリカは強大な実力があるだけに、対ソ関係ではその時々に現実的に対処していこうとしていた。それにたいしてイギリスは、ソ連とは一九世紀末のロシア帝国主義との対立にまでさかのぼる対立点を抱えていた。ソ連はギリシャに共産党政権を立ててエーゲ海へ進出することを意図しており、北アフリカと東アフリカの旧イタリア植民地をソ連の保護領にしようと図っていた。ベヴィンにとって、これはスエズ運河、ペルシャの石油、さらにはインドの北部国境、彼の言葉で言えば「イギリスの喉元」にたいする脅威であった。数次の五か国外相会談におけるベヴィンとモロトフとの間の応酬は、アメリカ国務長官バーンズを驚かせるほどに激烈であった。機嫌のよい時にはベヴィンはモロトフを「立派な小店舗の番頭の息子に生まれただけにプロレタリアートを理解していない」とからかい、機嫌の悪い時には「ヒットラーに似ている」と罵った。初めてのことではないが、外相が反ソ的な発言をしてくれれば、首相はしないで済んだ。「よい犬がいれば、自分は吠えなくてもよい」。

ここでしばらく脱線して、一九世紀後半以降の英露関係について読み直しておきたい。一九世紀末、新興の産業大国としてドイツが登場し、イギリスの世界貿易の独占にたいして挑戦する。二〇世紀の初めには海軍力を急増して、イギリスに建艦競争を挑む。そして第一次大戦を迎えることになるが、イギリスにとっての直接の軍事的脅威はむしろロシアであった。チャーチルは陸軍士官学校在籍時に、起こり得る未来の大戦争を予想して、中央アジアをめぐる英露戦争について論文を書いていた。それは当時のイギリスでは世界史的な「大勝負」（グレート・ゲーム）と呼ばれていた戦争であった。そしてボーア戦争でヨーロッパから孤立したイギリスは、一九〇二年、「光栄ある孤立」の政策を捨てて、日英同盟を結ぶ。それは、イギリスにとってはもっぱら対独関係、日本にとっては対露関係を考慮して結ばれた同盟であった。ドイツ皇帝ヴィルヘルム二世とロシア皇帝ニコライ二世は、ともにイギリスのヴィクトリア女王の孫であり、互いに英語でウィリー、ニッキーと呼び交わして手紙をやり取りしており、ウィリーはニッキーに「君はアジアの皇帝になりたまえ」とけしかけている。ドイツ皇帝にとってはロシアの関心を極東に向けさせ、英独間の緊張を緩和させようとする策略であった。日本はイギリスの外交的な支援を得て日露戦争に勝ち、アジアの帝国主義国として浮上する。

しかし、日本が日露戦争に勝ったことによって、それまでアジアにしわ寄せされていたヨーロッパ大国間の緊張はヨーロッパに押し返される。英露協商と英仏協商が結ばれ、第一次大戦における敵対関係——英仏露と独墺間の同盟と敵対の構図が形成されていく。第一次大戦が始まり、海相チャーチルが日本海軍にドイツの仮装巡洋艦にたいする攻撃を要請すると、日本はそれを口実に参戦して、太平洋における「ドイツのすべての権益」に襲い掛かった。そしてそれがイギリス本国とイギリス自治領との間に緊張を生み出す。日本がドイツ領ニューギニアに侵攻すれば、オーストラリアとニュージーランドにとっては重大な脅威になるであろう。また日米関係が悪化すれば、カナダは日英同盟を通じて、隣接するアメリカにたいして敵対関係に立たされることになるであろう。一九二一年、新たに日英米仏による四か国条約が締結され、日英同盟は解消されることになる。四か国条約とは実のところ、日英同盟を丁重に葬るための外交儀礼でしかなかった。日本はアジアにおける独立の強国となり、中国での権益にたいする日本の要求は次第に強硬になっていった。

他方イギリスは、二〇世紀前半に二度ドイツと戦って勝った。二度目の戦争では日本にも勝った。しかし以上のような歴史的な経緯からして、第二次大戦直後の外相ベヴィンにとって、ソ連の脅威は一九世紀以来のロシアの地政学的な脅威の復活であった。現実に、スエズ運河からインド、中国に至るイギリスの外交と軍事は、ロシアの脅威からイギリス帝国を防衛するという観点から構想されていたのである。すでに述べたように、アトリー首相はこのイギリスの対露防衛の構想は、もしソ連が原爆を持ったなら、まったく「無効になる」と感じていた。一方、第二次大戦に勝って世界的な強国になったアメリカにとって、ソ連は新しい脅威であり、アメリカ人のソ連観は共産主義にたいするイデオロギー的な反感で染め上げられていた。

話を少し先まで進めて言うと、アメリカは一九四九年に共産主義を掲げる中華人民共和国が成立すると、ソ連の衛星国として敵視し、この中国敵視政策は一九六〇年代末に中ソ関係が悪化するまで続くことになるであろう。それにたいしてイギリス外務省は、新中国の誕生の直後から同国と国交を開くことを構想していた。アトリー首相は、四九年に新中国を承認しておけば、朝鮮戦争も起こらなかったであろうと考えていた。また、日本が新中国と貿易するようになれば、日本軍国主義の復活を未然に防止できるとも考えていた。

さて本題に戻ると、対日戦の終了から数か月間、アトリーがスターリンに送った親書はもっぱらポツダムの精神、あるいは新しい国連への期待に訴えて、英ソ間の信頼関係を維持することを意図していたようであるが、翌年からはそのような表現は姿を消した。ベヴィンの外交は、イギリスの対外関係を担当する外務省と軍部からも、またチャーチルからも支持された。チャーチルは特に戦時中のビッグ・スリーの提携を維持することを望んでいたが、アトリーはそれは国連の権威を低くしないかと危惧していた。

一九四六年三月、チャーチルはアメリカ大統領トルーマンの招きで、彼の故郷ミズーリ州フルトンで、「鉄のカーテン」演説としてたちまち有名になった演説を行っている。彼は「バルト海からアドリア海にかけて鉄のカーテンが降りた」と指摘した上で、ソ連にたいする「宥和政策」を非難した。そしてこの世界で「平和のための筋力」となるのは、国連よりも英米の団結、「英語諸国民の兄弟のような連携」であると訴えた。労働党内の左翼は、この明らかにホワイト・ハウスとの連携の上に行われた演説に憤激したが、アトリーはあらかじめ演説の内容をチャーチルから知らされており、それについて非難も論評もしなかった。

一九四六年六月初めの下院での外交政策の審議では、首相はチャーチルに続いて立ち、ソ連は「ポツダムの精神」を無視していると非難した上で、こう述べた。「ロシアの友人たちとの間でもっとも難しいのは、彼らの心の中に、西側民主主義諸国での物事のやり方にたいする真の理解を持ち込むことである……ロシアの人民はいわば暗い森に生まれ、自由な民主主義諸国の太陽と風と空気を理解していないようである」。彼は「鉄のカーテン」という言葉を用いたが、それは「人々の心と心の間に降りている」と言う。チャーチルは首相の演説を「共産主義にたいする断固たる非難」であると称賛した。

ところで対日戦終了の前日、「金融のダンケルク」を警告するケインズの覚書が閣僚に配布され、電撃のような衝撃が走ったことは先に述べた。ケインズが特に指摘したのは、「地中海、アフリカ、アジアの全域に、巨大で高価な軍事施設を維持しようとする悪癖が残っている」ことであった。この財政負担の問題に取り組むのは、新政権の蔵相ドールトンの課題であった。すでに動員解除が行われた一九四六年末においても、一五〇万人の兵士が世界の各地に配置されており、その費用はGDPの一八％に達していた。輸出産業の再建を最優先させねばならないこの時期、四六年中期に、男性労働力の一八・六％が海外で軍務についていた。「これから二年後のイギリスが経済と金融の分野でいわば小作人同然になるとすれば、これらの人々の存在も無益になってしまうであろう」と、ドールトンは四七年一月に記している。

他方、これまた先に触れたことであるが、広島、長崎の原爆投下から数日後、アトリーは新兵器の出現によってそれまでのイギリスの安全保障の構想が完全に覆されたと記していた。今ではドイツ東部を支配しているソ連が原爆を有したならば、ほとんど全世界に配置されているイギリスの軍備は、イギリスの防衛のためには完全に無益になるであろう。アトリーの言うように、「イギリスの防衛をアメリカに頼っているという印象をアメリカ人に与えることは絶対に避けねばならない」とすれば、イギリスは自国の原爆を、それもソ連よりも先に持たねばならない。そうなればイギリスは中東から軍事的に撤退して、財政と防衛の問題をいわば一石二鳥で解決できるであろう。これが首相の構想であった。

しかし軍部の抵抗はそれから一年半続いた。軍は首相の議論を逆手にとって、中東のどこかにイギリス空軍の基地があれば、現状の中東での軍備を維持したままでソ連を有効に抑止できるとして、首相の「異端的な宥和政策」に反対したのである。参謀総長モントゴメリーは、三軍の参謀長の集団的な抗議辞職をほのめかした。アトリーは外務省を背後にしたベヴィンの重みを意識して、最終的に一九四七年一月一三日の会談で折れた。しかしモントゴメリーが「わが国の指導者はあらゆるレベルで支配的でなければならぬ」という講演をしたのにたいして、首相はそれから一か月半後、首相官邸に呼びつけて叱責している。

アメリカのマンハッタン計画にはイギリスとカナダの科学者も大きく貢献していたこともあって、アトリーは原子力の秘密を三国で共有することに期待をつないでいた。しかしアメリカ議会は自国の情報独占に傾いており、一九四六年八月の原子力法で情報の国外流出を禁止した。アトリーはトルーマンに宛てて「深く失望した」という親書を送ったが、トルーマンからの返書はなかった。

一九四六年一〇月には内閣直属の原子力諮問委員会が改組され、それまで巨額の費用に反対していたドールトンとクリップスは委員から外された。昼食会に出ていて遅れて出席したベヴィンがビールの勢いで、「それでもあの忌々しい、ユニオン・ジャックを掲げた原爆が必要なのだ」と一喝して、二人の経費節約論者は排除されたのである。ベヴィン、モリソン、新たに国防相に任命されたアレクサンダーが委員に加わった。委員長は保守党系の閣僚経験者で、労働党政権を盛んに攻撃しているアンダーソンであったが、彼のアメリカや保守党との関係、それにどの閣僚よりも詳しい知識と経験からして、外すことはできなかった。イギリスの原爆製造の決定は、このいささか不正規な委員会で、閣議決定として行われた。

一九五二年になって、首相に復活していたチャーチルが初めて、先のアトリー政権の下、原子力諮問委員会が原爆製造を決定したことを確認している。しかし同年一〇月、イギリスが初めて公開でオーストラリア西北のモンテ・ベロ諸島で原爆実験を行うまで、このアトリー政権の決定はイギリス国民には知られていなかった。労働党の指導者たちは、原爆の製造、さらには水爆製造の計画をいわば国の運命的な課題として容認するようになっていた。左派議員のクロスマンは、「一般国民は、われわれがすでにそれを持っていることを知っており、もし持っていないとしてもこの気違いめいた世界ではそれを作らねばならないのだ」と語ったある議員の言葉を記録に残している。

たしかに狂気の世界には、人類の集団自殺を起こしかねない狂気の抑止兵器が必要かもしれない。イギリスは世界で三番目の核保有国になったが、この狂気への加担にたいする道義的な反発はどの国よりも早く、また強く起こった。一九五〇年代に始まる核非武装運動（ＣＮＤ）のマーク（☮）は、今日では世界中の若者たちの平和デモで見受けるようになった。

パレスチナ分割

さて一九四六年当初のパレスチナ分割とインド独立の動きに戻ろう。この二つの問題は、同じ時期に同時並行で進んでいく。すでに述べたようにパレスチナ問題は、対ソ関係における中東駐在のイギリス兵力二〇万の問題や原爆製造計画とともに、対米関係への影響をはらんでいた。トルーマンの求めるユダヤ人一〇万人の即時、無条件の移住許可をめぐるやり取りで、英米関係は極めて冷却していた。ニューヨークでの外相会談に出席したベヴィンは、反英デモで迎えられた。パレスチナでのユダヤ人テロリストによるイギリス兵殺害のニュースは、イギリスの世論を沸騰させていた。イギリス兵を殺害したユダヤ人を英雄化した演劇「一つの国旗が生まれる」がブロードウェイで上演されていた。ドル交換制の導入でイギリスから金とドルが流失を続けており、例年になく寒い四七年一月、二月には、石炭危機が生じていた。イギリス政府は財政危機のために、ギリシャとトルコへの援助の打ち切りをアメリカに通告しており、それにこたえてアメリカはたんにギリシャ、トルコだけでなく、自由を求めるすべての国を援助するというトルーマン・ドクトリンを宣言している。これがパレスチナからの撤退の絶好の前例となった。同年二月には、アトリーは四八年六月までのインド大陸の独立承認を発表しており、それもパレスチナからの撤退への道を開いた。さらにエジプトは、同年一月には、スエズとナイル河の主権の返還を要求していた。

二月一八日、ベヴィンは下院でパレスチナ問題を国連に付託することを発表、五月には国連は、関係一一か国の委員会にこの問題を付託することを決定している。しかし一九四七年に起きたエクソダス号事件で雰囲気は一気に悪化した。アメリカ船籍のこの船は、フランスでユダヤ人の(イギリスから見れば)非合法移民四五〇〇人を乗せてパレスチナに向かったが、イギリス海軍に拿捕され、ベヴィンはフランスへの送還を命じた。しかし最終的に乗客たちはドイツ、ホロコウストを犯した国へ送られた。イギリス人がアメリカ人とユダヤ人世界でこれほど憎まれたことはかつてなかったと言われている(エクソダスとは、古代エジプトで解放されたユダヤ人がモーセに率いられて脱出した、旧約聖書の出エジプト記のことである)。

八月、国連は国連の直轄統治の下、パレスチナをユダヤ人国家とアラブ人国家に分割することを決定、九月二〇日、イギリスの閣議は、パレスチナにたいするイギリスの委任統治を終了するという提案をほとんど議論なしに承認した。ベヴァンのようなユダヤ人国家の支持者でさえも、問題がイギリスの手を離れることを内心では喜んでいた。インドにたいする主権の移譲はすでに決定されていたが、アトリーはインド問題の解決の前例になるだろうと側近に漏らしている。しかしアトリーは、パレスチナについては撤退以外の解決策を持っていたわけではない。

一九四八年五月一四日、イギリスの委任統治終了を目前にして、イスラエル建国が宣言された。ベヴィンはイギリスの撤退が関係諸国のリアリズムを覚醒させるであろうと期待していたが、同日深夜、周辺のアラブ諸国がイスラエルに侵攻を開始、翌一五日に宣戦を布告する。戦争の中で、イギリス軍部がこの地域の力関係の予測を完全に誤っていたことが明らかになった。モントゴメリーは、アラブ諸国は簡単にユダヤ人を海に追い落とすと語っていたが、アトリーは「どちらが追い落とされるかは間もなく判る」と語っていた。四九年一月にはイスラエルは国連から承認された地域を確保しただけでなく、アラブ人の地域も大きく占領していた。今日のイギリスでは、ベヴィンは右翼、左翼の両方から二〇世紀最大のイギリスの外相として尊敬されているが、イスラエルとパレスチナが国家として並存し得ていない状態は、彼にとってこれまた最大の屈辱的な敗北であった。

インド独立

パレスチナにはユダヤ人とアラブ人の間に積年の憎しみがあり、ユダヤ人の側はアメリカの反英的な世論を背後に建国の決意を固めており、結局事態は成り行きのままに流されていった。インドにもヒンドゥ、イスラム、シークなどの教徒間に宗教的、人種的な対立があった。しかしインド独立問題については、アトリー首相自身がそれをほとんど彼自身の個人的な問題と考えており、外相にも任せなかった。一九二〇年代にサイモン委員会に参加していた彼は、委員会の報告書の結論に大きく関与していたが、三一年の政変以後、内心ではインドの問題は現地人の自決に任せねばならないと決意していたことはすでに述べた。彼は独立インドがイギリス連邦に加入する民主主義国家になることを望んでいたが、それもインド人の自決を待たねばならないことを知っていた。

彼は四三年、戦時内閣のために執筆した覚書「民主的政府の諸原則」で、インドにおける民主主義の可能性とその強化について考察している。三〇年代と戦時中に、大陸ヨーロッパで民主主義国家が一つ残らず全体主義に屈服したのを目撃した彼は、民主主義がいかに脆弱であるかを知っていた。宗教、言語、人種、それにカースト制が政治の主要な対立点となっているインドには、多数決制は適用できない。連邦所属のカナダでは、英語を話す人々とフランス語を話す人々との対立があったが、長い期間を経て、連邦制国家が確立した。しかし、もしインドに連邦制を導入すれば、中央でも各州でも脆弱な体制にしかならないであろう。インドの場合、まず存続可能な中央の行政権力と憲法制定会議を選挙で確立し、同時に少数者保護の体制、つまりは憲法を制定しなければならない。しかもインド人自身によって。

対日戦終了の時期の英印関係は、他ならぬアトリー自身の決定でインドの主要な指導者が無期限に拘留されており、決裂寸前の状態にあった。一九四二年のクリップスのインド派遣は失敗に終わっていたが、インド自治の原則はインド側に伝えられていた。アトリーは首相に就任すると直ちにそれを原則として打ち出す。四六年三月一五日、首相は下院で、独立インドが連邦に加盟することを希望すると発表した。しかしまずインドが「独立を選ばねばならない、インドにはその権利がある」と語った。英印間の雰囲気は二〇～三〇年代、あるいは四二年とは大きく変わっていた。今では、インドがたとえイギリスによる統治を攻撃したとしても、「彼らの攻撃は……彼らがイギリスから得た基準にもとづいていたからである」。

たしかにインド国民会議派のガンディとネルー、ムスリム連盟のジンナーをはじめとして、多くのインド・ナショナリズムの指導者は、アトリーと同じくロンドンの法院で資格を得た法律家であった。イギリスの側から植民地支配を終わらせ、自治にもとづく独立が約束されたならば、イギリスとインドはいわば同じ土俵の上で話し合うことができるであろう。同じ基準と論理で交渉を進めることができるはずであった。この首相の声明について、ネルーは「表現は友好的であるが、それ自体としては多くを語っていない」と批評した。ジンナーは、「インドの独立が同時にインドの九二〇〇万人のムスリムにとっての独立国家の創立でなければ、流血の惨事が起こるであろう」と警告していた。

同じ週のうちに、イギリスからクリップスをはじめ三人がインドに派遣された。クリップスは一九四二年の使命には失敗していたが、インドの指導者、特にネルーとは三〇年代にまでさかのぼる交際があった。前回の派遣では自治の承認を伝えていたが、今回は憲法の起草を認めること、しかしできればインドを分割しないで独立してほしいことを伝えることになった。折からインドでは、東のベンガルではヒンドゥ教徒とムスリムの間で、西のパンジャブではムスリムとシーク教徒の間で、五〇〇〇人以上の死者を出す宗教的な対立による暴動が生じていた。

パレスチナの場合と同じく、誰も事態を統制できない状態が生じつつあった。結局クリップスは、イギリスの撤退は無条件に、つまりはインドの諸党派間の合意を待たないで行われるだろうという意向を伝えることになった。

一方アトリーは、時のインド総督ウェーヴェル卿が事態を掌握する力を失いつつあることを憂慮していた。ウェーヴェルは元軍人で、第二次大戦では中東の総指揮官で、イタリア軍には勝ったがドイツのロンメルには敗れ、チャーチルに更迭されていた。当時の副首相のアトリーから批判を受けざるを得ない立場にあった。首相は総督には政治感覚がなく、何よりもインド人から信頼されていないと感じていた。首相からはインドの憲法制定の準備を進めるように督促されていたが、総督はむしろイギリス民間人、特にインド統治に当たる公務員とその家族の撤退計画を作るのに没頭していた。彼は「逃げ出す」という言葉は使わなかったが、それはまさしくことを成り行き任せにする態度であった。アトリーは一九四六年八月末には、たとえムスリム連盟が憲法制定会議への参加を拒否しても、撤退の日程を定めようと決意していた。四七年一月には総督に帰国を命じたが、総督の方も過労を理由に一か月の休養を要請していたから、それを許可する形式をとった。

一九四七年の初め、一月にはスエズ運河地帯をのぞいて中東からの大規模な撤兵が始まった。二月一四日には、ベヴィンがパレスチナ委任統治の権限を国連に返還すると発表した。二月二〇日には、首相が四八年六月までにインドの独立を承認すると発表した。ある保守党議員が、

「これはとんでもない賭博、不必要な絶望の政策である……われわれは撤兵を続け、インドを無政府状態の混乱に任せるのか」と問いかけていた。インドはまさしくパレスチナの道を進みつつあるように見えた。悪いことにベヴィンは入院し、モリソンは病気になり、蔵相ドールトンは深刻な経済危機を首相に報告している時期であった。

事態を突破する解決策はビルマから出てきた。戦時中には、ビルマの民族運動指導者たちは、日本軍のビルマ進攻に抵抗する上で大きく貢献した。一九三五年インド統治法で、ビルマは将来のインド国家とは別に独立を約束されていた。アウン・サンの率いるビルマ反ファシスト人民自由連盟は、終戦時、王族の一人で東南アジア連合軍の総司令官マウントバッテン卿の指揮下に入っていた。イギリス外務省はアウン・サンを「極端なナショナリスト」と見て警戒していたが、アトリーはビルマ代表団がロンドンを訪問した時彼に会って、アウン・サンが部下の「粗野な人々」とビルマの事態を掌握していると判断した。保守党もビルマの独立を支持しており、それを「逃げ出し《スカトル》」と見て反対したのはほとんどチャーチルただ一人であった。四七年一月、アトリーとアウン・サンはビルマの完全独立を約束する協定に調印した。ビルマの分離独立が可能ならば、ムスリム国家の分離独立の道も開けるであろう。アウン・サンは四七年七月に彼の閣僚とともに暗殺されるが、ビルマが前例となってインド帝国が三つの国として独立する見通しが生まれるのである（現在のミャンマーの指導者アウン・サン・スー・チーは、アウン・サンの遺児である）。

ウェーヴェルがまだ帰国の途上にある間に、首相はマウントバッテンにインド総督に就任するよう要請した。卿は、首相が独立の日程を発表した日、一九四七年二月二〇日に総督就任を受諾した。彼の任務は「インドとイギリスの間にもっとも緊密で友好的な関係」を、できれば軍事条約まで含めて確保することであった。首相はムスリム国家を望んではいなかったが、それはインド帝国の分割それ自体に反対したからではなく、西北部に新たに誕生するであろうムスリム国家が北方のソ連の影響力にさらされることを憂慮したからであった。

兄トムに宛てては、「王家から労働党の政策に完全に同意している総督が出るのは奇妙なことである」と書き送っている。保守党のバトラーにマウントバッテンが総督に適任かを打診した時には、いくらか感傷的に「最初のインド女帝を名乗ったヴィクトリア女王は、子孫が一世紀にわたる事業の終幕を完成させることを喜ぶだろうと確信している」と語っている（卿はヴィクトリア女王の曽孫）。彼は総督として四八年六月までに撤退を完了させるべく政治と軍事の全権を与えられていたが、ニュー・デリーに到着して間もなく事態が内乱寸前の状態にあるのを知り、撤退の予定を四七年八月に早めた。アトリーは六月五日付けの兄への手紙に「ディッキー・マウントバッテンのインド人への放送を聴いたばかりだが、何かが遂に実を結びつつあるように思っている」と書いているが、アトリー自身が王家の一員の魔術的な治癒力を過大に評価していたのかもしれない。

一九四七年八月一四日の深夜、総督官邸の国旗掲揚台からユニオン・ジャックが下り、インド国旗が上った。マウントバッテンを囲んだ二五万人と推定されるインド群衆が歓声をあげた。そしてほとんどその深夜からヒンドゥ教徒とムスリムの間で暴動と虐殺が始まり、正確な数は不明なものの、数百万人（一〇〇〇万人以上とも）が難民化し、五〇万人（一〇〇万〜二〇〇万人とも）が死んだ。四八年一月三〇日には、ガンディがニュー・デリーで熱狂的なヒンドゥ教徒に殺害された。これはパレスチナの場合と同様、チャーチルの言う「逃げ出し」ではなかったのか。アトリー自身は、「逃げ出し」とは「成り行きに流されることだ」と言う。独立は彼の指導、人事と政策の決定で進められたと言わんとしているようである。チャーチルは、三〇年代以来、インドの自治は流血と混乱を生むだけだと警告していたが、彼が正しいと感じた人は少なかった。チャーチルには、独立の要求に対処する解決策がなかったからである。ガーディアン紙は、インドの独立はアトリーの「創造的な熱意に負うところが大きい。それは、古くからの問題に新鮮な精神が与えた衝撃の結果であった」と、論評した。

インドは、二〇世紀に独立を達成した大国の中では曲がりなりにも終始、民主主義体制を維持してきた点で、唯一の例外的な事例であった。インド人は誇らしげに自国を「世界最大の民主主義国」と呼ぶ。「最大」とは人口が大きいという意味であるが、「偉大な」という意味も込められている。人口についてはまだ中国の方が大きいが、中国は民主主義国家ではない。また、イギリス連邦（今ではイギリスという形容詞は除かれているが）はイギリス王冠という象徴を中心に忠誠で結ばれており、インドは共和国で、しかも連邦に属しているという意味でも例外であった。これもまた、アトリーの「個人的な勝利」の所産であった。

3　イギリス再建政策の結実

トルーマン・ドクトリンとマーシャル計画

アトリー首相がインド独立の最終的な予定日を発表した一九四七年二月二〇日の翌日、外相ベヴィンがアメリカにたいして、イギリスにはもはやギリシャ――王党派と共産主義勢力の内戦を続けているギリシャ――を維持していく財政的な余力はないと通告している。それを受けてトルーマンは三月、武装した少数勢力が国を支配しようとする動きにたいして抵抗している「自由な諸国民」を支持して、軍事援助を送ることを声明した。西欧諸国の中のもっとも脆弱なギリシャだけでなく、すべての自由主義諸国の擁護のための軍事援助（端的には共産主義からの防衛である）を一つの原則として打ち出したのである。このいわゆるトルーマン・ドクトリンは、アメリカがイギリスの肩代わりをして、新しい世界秩序の構築に乗り出したことを意味していた。

アメリカの国務長官は同年一月に、バーンズに代わってG・マーシャルが任命されていたが、ベヴィンは前任者とは違ってマーシャルとは良好な協力関係を築いていく。六月、マーシャルはハーヴァード大学での講演でヨーロッパ経済の復興を緊急に援助する必要があることを強調した。ベヴィンはこの講演を好機とみて、行動に出た。講演の行われたその日から、ヨーロッパ経済の再建をイギリスに有利になるよう推進していく計画の立案に取り掛かった。講演を「計画」にまで拡大したのはベヴィンであった。アトリーは何ら関与していないが、それは例によって首相が外相を完全に信頼していることを示唆していた。一九四七年一二月、アメリカ議会にマーシャル計画案が提出された。議会は巨額のドルをヨーロッパ経済に注入することを決定した。

この時期、西ヨーロッパの政治的、軍事的な統合をいやおうなしに迫ってきたのはソ連からの圧力であった。一九四八年二月、チェコスロヴァキアでクーデタが起こり、この国はソ連支配下に入った。ヒットラーによるチェコスロヴァキア併合が第二次大戦の最初の発火点、イギリスに宥和政策反対の気運を起こす最初の狼火となったことはすでに述べた。チェコの外相マサリクは、戦時中は亡命政権の外相としてロンドンで勤務し、イギリス国民から愛されていた。その彼がクーデタの直後に自殺したのである（自殺かどうかは、大いに疑わしかった）。アトリーはマサリクの死に、「彼が求めていたもののすべてを破滅させていく全体主義の息の詰まるような雰囲気の中で生きていくのに、耐えられなかった」という弔辞を送った。この事件を転機に、それまで社会主義的外交政策を唱えてベヴィンを批判してきた労働党内の「キープ・レフト」に属する左派議員も、ソ連の脅威について語り始める。

マサリクの死から一週間後の三月一七日、ベヴィンは前年一九四七年三月に結ばれた英仏の防衛条約にベネルックス三国を加えて、ブリュッセル条約を結んだ。ヨーロッパの東西への分裂がいよいよ明白になった。アトリーの言葉で言えば、ソ連の共産主義イデオロギーは、「ヨーロッパ大陸の権威主義から生まれ、ロシアの帝政支配の土壌で実を結んだ」が、それにたいしてイギリスの社会主義は「ヨーロッパ文明、人道主義、キリスト教、そしてわれわれのイギリスの伝統」から生まれていた。この時期、イギリス情報部は首相に宛て、政策決定に参加しているイギリス公務員の中の二〇人が共産主義同調者であるという警告を送っていた。小規模なレッド・パージが始まった。

六月にはソ連が西ベルリンを封鎖して、緊張は一層高まった。西ドイツに新しいマルク通貨が導入されたことがきっかけであった。周囲を東ドイツ領に囲まれた当時のベルリンは東のソ連占領地区と西の英米仏の占領地区に分割されており、西ベルリンは他の西ドイツ領から二〇〇キロばかりの一本の自動車道路でつながっているだけであった。その道路が封鎖されたのである。それにたいして西側は、アメリカの輸送機で食糧と医薬品を大量に空輸し、三国の兵士だけでなく西ベルリン市民にも配給した。

このような事態を背景に、ベヴィンはブリュッセル条約にさらにアメリカ、カナダを加えていく作業を推し進め、一九四九年四月には北大西洋条約機構（NATO）が成立することになるであろう。熱烈な国連支持者のアトリーは、国連の介入する機会がまったくなく、アメリカの軍事力に頼らねばならないのを残念に思っていた。アトリーとベヴィンは、アメリカの軍事的優勢を永続的にヨーロッパに関与させておくための代価としてそれを受け入れた。アトリーにとって何よりも避けねばならないのは、一九四〇年の状況――西ヨーロッパ大陸全域がヒットラーの支配下に落ち、アメリカがいまだに孤立主義を維持し、イギリス一国だけでヒットラーと対決していた状況――が繰り返されることであった。彼の言うには、「ヨーロッパが第一であった。世界戦略の優先順位からすれば、それがナンバー・ワンであった」。

この時期、一九四八年にアメリカの大型爆撃機三集団がイギリスに配置されている。条約は結ばれなかったが、首相はフォレスタル国防長官に、アメリカの核兵器がイギリスに配置されていることを「防衛上の必要」と考え、懸念してはいないと明言している。しかしこの会談の内容は閣議には伝えられなかった。この年、作家オーウェルは恐怖の未来小説『１９８４年』を執筆している。一九四八年の年号の最後の二桁を入れ替え、三六年先の全体主義世界を描いた小説である。イギリスでは真理省が歴史を偽造し、平和省が戦争を指揮している。国民の一人一人が双方向テレビで監視されている。世界は三つの勢力圏に分かれ（現実には中国の共産主義政権はまだ成立していなかったが）、それぞれに全体主義体制を築き、核兵器を投げ合って戦争を続けている。小説の中でイギリスは、「アメリカ空軍の第一滑走路」と呼ばれていた。

一九四七年の危機

イギリスの下院の任期は五年、その半ばを過ぎると政党はそれぞれに次の総選挙を意識し始め、普通は四年目に総選挙が行われるものである。第一次アトリー政権の前半、政権は自信に溢れ、前途を楽観していた。下院に絶対多数を確保しており、一九四五〜四六年の会期には国有化、国民健康保険、社会保障関連法、労働組合活動の規制解除の修正案など重要法案を含めて七〇の法案を可決させている。この年間記録は今も破られていない。四六年には短期の不況があり、パンの配給制が論点に浮上したが、補欠選挙でも地方自治体の選挙でも、労働党の支持率は揺るがなかった。経済の再建は順調に進み、四六年第4四半期の輸出は数量ベースで戦前三八年の年間平均を一一％上回っていた。失業についても、南ウェールズなどの慢性不況地域をのぞけば、むしろ労働力の不足が心配されていた。しかしそれだけに動力、特に石炭の不足が心配されており、首相は四六年末、蔵相ドールトンにこの点に配慮することを求めている。通常、冬には石炭の不足という問題が生じていたからである。

しかし一九四七年一月、二月の冬は通常の冬ではなかった。積雪と凍結の日々が続き、二〇世紀最悪の冬になった。道路と鉄道による石炭輸送は不可能になり、昼間の停電が始まった。雪のために家に閉じ込められた農家の人々にはラジオが唯一の慰めであったが、それも停電のために聴けなくなった。計画経済を誇ってきた政権にあって、石炭需要の予測を誤った責任者は、燃料・動力相のシンウェルであった。彼は四六年の秋、「石炭危機はない、私は燃料・動力相であり、万事承知している」と、豪語していた。この発言は、保守党が党の全議員に配布している議員手帳に、アトリー政権が終わるまで印刷されることになった。新聞は、「シンウエルとともに寒さに震えよう《シヴァー》」と書き立てた。

チャーチルが休暇を取っていたので、下院ではイーデンが保守党を指導していたが、彼はシンウェルの「嘲笑的な」態度にたいしてアトリーの注意を促した。また、シンウェルが計画を立てたとしても、全内閣が行政の執行に責任を負わねばならないと指摘した。政権があまりにも改革を急ぎすぎているというのが、イーデンの非難の中心的な論点であった。実際にこの時期、議会と委員会で記録をとる速記者の中には、過労で倒れるものも出るほどの忙しさであった。

四月にチャーチルが復帰すると、政府の経済政策を攻撃した。首相は、一九二〇年代の蔵相チャーチルが、金本位制復帰をめぐって判断を完全に誤り、「今世紀最悪の蔵相」になったと反撃した。チャーチルも負けずに、「四半世紀前の話を持ち出すとは、政府は失敗の言い訳によほど困っているに違いない」と切り返した。

政権が苦境に立たされた時に限って、与党内に叛乱の兆しが表れ、またしても首相交代を意図した陰謀が始まる。同じ四月、政府が一八歳以上の男子に一年半の兵役の義務（一九五〇年には二年に延長された）を提案したのにたいして、労働党のバックベンチから最初の叛乱が起こった。アトリー自身は第一次大戦に志願して従軍しており、徴兵制には反感を持っていたが、インドの独立とともにイギリス軍に属していたインド兵がインド軍に移ったため、補充しなければならなくなったのである。こうしてイギリスは、史上初めて平時に徴兵制を持つことになった。

アメリカの国務次官アチェソンは下院の審議を傍聴していたが、年内に内閣が倒れ、借款の返済ができなくなり、アメリカだけがソ連と対峙することになるかもしれないと懸念していた。五月には首相は楽観的で、足の静脈血栓のためにフランスで静養しているモリソンに宛てて、「春の陽気でわれわれは活気付いている」と書いた。「チャーチルの耳は日ごとに遠くなっている」とも報告している。アトリーは、副首相のモリソンに計画経済に参加する権限を与えて、内閣を補強しようとしていた。しかしモリソンは、蔵相ドールトンに「首相はわれわれをチェスの駒のように動かしているだけだ」と書き送るなど、不満げであった。ギャロップの世論調査では、一九四五年の総選挙に大勝した時のアトリーの支持率は六一％、それが四七年七月には五一％に下がっていた。しかし前年四六年一〇月、石炭不足の予兆が現れた時と比べれば一％しか下がっていない。四七年冬の危機は乗り越えられたように見えた。

一九四七年五月の年次党大会は、四五年の選挙綱領をさらに続行していくことを決定した。しかしこの綱領の主要部分はすでに立法化されていたから、重点はこれまでの成果を「確立」することに移っていた。国有化では鉄と鉄鋼がまだ残っていたが、それについては態度を明確にしないのが党指導者の態度であるというのが、大会の傍聴に来ていたアメリカ大使の印象であった。七月末、四〇人のバックベンチャーがアトリーに書簡を送り、危機にたいしては社会主義的な解決で対処するという首相の決意を要請した。七月三〇日の党議員の集会では、アトリーは「いかにも彼らしい、よい演説をした」と、ドールトンが日記に記していた。しかし八月四日に一四三人のバックベンチャーが首相に請願書を送り、政府はもはや鉄・鉄鋼の国有化には関心がないという噂を否定するよう要求していた。

まことに悪いタイミングであった。アメリカ議会が一九四六年七月にイギリスへの借款を可決してから一年がたち、ドル・ポンドの交換制を実施する日が迫っていた。その日は何事もなく過ぎたが、それから一週間後、イギリス側で大量のポンドがドルに交換され、イギリス産業の株式が売りに出された。八月五日、首相はラジオで緊縮政策を発表した。バックベンチャーたちが懸念していたように、鉄・鉄鋼の国有化は延期された。週五日労働に移行していた炭鉱には六日制への復帰が要請された。対外収支を改善するために国内消費、特に食糧とタバコの輸入が縮小された。いわゆる「ベルトを締める」耐乏政策が導入されたのである。

アトリーは、夏の家族旅行に出かけていたのを一時中断して八月半ばに官邸に帰ったが、二度目の休暇を取っている間に、ロンドンでは首相降ろしの陰謀が進んでいることを知った。蔵相ドールトンは自分の経済危機の警告が聞き入れられなかったのに不満であったし、西ドイツの生活水準をイギリスが維持しなければならないのと、海外の兵力削減が軍部の抵抗を受けたことにも憤慨していた。商務相クリップスは、輸出産業の振興に責任を負わされていた。二人はともに、首相に指導力が不足していると感じていた。

二人はまずモリソンを訪ねた。モリソンは宮廷クーデタのにおいがするから、党下院議員の集会に諮るべきだろうと言った。そうなれば自分が首相になれると読んでいたのかもしれない。次いで二人はベヴィンを訪ねた。アトリーを外相にでも移し、大組合の支持のあるベヴィンが非常大権を握った首相になるというのが、二人の提案であった。ベヴィンは賛成しているかのように見えた。アトリーが二度目の休暇からロンドンに帰った翌日の九月九日に、クリップスは官邸でアトリーに会った。しかし首相はベヴィンからすべてを知らされていた。クリップスの前でアトリーは電話器をとり、外務省のベヴィンに外相を辞めるつもりなのかと尋ねた。そんなつもりはまったくないというのが、ベヴィンの返事であった。

こうして陰謀は潰えた。しかしクリップスはかえって大きな権限をその場で与えられた。新たに経済問題省が設立され、クリップスは経済計画と輸出振興の両方、いわば経済にたいする全権を与えられた。彼は首相降ろしを意図して官邸を訪れたが、それまでモリソンに与えられていた計画経済の権限まで与えられて官邸を出た。アトリーの見事な逆転劇であった。彼は常々、「いつ首相を辞めてもよい」と漏らしていたが、この時にはその言に反して、首相に執着したのである。

クリップスはドールトンに、この事件では「自分は汚い犬のような役割を果たしたと感じている」と語った。モリソンは休暇に出ていたが、アトリーから「内閣にいくらかの改造があった」という手紙を受け取った。アトリーの言うには、自分はこの数年、インド問題に気を取られてきたが、これからは国防はアレクサンダー国防相に任せ、さらに「若さと能力」のある新人を登用していきたいとのことであった。モリソンには、副首相として下院の党の指導に一層尽力してもらいたいとのことであった。モリソンの返信には、抑えようもない怒りが込められていた。「これで三度目だと思うが、あなたが今度もまた政府の改造を私のいない間に決定したのを、残念に思う。これは二人にとっても望ましいことではない」。

内閣の改造は一九四七年一〇月に行われ、数名の閣僚が内閣を去った。もっとも目立った退任者は、石炭危機の責任者シンウェルであった。四一歳の経済学者H・ゲイツケルが後任に抜擢された。アトリーのかつての盟友グリーンウッドは高齢を理由に引退した。保健・住宅相ベヴァンは、住宅建設が遅れているのを非難されていたが留任した。内閣の平均年齢は六二歳から五三歳に下がった。もっとも大きな変化は、首相が経済の全権をクリップスにゆだねたことであった。

一一月一二日、ドールトン蔵相は緊縮予算案を議会に提出して可決されるが、官邸から議会に向かう途上で、新聞記者に予算案の詳細な情報を漏らしたために、翌日直ちに辞職しなければならなかった。「完全に間抜けな行為だ」というのが、首相の意見であった。イギリスでは、下院は予算案を誰よりも先に聞く権利を持っており、事前の情報漏れは辞職に値する非行であった。クリップスがドールトンに代わって蔵相になり、閣内の権力はいよいよクリップスに集中した。

政権の任期半ばを経て、戦争の記憶は薄らぎつつあった。首相は戦時と同じように、国民に耐乏し、「愛国的義務」（それは彼にとって、社会主義とほとんど同義の言葉であった）を果たすように呼びかけたが、その効果も疑わしくなりつつあった。一九四八年六月には、首相がまたしても賃金凍結を発表したのに抗議して、ロンドンのドック労働者がストライキに入った。一五〇隻以上の船が積み荷をほどかずに動けなくなった。ロンドンのドックは、アトリーが二〇世紀初め以来活動してきたところであった。彼は、このストライキは「あなた方の仲間、家庭の主婦、普通の人々にたいするストである」と訴え、彼の個人的な権威でストは収まった。

このストライキの収束は新聞では好評であったが、アトリーの首相支持率は低落を続けた。四五年八月の最高の六一％から四六年七月の五一％へ、そして四八年一月には四四％に下がった。希望は四月のクリップス蔵相の予算案にかけられていた。一方、学生たちの反応はもっと機敏であった。ドック・ストライキの二、三週間前にアトリーがオックスフォードの晩餐に出席した時、母校の後輩たちは首相の車のタイアの空気を抜き、盗み出した彼の帽子に「次は票は保守党へ」と書いた紙切れを入れて車においていった。

一九四八年党大会

一九四七年一二月、マーシャル計画はアメリカ議会に提出され、やがてイギリスは四八年四月から五一年一二月にかけて二七億ドルを支援されることが決まった。経済が好転する見通しができた。四八年五月の年次党大会ではモリソンが基調演説を行い、巨額の小切手が切られたからといって「〔アメリカの〕資本家をもっと絞れば、あるいは他の何かの便法で、その勘定書に対処できると考えないようにしよう。解決策は〔イギリスの〕生産力の増加しかない」と、訴えた。しかしアトリーは、問題の詳細には立ち入らなかった。閣僚たちが国際収支のバランスについて論じたのにたいして、アトリーは市民的権利における権利と義務のバランスについて語った。何度か触れたように、アトリーにおいては市民的権利は愛国的義務と同じく社会主義と同義の言葉であった。

大会でのアトリーは、「社会主義は一つの生き方であり、たんなる経済理論ではない」、「社会主義は資本主義よりも高い市民的美徳の水準を要求している」と語る。そして古い世代の社会主義者として、イギリス社会主義のこれまでの成果を認めるよう求めた。「一例として救貧法を終わらせたことがある。私は四〇年近く前、ウェッブ夫妻、ジョージ・ランズベリーとともに救貧法廃止の運動に参加したことを思い出す。それは今では達成されている。しかしそれでも、われわれは急ぎ過ぎているという人がいる。私は街頭に立って医療の国有化を唱え、運送業、電気などの国有化を主張したことを思い出す。当時われわれが直面させられた反対はいかに強かったことか。それでもわれわれは克服した……労働党と社会主義運動に参加しているわれわれすべての前に横たわっている最大の課題は、社会にたいする市民の義務と社会構造に実現された変革のペースを保っていくことである。われわれは権利と同時に義務を強調しなければならない」。

たしかに運動の歴史はアトリー自身の歴史であった。彼には達成感があった。しかし若い世代は、この老人の懐古に「道徳の説教」の気配を感じとっていた。ベヴァンを激怒させたのもこの口調であった。若い世代は、次の「社会主義への一歩」を求めていた。それはまず、残されていた鉄・鉄鋼の国有化であった。左派のベヴァンはそれを要求していた。モリソンをはじめ右派の閣僚は次の総選挙を意識してそれを遅らせることを望んでいたが、この点ではベヴァンに同調した。この五月末にランカスター公爵領尚書として内閣に復帰するドールトンは右派であったが、計画経済に深い知的な信念を持っており、この点ではベヴァンに同調した。モリソンは一つの妥協案として、鉄鋼業界と政府の間に委員会を設置するという部分的な国有化構想をまとめ、首相と話して、同意を得たように感じていた。しかしこの案を閣議に提案すると、あまり深く審議しないうちに閣議の多数の支持は得られないことが明らかになった。首相は終始沈黙を保ち、多数に従った。閣議が終わるとモリソンは閣議室のドアの後ろで首相を待ち受け、自分を見捨てたことを非難した。首相は一言も答えなかった。

戦前にアトリーが、軍事予算反対という党の伝統的な原則を守って多数についた例はすでに見た。彼はここでは、首相としての決断を控えて、むしろ閣議の議長として「決断しないという決断」を下したのである。なお、国有化にかんする鉄・鉄鋼法は翌一九四九年一一月に成立し、五一年二月に発効することになるが、成立まで、そして成立してからも、労働党内の激しい論議の的であり続けた。

健康問題と引退説

アトリー首相も他の多くの閣僚のように、過労気味であった。一九四八年八月にはアイルランドで夏休みを過ごしたが、足にひどい湿疹が出て入院した。医者の診断では、十二指腸潰瘍の初期とのことであった。九月には回復して官邸に帰り、官邸詰めの新聞記者連に元気よく挨拶したが、また病院に戻らねばならなかった。仕事を軽減し、パイプは一日一回にせよという指示があった。アトリーは早速に一番に大きなパイプを買い入れた。

退院を急いだのは、一つにイギリス連邦所属の国の指導者たちと会う予定が詰まっていたからでもあった。一九四八年二月に独立したばかりのセイロン（今日のスリランカ）の首相と会い、パキスタン、インドの首相とも会った。アイルランドの首相にも会ったが、アイルランドは一旦は連邦に加入したものの、結局、離脱した。アトリーほどに多くの旧植民地に独立を与えた首相はいない。彼は国連にも強い思い入れがあり、何とか国連を有効に働かせようと苦心していた。国連憲章制定三周年の記念日には、ラジオでスピーチを放送している。

この時期、労働党の二人の政務次官が外国の要人から贈り物を受け取り、外務省の内規を破ったというスキャンダルがあった。チャーチルは「もしアトリー氏が生きていれば」こんな不祥事は起こらなかっただろうというジョークを飛ばした。

六〇歳代の半ばを過ぎていたから、回復も遅かった。総選挙は近かった。それにアトリー夫妻は、ロンドン北西に接するバッキンガムシャーに家を買っていた。引退に備えた家と思われて当然であった。一九四九年に入ると引退説は広がり、首相官邸は二月には、首相は健康を回復し、正常に業務を行っているという特別の声明を出さねばならなかった。

その頃、アトリーはイギリス経済が本格的に回復した兆しがあると発表することができた。資源にたいする「堅実で公平な統制」が確立され、基幹産業の再建策がようやく実を結びつつあることが経済の全分野で確認できた。社会保障と国民健康保険は、世界各国で「羨望されていた」。政権のすべての公約は実行され、政権は「イギリス政治史上に比類のない地位を築いた」。イギリスの「四か年計画」は成功したというのである。しかし首相は、社会主義をさらに推進するよりも、それまでの成果を「確立」することに重点を移していた。労働組合の集会では、「中流階級は重税に悩まされている」とも語った。他方で一部の組合で、共産党に同調して組合の承認を得ていない抜き打ちのいわゆる「山猫スト」が起こっているのを批判した。

彼の夏休みはしばしば中断されたが、その年の暑い夏にはウィンブルドンのセンター・コートで全英オープンを一万七〇〇〇人の観衆とともに観戦し、全米オープンのチャンピオンであるアメリカのゴンザレスが両手のバックハンドで有名なオーストラリアのブラウンに敗れるのを見た。燃料・動力相のゲイツケルは、がん患者のクリップスが週末にも病床で働いていることを挙げて、「首相は自分の成功に満足して、仕事は他人に任せている」と非難した。アトリーがこのような非難を受けたのは初めてのことであった。

同年八月、首相はイギリスのポンドの三〇％平価切り下げが避けられないという報告を受けた。震源地はイギリス政府の統制の及ばないアメリカの経済事情にあった。アメリカで不況が始まり、イギリスからの輸出が激減する見通しが生じたのである。ポンドの価値を切り下げれば、イギリスの輸出商品は安くなり、アメリカの消費は拡大するかもしれない。しかしイギリスが輸入に頼っている食糧、それに輸出品を作るための原料、綿やタバコの価格は高くなり、その分イギリスの経済は縮小し、イギリス人は貧しくなるだろう。インフレの到来は十分に予想されることであった。イギリスの予算は社会保障と軍事費、特にベルリン空輸のためにほとんど使いつくされていた。閣議の大勢は切り下げ論であった。クリップスの反対は予想されたが、彼はスイスで療養中であった。アメリカはマーシャル計画のヨーロッパ規模での推進を外相ベヴィンに期待していたが、彼は心臓疾患で入院中であった。ベヴァンが辞職をほのめかしていた。

閣内では燃料・動力相ゲイツケルの発言力が日増しに強くなっていたが、ポンド切り下げの可能性を有権者に隠して直ちに解散総選挙に出ることに首相は反対であった。オブザーバー紙はこの首相の「正直さ」に好意的な論評をしたが、政治家にしてはいささか馬鹿正直めいた正直さであった。党の書記で選挙戦略の責任者であるM・フィリップスは、代わって五〇年四月の総選挙を提案した。ミルクの配給制の緩和もあって党の支持率は堅いし、労働党はいつも春の選挙には強かったからである。それに選挙区の党組織の準備もまだできていなかった。一〇月に下院で切り下げを審議した上で、閣議は四か月後の五〇年二月に総選挙を行うことを決定した。

労働党は一九四九年四月に「労働党はイギリスを信頼する」という表題のパンフレットを発表しているが、それはもちろん次の総選挙のための綱領であった。それは最後のページで「労働党はイギリス魂でもって具体的な問題に具体的に対処してきたが、同時に高度で総括的な目的を目指してきた」と自賛した。その目的とは、「イギリス史上最良の時代、冒険と進歩と構想力の躍動する時代、わが国民の偉大さに当然の誇りを抱いて団結と共通の目的に進む時代である」と結ばれていた。自由党支持のガーディアン紙は、この「愛国心のおだて」にはあまり乗ってはこなかった。

五月末にはアトリーとモリソンは夏休みと総選挙を控えて、党議員の集会を開き、党議員団の規律の強化を図った。現実に二人の議員が親ソ的な路線を唱えて党籍を奪われ、また六七人の議員がNATOについては政府に反対していた。夏休みに党議員が選挙区に帰って政府の政策、特に外交問題について勝手な言動をしないよう、中央からの統制を強化したのである。

総選挙を前にして、社会主義者ジャーナリスト協会がアトリーを招いて晩餐会を開催した。労働党はアトリーの人柄を新聞紙上で大きく打ち出すのが下手であるというのが、かねてからの評判であり、彼を励まし、人気を高めるよう助言しようというのが会の目的であった。H・ニコルソンは、元外交官で大歴史家であり、戦前には先にも触れたように宥和政策にたいする鋭い攻撃でチャーチルとも協力した人物だが、その彼も出席していた。次の選挙には労働党から立候補することになっていた。アトリーに「人間的なタッチ」がない、例えば朝食で何を食べたかの質問にも答えないということが話題になったとき、アトリーは「首相でさえもプライヴァシーがある」、「それに私は人気が出るような資質がないという点を除けば、人気を出すには貧弱な対象だ」と答えた。ニコルソンは、この発言で「出席者の中のまともな人すべてが、彼を一層好きになった」と書いたが、問題は有権者の中で何%が「まとも」であるかであった。

オックスフォードの哲学者I・バーリンはチャーチルをはじめ多くの政治家の人物像を描いて有名であるが、一九四九年一二月という時期のアトリーについて次のように書いている。「私は労働党によかれと願っているが、アトリー氏の持っているあまり名門ではないパブリック・スクールの道徳のために、この党は私をひどく落ち込ませる」。ここでの「あまり名門ではないパブリック・スクールの道徳」とは、彼が律儀に説く愛国心や市民的義務を指していたに違いない。「アトリー氏は確かにイギリスの首相の誰よりも道徳的に立派であるが、彼の影響力はあまりにも平板である。人は努力の目標として何か理想化されたものを持ちたがるが、労働党の掲げる市民という観念はあまりにも魅力がない」。

第七章　第二次アトリー政権

再び総選挙

アトリー夫妻は一九四九年のクリスマスはチェッカーズの首相別荘で過ごしたが、大晦日には官邸に帰って選挙戦略を練った。新聞は投票日がいつになるかを知ろうと、政府の一挙手一投足を見張っていた。外相ベヴィンはセイロンでの連邦諸国会議に出席したが、インド訪問の招待を断った。保健相ベヴァンもインドから国民保険制度について助言するよう招待されていたが、断った。チャーチルはマデイラ島で太陽を浴びる休暇を過ごしていたが、普段のように六週間滞在しないで三週間で切り上げていた。いずれも選挙は近いという兆候であった。一九五〇年一月一一日、アトリーが一か月後に下院を解散し、投票は二月二三日になると発表した。選挙運動は二月の第一週に始まった。

チャーチルは運転手付きのリムジンで全国を遊説したが、アトリーは選挙は政府の仕事ではないと言って政府公用車は使わず、例によって妻が運転する英国車の黒いヒルマン、車齢一一年、すでに一〇万キロ近く走り、ところどころに擦り傷のある車に乗って、一六〇〇キロを走った。アトリーは大きなアタッシェ・ケースを膝に置いて助手席に座り、後部には警官と党機関紙デイリー・ヘラルドの記者が乗った。第二次大戦以降、アメリカではイギリスにたいする関心が高まっていたから、アトリーの車の後ろには写真誌ライフのカメラマンを乗せた車が続いた。ロンドンから一〇キロ離れた片田舎でまず第一声を上げ、その日の夜は、バーミンガムで一万五〇〇〇人の党支持者に迎えられた。聴衆は赤旗の歌をうたって党首を歓迎した。

ガーディアン紙のアトリー担当記者は、アトリーの車、「誰もがガレージにおいておきたいと思うような普通の車」を例に引いて、彼には「普通さという資質がある」と書いている。この「普通さ」が哲学者バーリンの気分を滅入らせたのかもしれない。しかし記者は、「それはそうザラにあるような資質ではない」と続けて書いた。むしろそれこそが政治家アトリー個人の政治的な資産であると言わんとしているようであった。

保守党の選挙本部は、労働党政権の「耐乏政策と経済の管理能力の低さ」を攻撃するのを、この選挙の基本戦略にすると決定していた。しかし、いわばこのような「些細なこと」は、チャーチルの得意技ではなかったようである。選挙戦が二週目に入ると、彼は過去数か月、自分で温めていた案、次にビッグ・スリーの会談を行うならば、スターリンと渡り合えるのは自分しかいないという論点を打ち出したいと思うようになった。今は労働党候補として活動しているニコルソンは、日記に次のように記した。「ウィンストンならば、スターリンとほぼ同じレベルで話し合えるだろうが、アトリーが行けば、ネズミが虎に話しかけているようなものだというのだ……このような爆弾発言はチャーチルに相応しいものではない」。

アトリーはチャーチルにたいして、議会の出席が少なく、政府攻撃が一貫していないとして反撃した。例えば一方で放漫な財政政策を非難したかと思えば、次には耐乏政策にも不満を述べた。これは矛盾した態度であった。外交・軍事についての審議には欠席が多かった。先に引いたガーディアン紙の記者は、「アトリーは普通の労働者、普通の主婦が感じていることは常に正しいと考えており、彼らの感情を明確な言葉で表現してこの選挙戦を戦った」と書いている。

この総選挙では選挙区の区割りが変更され、アトリーのライムハウス選挙区は消滅したために、彼には数キロ離れた労働党の安全区、西ウォルサムストウが割り当てられた。対立候補として出てきた自由党候補の元空軍中佐は、身長一八〇センチ以上の憂鬱そうな紳士で、戦後の「普通人の時代」を不快に思っているイブリン・ウォーの小説に出てきそうな人物であった。アトリーは大差で勝った。全国の結果では、一九四五年の保守党にたいする一八〇の議席差は一七議席にまで縮小した。しかし絶対多数の議席は保っており、二回連続の勝利であった。投票率はこれまでの史上最高、総得票数では労働党の一三二六万六五九二票にたいして保守党は一二五〇万二五六七票であった。それでも保守党との議席差が縮まったのは、一つには小選挙区制のため、特に新しい選挙区の区割りが労働党に不利に働いたからであった。

経済不況の中で一三〇〇万票以上を得たのは、党の勝利であるというのが党本部の判断であった。左派議員のクロスマンは、今や「純粋の社会主義」に向かって前進する時が来たと楽観的であったが、アトリー自身の評価はいかにも彼らしく、もっと控えめであった。一般の新聞の論調は、首相の「一時しのぎの手腕」を評価していた。アメリカの新聞記者は官邸前の記者会見で、むき出しのアメリカ訛りの英語で無遠慮に、「居座るのですか、辞めるのですか」と質問した。

アトリーは国王ジョージ六世から組閣の大命を受け、新内閣を結成した。目立ったのは女性閣僚が二人任命されたくらいで、ほとんどの閣僚は留任した。三月六日、首相は新議会で、四月の復活祭の休暇に入るまでの短い期間、政府は最重要な課題、つまりは暫定予算案その他緊急を要する法案の審議を最優先すると発表した。

三月一五日にはクリップスが、四月に提出が予定されている予算案の準備として政府の経済政策についての報告書を閣僚に回覧した。党が一九四五年に公約した計画経済を今後いかに継続するかを展望した報告であった。クリップスは、労働党政権下で経済がいかに変化したかを強調するために戦前と比較している。戦前の政府は高度の失業率、不況と好況、インフレとデフレの振り子のような揺れを容認してきた。今後の政権は、物価の統制と税率の調整によって、この振り子現象を克服しなければならない。モリソンら何人かの閣僚は減税を望んでいたが、クリップスはこの時点ではそれは適切ではないと考えていた。政権は完全雇用の維持と輸出の振興では成功したが、国際経済の変動に対処するには、柔軟な税率の調整という梃子を握っていなければならないというのであった。

四月の初め、クリップスは公共投資、特に国民健康保険の削減が必要かどうかをめぐって、閣内に重大な対立が生じていることを首相に警告した。医療費の高騰がすでに始まっていたが、クリップスはそれが統制不可能になるまでに高騰するのを防ぐために、患者が薬局で受け取る薬剤を有料化することを考えていた。しかしそれには保健相ベヴァンが、「医療の利用はすべて無料」という大原則に反するとして反対し、もし導入されるなら辞職すると威嚇した。そのため案の導入は予算成立後まで延期されることになった。しかし、クリップスは無期限で延期するのには反対であった。「はっきり言っておかねばならないが、この問題について何もしないでおくのには私は賛成できない」。これは来るべき大嵐の予兆であった。

予算案は四月末に提出され、アトリーは「かなり好評であった」と私信に書いている。しかし彼は、予算案の各項目に保守党が修正案を提出し、消耗戦を仕掛けてくることは覚悟していた。予算案の二項目（石油税の倍増とトラックの購入にたいする三三・三％の課税）は五票差で可決された。五月に保守党が提出した政府の食糧の大量買い付けにたいする非難決議案も撃退できた。労働党にとっては初めての経験であったが、以前に与野党の議席差が小さい時によく行われたように、院内幹事（鞭《ホイップ》と呼ばれる）は、党議員にいわゆる「三行の書簡」、「本日の採決は特に重要であり、貴議員の出席が絶対に必要である」という趣旨の書面を送り、夕食のために議会を出て採決までに帰ってこない議員が出ないように議会の玄関口で立ち番した。

クリップスの健康は急速に悪化し、予算成立後には辞任することが発表された。処方の有料化案は次の会期まで延期された。五月に労働党の幹部が観光地のサレーで合宿し、一九五〇年後半の戦略を討議した。年内に二度目の総選挙に出ることも予想されていた。アトリー、ベヴィン、モリソンの三人は、世論が労働党にたいし、「産業と行政の効率が不十分であると見ている」ために、「先の選挙で票を失った」という点では合意していた。ベヴァンは「さらに前進する」ことを望んでいた。党本部の分析では、労働党は先の総選挙で中流階級の党支持者の五％を失い、労働者階級の二〇％が今も保守党を支持していたが、中流階級の票を取り返し、労働者階級の票をさらに拡大すれば、次の選挙にも勝てるという成算があった。

一九五〇年の外交危機——シューマン計画と朝鮮戦争

トルーマンは一九四八年一一月に大統領再選を果たし、マーシャルの後任としてD・アチェソンが国務長官に任命された。アチェソンは五月にパリを訪れたが、同月九日にはフランス外相R・シューマンが、ヨーロッパ諸国の「超国家的な共同体」を目指すと宣言している。その宣言が、以後のヨーロッパの歴史を大きく転換させるであろう（現在、五月九日は「ヨーロッパ・デイ」となっている)。第一段階として石炭と鉄鋼の資源をプールすることを提唱していたが、そこからさらに「一層緊密な統合」を目指す一連のプログラムが提案されていた。

現実には、ヨーロッパ石炭・鉄鋼共同体(ECSC)からヨーロッパ経済共同体(EEC)へ、さらにヨーロッパ連合(EU)へと統合は進むことになるであろう。他方イギリスは、一九七三年にヒース保守党政権下でECに加盟した後、七五年にウィルソン労働党政権下でこの国には異例の国民投票を行ってEC残留を決めたが、二〇一六年にカメロン保守党政権下で再び国民投票を行って、EU離脱を決定する。イギリス連合王国を構成している四つの地域のうち、スコットランドの地方政権はイギリスからの独立とEU残留の志向が強く、アイルランド共和国と国境を接している北アイルランドにはイギリスとの連合への意向が強い。ヨーロッパとの関係は、イギリスの統一そのものを賭けた複雑な難題なのである。

古い帝国であるイギリスには、イギリスは世界に開かれた帝国であり、「イギリスはヨーロッパとともにあるがヨーロッパの一部ではない」、「ヨーロッパはイギリスの舞台としては小さすぎる」という感覚があり、さらには(アメリカの協力を得て)第一次大戦ではヨーロッパをドイツ帝国から守り、第二次大戦ではヒットラーとスターリンから守ったという自負があった。もっと言えば、鉄・鉄鋼の国有化という課題を抱えている労働党政権の左翼には、提案されているヨーロッパの石炭・鉄鋼の共同体は、仏独の大資本間のカルテルに過ぎないという反感があった。

それに対応して他のヨーロッパ諸国の側にも複雑な感情があり、端的にはフランス語で言う「二心の国イギリス perfide anglaise」という歴史的に根深い警戒心があった。この時期にはマーシャル計画の資金の分配といかなる形で経済計画を進めるかをめぐって、他のヨーロッパ諸国とイギリスの間に猜疑心が生じつつあった。一方アメリカは、マーシャル計画を有効に施行するために、西ヨーロッパ諸国間の積極的な協力を望んでいた。

アチェソンの一行は、パリからの帰路にロンドンを訪れ歓待を受けたが、イギリス側には歓待するだけの理由があった。一行は夫人同伴でチェッカーズの首相別荘に招かれたが、アメリカ人には不可解なことにアトリー夫人は窓をすべて開け放って、季節外れに肌寒い五月の外気に部屋を開放し、御夫人連は毛皮のコートを着なければならなかった。晩餐には酒が出たが、食前酒のシェリーだけ、それもグラスに半分だけであった。フレッシュ・エアー信仰はイギリス上流階級の生活文化の一つの特徴であったが（ウェッブ夫人をはじめ何人かには、真冬にも庭のあずま屋で寝て、結核を克服したという伝説がある）、シェリー酒半杯は、アメリカの経済援助を受けているイギリスでは、首相の別荘でも耐乏生活をしているということを示してみせたかったのかもしれない。

それはともかく、六月半ばには労働党全国執行委員会はパンフレットを発行し、フランスなど社会主義的でない政権が企画しているヨーロッパの経済統合案は拒否すると発表した。このパンフレットは、シューマン計画についてのパリでの交渉を前にして首相が下院で声明を発表する六月一三日の朝に刊行された。それまでは、この会談には参加しないというのが政府の立場であった。シューマンの宣言では、加盟を希望する国はまず無条件で加盟を宣言し、条件の詳細は加入後に審議するということになっていたが、イギリス政府はこの条件には乗り気ではなく、イギリス政府を「取り込む」ための策略だと見ていたからである。

しかしアトリーは、例によって曖昧な声明でしばらくは事態を乗り切ろうと考えていた。そこにパンフレットが出たのである。パンフレットを執筆したのは都市・地方計画担当相となっていたドールトンであった。首相としてパンフレットを否定するのは、閣内の不一致をさらけ出すことになるであろう。首相は六月一五日の下院で、一三日の朝に出たパンフレットは、「不運な事態」であったと発言したが、これは野党の失笑を買った。「首相は次のパンフレットを待っているのか」。他方で閣内ではモリソンが、次の総選挙で彼の地盤であるロンドンの中流階級の支持を取り戻すために、耐乏経済と価格統制の緩和を求めていた。

しかしそれから一〇日後、シューマン計画をめぐる混乱を吹き飛ばすような事件が勃発する。一九五〇年六月二五日、北朝鮮の軍が南北朝鮮の境界線で大規模な戦闘行為を開始したのである。たんなる境界線での紛争ではなく、北の金日成政権が南を支配下に置き、半島の統一を企図しているように思われた。国連ではこの時期、ソ連が安全保障理事会の審議を一月以来ボイコットしていたが、理事会は侵略の始まったその日に、ソ連抜きの満場一致で北の侵略を非難した。七月七日には、連合国軍最高司令官であるアメリカのD・マッカーサー将軍の指揮下で国連共同部隊を派遣することを決議した。

アトリーは、ロンドンのアメリカ大使館を介して送られてくるマッカーサーの電報で状況を把握していた。「この攻撃は、中央から指揮された共産主義（「コミー」という、将軍独特の言葉を使っていた）帝国主義が破壊活動の域を超えて、独立諸国の征服を求め、今や軍事的侵略と戦争に訴えている」というのが、将軍の判断であった。他方、トルーマン大統領は、台湾の国民党政権を防衛するために第七艦隊の派遣を決定した。

イギリスは安保理常任理事国の一国として、軍事制裁に参加しなければならなかった。新たな軍事負担はもちろん予算化されていなかったから、財源を見つけねばならない。もっと重要なことにアトリーは、朝鮮戦争が第三次大戦の発火点になるのではないかと深刻に憂慮していた。すでに述べたように、彼は戦前には国際連盟、戦後には国際連合を熱烈に信奉していたが、朝鮮戦争は国連がかつての国際連盟のような無力な国際機関になるかならないかの最初の試練であると見ていた。

また彼は、ソ連の侵略行為については厳しく非難してきたが、共産主義中国については、国連もアメリカも近いうちに承認しなければならなくなるだろうと考えていた。ついでに言えば、戦後の日本が中国との貿易を始めることは、日本軍国主義の復活を防ぐのに役立つというのが、イギリス外務省の判断であった。他方で彼は、マッカーサーが中国をあまりにも敵視して、国連の指令に反して、戦争を中国本土に拡大させないかと危惧していた。米中戦争になれば、ソ連がヨーロッパに攻撃をかける可能性もあった。

六月二七日、シューマン計画を審議する予定の下院に、保守党が政府のヨーロッパ政策は一貫性を欠いているとして非難決議を提出した。チャーチルは、政府は仏独政府との交渉に積極的に参加していないと非難し、一時間話した。アトリーはクリップスの支援を受けながら、シューマンの唱える「超国家的な権威の創設」という原則に前提条件なしに参加して、イギリス産業を危険な立場に立たせることはできないと反論した。チャーチルは再び立って、仏独の間に合意が成立して、イギリスがヨーロッパ市場から締め出されたらどうするのかという疑問を述べたが、この疑問はそれ以後数十年にわたって論じられることになるであろう。

アトリーは、チャーチルは「無条件に交渉に参加すればどういう結果になるかを考えていない」から、「議論ではわれわれが勝った」と見ていたが、労働党内にはシューマン計画に熱心な議員も数名いて、非難決議の採決に勝つには苦労しなければならなかった。入院している何人かの議員を病人の入浴用の椅子で運びこんで、ようやく非難決議を否決したのはこの時のことであった。

七月には、アトリーは家族とともにフランスのロワール渓谷の古城を訪ねる休暇旅行に出かけたが、党の左翼の叛乱の噂は絶えることがなかった。安保理事会をソ連がボイコットしている間に軍事制裁を決定したのは国連憲章に違反しているというのが、叛乱の論拠であった。帰国し、チェッカーズで休暇を続けている間にも、アトリーはしばしばロンドンに帰らねばならなかった。官邸の新聞担当者が、首相は数週間は帰らないと声明しても、その翌日には帰ってきた。首相は何か重要な計画に加担しているというのが、新聞の見方であった。何よりも重要であったのは、朝鮮戦争とともにイギリスの軍備増強が必要になっていることで、砲弾を製造する工場は現実に昼夜二部制で稼働していた。アトリーと組合の大ボスのベヴィンは、秋の全国労働組合会議の大会をどう乗り切るかを思案しなければならなかった。

北朝鮮軍は六月末にソウルを陥落させた後、南へ進撃を続けており、国連軍がそれを阻止できるかが懸念されていた。しかしアトリーは、好戦的な言葉はまったく使っていない。逆に九月の下院の審議では、首相はチャーチルが無責任で無鉄砲な大言壮語を吐いているとして攻撃している。過去二〇年間、チャーチルは議会を大演説を行うための舞台のように扱い、まるでプリマ・ドンナのように時たま出演すると、次の時まで出てこないというのである。チャーチルは、過去五年間の労働党政権は国防政策を軽視してきたと攻撃したが、彼自身は軍事予算が審議された時には下院に出ていない。アトリーにとっては、議会は実務を処理していく場であった。その上、アトリーが兄トムに書いたように、世間には「チャーチルが出てくれば戦争になる」という不安があり（実際にその不安のために、チャーチルは一九三〇年代に党内で孤立し、第二次大戦が始まるまで入閣できなかったことは、すでに述べた）、それがこの時点では労働党に有利に働いていていた。

ワシントンに飛ぶ

一〇月にはマッカーサーは反撃に転じて三八度線を突破したが、それにこたえて中国の「人民義勇軍」が怒濤のように鴨緑江を渡って反撃し、国連軍は大きく後退させられた。一一月二八日、マッカーサーは中国軍二〇万の参戦のために「まったく新しい戦争になった」と発表した。二日後、トルーマンはホワイト・ハウスの記者会見で、われわれは適切と判断するあらゆる兵器を利用できると声明を出した。突然、核戦争の可能性が浮上したのである。続けて、原子爆弾の利用を許可できるのは大統領だけであるという声明がホワイト・ハウスから出たが、懸念は鎮まらなかった。

この内容はロンドンに届いて議員の間にも情報が拡まった。ドールトンは、首相は直ちにワシントンに行くべきだと走り書きした紙片を、フロントベンチのアトリーに送った。トルーマンの声明から六時間後、ワシントン時間の午後四時三〇分に、ロンドンのアメリカ大使は国務省に宛て、イギリスの首相は「朝鮮と、それに関連する両国の関心事」についてアメリカ大統領との会談を希望していると打電した。アチェソン国務長官はたまたま国防総省にいたが国務省に帰り、四時四五分に大統領に会った。約一五分後、「合意する」というただ一語の電報がロンドンに送られた。

アトリーは内心、マッカーサーにはきわめて批判的であった。第二次大戦中にマッカーサーがガダルカナル進攻作戦をはじめ日本にたいする反攻のために大量の船舶を要求して、ヨーロッパでの作戦準備に支障をきたしたという経験もあった。中国については、もともと中華人民共和国を中国の正統の政権として承認していれば、「赤い中国」とも交渉の可能性があるとまで考えていた。戦争は始まったが、鴨緑江のどこか南方に国連軍の防衛線を設けられれば、中国との交渉も可能であろうと考えていた。

他方でイギリスとしては、連邦諸国の態度も考慮しなければならなかった。オーストラリアとニュージーランドはアジアの共産主義運動からの脅威に敏感であったが、ネルー首相のインドは中国と友好的な関係を保っており、アメリカを苛立たせていた。現実にインドの国連大使ラウは翌一九五一年一月には、アジア・アラブ一三か国の代表として米中間の調停を試みることになるであろう。

アトリーはアメリカに出発する日の午前中に、フランス首相プレヴァンと外相シューマンと会談した。フランスをはじめ西ヨーロッパの同盟諸国は、アメリカがアジアに専念してヨーロッパを無視したなら、ヨーロッパは一層ソ連の脅威にさらされることを懸念していた。こうしてアトリーは、いわば西ヨーロッパの期待を背にしてアメリカに発つのである。

一二月三日、ヒースロウ空港で記者団に囲まれたアトリーは、「男同士の意見の交換を期待している」と語った。ベヴィン外相が記者団の重囲を突き破って、「出発の時間だ」とアトリーの耳元で言った。翌朝、寒風の吹き付けるワシントン国際空港で、アトリーはトルーマンに迎えられた。ここでも記者とカメラマンに取り囲まれて公式の声明を読んだが、アトリーは後に英米関係がこれほど緊張したのは過去一〇年にはなかったと述懐している。

一行が大西洋を渡っている間にも、朝鮮の戦況は悪化していた。あらかじめ準備した議題はほとんど役に立たなくなっていた。出発前には、南北両軍の間を安定させ、両軍の間に緩衝地帯を作ることが交渉の前提と考えられていた。

到着した時には、国連軍が完全に包囲されるのを防いで救出するのが緊急の課題になっていた。一行は直ちにホワイト・ハウスの閣議室に案内され、第二次大戦の英雄ブラッドリー将軍からマッカーサーの退却作戦の説明を受けた。その後アトリーは、大統領専用のヨットの上でトルーマンと会談した。一〇年におよぶ関係があることが、二人の会談を円滑に進めるのに役立った。夜にはホワイト・ハウスにほど近いコンスティテューション・ホールで、トルーマンの令嬢マーガレットのピアノを聴いた(口さがない批評家の評では「歓待」とは言えない出来栄えであった)。次の日の夜には、アトリーは記者クラブで、「夏の夜の虫のようにうなる二〇台の映画のカメラと照明の中で」話した。

会談は、チャーチルの得意技である巨頭会談の方式で進められた。そこでアトリーはどのような成果を収めたのか。イギリスではめったにアトリーを褒めたことのないモリソンは、二人の会談によって事態は緩和され、核戦争へのエスカレーションが阻止されたと語っている。しかしトルーマンの側の記録では必ずしもそうとは言いきれないようであった。アトリーが中国にもう少し温和な態度がとれないかと尋ねたのにたいして、トルーマンは、中国はソ連の衛星国であり、「共産主義国に対応する唯一の方法は、それを除去することだ」と答えていた。朝鮮の次は仏領インドシナ（ヴェトナム、ラオス、カンボディア）、さらには香港、マレー半島であり、アメリカは中国と交渉するつもりはないと答えている。

会談に同席したアチェソンによれば、アトリーはチャーチルの「羊の皮を着た羊」というアトリー評から想像されるより「はるかに有能な人物」であった。アトリーは、「時事問題についての講義を聴くためにアメリカに来たのではなく」、アメリカを中国との対決の道からそらすために来た、「アメリカがアジアにだけ熱中すれば、ヨーロッパはソ連の脅威にさらされるだろう」と言うために来た、そして成功したと言う。大統領はどの議題についても「賛成か反対か」で答えたが、アトリーはそれを利用して、まるで反対尋問に立った法廷弁護士のように実務的に話を進め、遂には大統領は「ハエとり紙に捕まったハエ」のように取り込まれた。

両国の担当者たちが会談結果の公式声明を調整している間、二人はオーバル・オフィスで雑談を交わしていたが、二人は笑いながら部屋から出てきて、大統領は上機嫌で「どちらの国も相手方と事前の協議がなければ原子爆弾を使わない」ことに同意したと語った。おそらくは、それこそがアトリーの望んでいたことであった。しかしアチェソンは、大統領が「原則としての同意」に取り込まれたと判断して、それにはアメリカ議会の同意が必要だと注意した。アトリーは、「いくらか悲しげに」それに同意したと、アチェソンは言う。その結果、「同意」はさらに水増しされ、「大統領は状況の変化に伴う事態について、常に首相に通報することを望んでいる」と変更された。アトリーの見解では、「両当事国は確かに力においては不平等であるが、会談においては平等」であった。ただしそれさえも、イギリス側は楽観的に過ぎたと言わねばならないであろう。

しかしアトリーは、NATO軍の最高司令官を任命することについては大統領の同意を得た。マッカーサーにたいするアトリーの懸念については、トルーマンは首相との協議を続けると確約した。その代わりに、イギリスは朝鮮戦争ではアメリカに協力すると確約しなければならなかった。またしてもイギリスは、再軍備に取り掛からねばならなくなったのである。

アトリーはニューヨークで国連総会に出席し、カナダのオタワを経由して帰国した。会談の成果を報告するラジオ放送では、アトリーは国連の権威を守るためにイギリスはアメリカとともに戦うが、原爆は「軽々しく、また理由なしに」使われないとも公約した。これはアメリカに従属したことを隠す言い訳であった。そして朝鮮戦争の戦費の調達が、間もなくアトリー政権の命取りになるであろう。

政権の危機

懸案の鉄・鉄鋼国有化は一九五一年二月一五日に発効することになっていたが、保守党は二月七日の下院で最後の抵抗を試みた。チャーチルはモリソンに攻撃を集中した。彼は鉄・鉄鋼国有化には乗り気でないことがよく知られていたからである。モリソンは法案を修正し、国有化する鉄・鉄鋼製造の会社を八社にまで減らし、そして国家が直接に所有するのではなく、政府が所有する鉄・鉄鋼公社がその八社の主要株主になることを考えていた。しかし法案の執行を延期するという動議は、一〇票の差で否決された。この時には、歩行が困難な労働党議員まで駆り出された。チャーチルは議場を出る時、「この分では、奴らは好きなだけ長く、政権についていられるようだ」とつぶやいたと、伝えられている。

しかし現実には、政権をそのまま維持することはますます難しくなっていた。一つに主要閣僚がバタバタと病に倒れていたからである。クリップスは癌で前年一〇月に引退していた。アトリー自身が前立腺肥大の再発と胃潰瘍で入退院を繰り返していたし、モリソンもそうであった。ドールトンは、戦時中にアメリカ兵が使っていた活力剤を頼りに執務を続けていた。さらにこれまで、党内で最強のアトリーの支持者であったベヴィンが、心臓と肺の疾患で入院した。朝鮮問題はアトリーが担当しなければならなかった。病床の盟友を病院に見舞って、外相の辞任を勧めるのはアトリーには辛いことであった。慰めに国璽尚書卿について閣内にとどまることを提案したが、「俺は国璽でも尚書でも卿でもない。俺は貧しい小さな家に生まれ、貧しい小さな学校に行き、それでも世界で何をやったかを見てくれ。そこには立派な目的があった。今ではゴミの山に捨てられそうになっている」というのが、ベヴィンの答えであった。

外相の後任には、ベヴィンは首相が兼任することを提案したが、アトリーが断ると、自分の子飼いの国民保険相グリフィスを提案した。しかしグリフィスは人格的な迫力がなく、ベヴィンの後を埋められそうになかった。ドールトンは声の大きな論客として知られていたが、外務省からは嫌われていた。結局モリソンが選ばれたが（彼が一九四五年の組閣で外相を望んだことはすでに述べた）、この人事が完全な失敗であったことはすぐに明らかになるであろう。

保守党では、チャーチルの後継者はイーデン、その次はマクミランという暗黙の序列が承認されていた。労働党には優秀な若手がひしめいていたが、彼らは間もなく、いわば内戦の初期状態のような対立関係に陥ることになる。

この年の三月末、クリップスの後任の蔵相ゲイツケルは首相に宛てた手紙で、国民健康保険の財政支出は上昇を続けており、上限を設ける必要があると指摘していた。この支出を制限するために、薬剤だけでなく歯科と眼科の医療を有料化するというのが、彼の案であった。アトリーは四月初めに胃潰瘍のために入院して手術を受けたが、その留守の九日の閣議に、ゲイツケルは四月の予算案の準備のために、右の三点を有料化する国民保険法改正案を提出した。そしてベヴァンは、それは「医療の利用はすべて無料」という大原則に反していると唱えて反論し、実施されるならば辞任すると語った。五年前の国民保険法案の審議において、彼はイギリス人の歯の悪さ、特に子供の虫歯と老人の義歯の状態は「国民的な恥辱」と語っており、歯科の有料化には特に強く反発した。

ドールトンが首相を代行して議長を務めていたが、彼は閣議を休会して病院に走り、首相に事態を報告した。アトリーは閣内で妥協案を探ることを提案し、もし妥協できなければ裁定する権限は蔵相にあるという意見であった。予算案に反対して個々の閣僚が辞任するのは、きわめて異例のことであるとも語った。その日の夜に再開された閣議では、議論は一層激しくなった。ベヴァンは、高々一三〇〇万ポンドを節約するために「社会主義の原則を破るのには賛成できない」と言い張った。

この閣内の紛糾の最中、四月一四日にはベヴィンが死んだ。これはアトリーにとっては大きな打撃であった。彼が病床にベヴィンを見舞って外相辞任を勧めた時、ベヴィンがそれを「裏切り」のように解したことが、アトリーには心残りであった。アトリーはベヴィン夫人に、ベヴィンは「何よりもまず率直で勇敢な、偉大なイギリス人であった。理想主義者であったが、極めて実際的であった」という弔辞を送った。後年、ベヴィンを懐古する時には、彼の声は珍しく湿りがちになったと伝えられている。

ベヴァン辞職

四月二〇日にアトリーは病院でドールトンに、ベヴァンに予算案に賛成するか、それとも辞職するかを迫る最後通告を送ったと語っている。皮肉なことに、彼自身が胃の他に歯科の治療も受けねばならないとも言った。二二日、ベヴァンは予想通り辞職を発表した。続いて商務相のH・ウィルソンも辞任を首相に伝えた（一九五五年にアトリーが引退した後を受けてゲイツケルが党指導者になるが、ゲイツケルが六三年に急死するとウィルソンが党指導者になり、六四年に一三年ぶりに労働党が政権に復帰すると首相に就任する)。アトリーには、ウィルソンの辞職はいささか不可解なことであった。ウィルソンの手紙には、首相が入院中に辞表を出すのは心苦しいとあったが、アトリーが間もなく退院するのは周知のことであったからである。しかしアトリーの内閣運営と党の統一を守っていく比類ない手腕は、病院にあっては発揮しようがなかった。ベヴァンは、ウェールズの彼の選挙区に帰ると、まるで凱旋将軍のように歓迎された。支持者たちは、「エホヴァよ、われらを導き給え」の讃美歌を歌って彼を迎えた。しばらくはベヴァンとアトリーの間に、閣議の詳細を新聞に漏らしたという非難合戦があったが、ベヴァンはやがて首相攻撃の論点を大きくした。首相がワシントンで朝鮮戦争のための巨額の軍事費を承諾させられたことがすべての原因であったというのである。アトリーは、「あなたは同僚閣僚との不同意の問題領域を、あなたが反対した特定の問題を大きく離れたところにまで拡大している」と反論した。実際、ベヴァンは閣議ではこの軍事費にまったく触れていなかった。しかし一方で、後年にはアトリー自身、アメリカ側は一九五〇年一二月の会談では軍事費についてあまりにも強硬に要求したという不満を漏らしている。

この段階では、ベヴァンは党の指導権に挑戦するだけの支持を得ていなかった。議場での彼の辞任をめぐる演説は無残な失敗であった。同僚の議員たちは、不機嫌な沈黙で彼の辞任演説を聞いた。アトリーは四月末、兄トムへの私信で、「ベヴァン問題は実に厄介であった」、「彼をこれほど長くまともに扱ってきたのが本当に奇跡であったように思える」と打ち明けている。

チャーチルは、「ライオンのような心を持った岩ガキ」が大浪に洗われてもまだ岩にしがみついているという妙な表現でアトリーの粘りを褒めあげた。

しかし朝鮮戦争には、解決の見通しは立っていなかった。さらに中東に一連の反英の動きが生じていた。イランで選挙によって選ばれたモサデク政権が、イギリス国有のアングロ－イラニアン石油会社を、イギリスと補償問題の協議をすることなく国有化しようとしていた。イランの石油は全ヨーロッパの石油輸入の三一％、イギリス海軍の燃料の八五％を占めていた。ヨルダンでは親英的な国王アブドゥラ一世が暗殺された。戦後六年、中東に育ちつつあった若いナショナリズム指導者が続々と現れつつある時期であった。

「中東の穏和な政権を支持し、過激な反英勢力から国益を守る」というのがイギリス外務省の基本方針であったが、新任の外相モリソンはこの課題には適切ではなかった。彼は自分が第一次大戦で良心的反戦平和主義の立場に立ったことを恥じていたのか、チャーチル以上にチャーチル的な好戦的態度、「中東からの逃げ出しと降伏に反対」に出た。イランのアバダン油井に働くイギリス民間人三〇〇〇人を守るために軍事介入を提案したりしている。アメリカはこの時期、この地域へのイギリスの軍事介入は、あまりにあからさまな帝国主義的な政策であるとして反対した。

一九五一年の秋、保守党の議席から労働党のフロントベンチを観察したイーデンは、戦時中の五年、戦後の六年の労働党長老たちの疲労が遂に極点にまで来たと判断している。労働党の威信はもはや「「昔日の影」でしかない」、「国民へのメッセージも尽き果てた」というのである。九月にはアトリーは兄に宛てて、さまざまな病気の上に、背中に激痛があると漏らしていた。労働党議員の中にベヴァン派と呼ばれる分派が生まれ、ゲイツケル派とベヴァン派との抗争は激しくなりつつあった。もはや病人の議員を採決に繰り出して、その日暮らしの政権維持を図るのも不可能になっていた。

この疲労感が一つに、一九五一年一〇月の総選挙という日程を決めさせたのであろう。五二年二月には国王のアフリカ訪問が予定されていたから、選挙はそれ以前でなければならなかった。モリソンは外相としては失敗であったが、選挙戦略については最高の専門家であった。しかしアトリーはモリソンとも相談していなかった。九月に日本との講和を結ぶサンフランシスコ講和会議に出席していたモリソンは、またしても彼の留守に決定が下されたのを知って激怒した。彼は、アトリーがゲイツケルと二人で決めたと推測していた。皮肉なことにまさにこの時期、アトリー首相にたいする支持率は、それまでの最高に達していた。

一九五一年総選挙

一九五一年一〇月、選挙戦開始の前にスカーバラで開かれた党の年次大会の冒頭、モリソンが「保守党に利用されるようなことはやらないようにしよう」、つまりは党内紛争は止めにしようと党員に警告したが、ベヴァン派は積極的に策動を続けていた。各選挙区では自派の候補者を主流派の候補者に対抗して立てていたし、全国執行委員の選挙区部門の選挙でも最多数をとっていた。次に立ったアトリーは、党の統一を訴えて、いわば選挙戦の第一声を上げた。この演説は彼の社会主義観を彼自身の言葉で的確に要約し、六年三か月の政権の成果を誇っていた。結果的には首相としての最後の主要演説で、少し長く引用しておく。

「今回の選挙で有権者各自が心を決めねばならない問題は、あなたはどんな社会を望むのかということです。われわれが提示するのは自由な男女の社会、貧困と恐怖から自由で、仲間と協力しながら各自の能力を完全に発揮し、各人が社会に奉仕する機会を持ち、かつ与えあい、各人が自分の私的利益を他の人々と社会の利益という観点から見られるような社会、権利と義務が結び合わされ、権利が義務をもたらし、義務を果たせば権利が与えられるような社会、はなはだしい不平等はないが、しかも統制化されず、画一的でもない社会です……他方、われわれの相手党派が提示するのは、経済過程においてもっぱら個々人が自分の利益を優先させ、社会の利益、国家の利益は仮説の上での副産物とみなされるような社会です。彼らのモットーは、「世界は自分のもの、それぞれ勝手に取れ」です。そのような政策の結果は、誰もが見ることができます。貧者の大群が、スラム街が生まれ、美しいイギリスが利権のために汚され、荒廃した地域が生まれます。われわれの政策の結果は、今成長しつつある優れた新世代、新しい住宅に見られます……私は、われわれの業績を誇りに思っています」

彼は演説を次のような言葉で締めくくった。「ウイリアム・ブレイクの精神で前進しよう」。

そして一八世紀後半から一九世紀にかけて活躍した版画家で詩人であるブレイクの詩「昔のあの足の歩みが」(一八〇八年)の最後の節を引用した。「私は内なる戦いをやめることはない、私の手の剣は眠らせはしない、イングランドの緑の美しい大地にエルサレムを築くまでは」。

若いアトリーが社会主義に転向した時、カーライル、ラスキン、モリス(それにアメリカの初期社会主義者ベラミィ)を手掛かりにしたことは先に述べたが、政治家として行動に出る時の彼は、詩を読み返して決意を固めた。国際政治においては、伝統的な権力政治にたいして国際連盟や国際連合に体現されている精神を内面で戦わせた。国内政治においては、市民的権利と義務とを対立させたのはすでに見た。つまり彼は、「内なる戦い」をやめなかった。ブレイクのこの節は彼の最初の著作『ソーシャル・ワーカー』(一九二〇年)の第一章にも引用されていた。

アトリーがブレイクと並んで折に触れて愛詠したのはジョン・バニヤンであった。バニヤンは一七世紀の清教徒革命に兵士として参加し、王政復古とともに国教会にたいする異端の徒として投獄され、その間に長編の寓話物語『巡礼者の歩み』(『天路歴程』の邦題で知られる)を書き始めた。そこでは巡礼者クリスチアンは「破壊の都」を出て約束の地、エルサレムへの長い苦難の道を歩む。先に触れたベヴァリッジ報告では、クリスチアンが「絶望と不信の巨人」と戦ったように、ベヴァリッジもまた五人の悪の巨人、「欠乏、病気、無知、不潔、怠惰」に戦いを挑む。イギリスの社会主義者にとっては、エルサレムとはほとんど社会主義社会と同義語であった。

一九一六年、ブレイクの詩「ミルトン」に感動的な曲がついて歌い始められた（ヒューバート・パリーが作曲、後にエルガーが編曲した）。この歌「エルサレム」はチャーチルの八〇歳の誕生日を祝っても歌われたが、この時期には労働党のいわば党歌になっていた。文相エレン・ウィルキンソンが急死した時の葬儀でも歌われたし、アトリー自身は自分の追悼ミサで歌われるよう指示を残していた。

毎年の労働党党大会では、閉会の儀式に参会者はすべて腕を組んで別れの歌「オールドラングサイン」を歌う（日本の「蛍の光」と同じ曲である）。しかしその前にいくつかの歌も合唱する。私の見たところ、インターナショナルの歌詞を歌えるのは知識人らしい人だけ、赤旗の歌でも歌詞は少々おぼつかない。全員が揃って立派に歌えるのはこのエルサレムとオールドラングサインだけであった。

それはともかく、アトリーの演説が終わり、テレビカメラは壇上のアトリーから、会場で堅い顔つきで石のように沈黙したままのベヴァン派の闘士たちの顔に移っていった。それはまさに社会主義の父たちにたいする息子たちの反乱、世代交代劇の一幕であった。会場の一人の高齢の組合員は、「われわれのこの年齢では、とてもベヴァン派のグラマー・ボーイズと戦えるものではない」と嘆いていた。もちろん党指導者の世代交代が起こるべき時であったが、大会は選挙を一週間先にして結束を固めようとしていた。ベヴァン自身がその先頭に立っていた。

世論調査では、辞任以後のベヴァンはそれまでに支持者の四四%を失っており、それを強く自覚していた。「首相の座にクレムではなくチャーチルが座ることを想像すればぞっとする」と語り、またこの選挙に勝てば、「労働党はその後いつまでも政権につけそうに思える」という期待も語っていた。大会では、亡くなったベヴィン前外相にたいする批判めいた言葉はまったく聞かれなかった。

労働党下野

事前の世論調査では、保守党は僅差で労働党をリードしていたが、七六歳のチャーチルは精力を回復し、例によって葉巻を手に、リムジンに乗って、あらかじめ予約した各地の市議会ホールを巡っていった。六八歳のアトリーは、今回はヒルマンから乗り換えたハムバー(ヒルマンの上級車である)で、運転手の妻は一日五六〇キロの新記録を走破した。今回は官房秘書のD・ハントが同乗しており、彼が行き先のホテルから外務省に電話して、イランとエジプトの情勢の変化を聞き取った。アトリーは路上でも集会でも温かく歓迎されたが、兄トムには「それが有権者にとって何を意味しているか、誰にも分からない」、すべては「自由党の猫がどちらに飛ぶかにもっぱらかかっている」と書き送っている。前回の選挙では、自由党は四七五人の候補を立てたが、今回は立候補者数を大きく削減しており、自由党の候補者のいなくなった選挙区での自由党支持者の投票が、選挙結果を決定することになるのである。

労働党は全国的な総得票数では、一九五〇年の一三二七万票を六八万票上回って、党史上最大の票を得た。保守党の総得票数にたいしても二三万票上回っていた。しかし小選挙区制のいたずらで、議席数では保守党が三二一議席にたいして労働党は二九五議席であり、保守党が単独で政権運営が可能な二六議席の差をつけて勝った。アトリーは開票結果が明らかになった一〇月二六日に、国王に辞職を申し出た。「自由党の猫」は保守党に向かって右に飛んだ。労働党は、労働者階級の票はそれまでになく大きく得たが、中流階級の票を失って負けた。

一週間後、兄トムは姉メグに宛てて、家族は選挙結果にあまり落胆すべきではないと書いた。保守党が大勝したのならともかく、選挙結果は労働党政権の成果が国民から全面的に拒否されたのではないことを示しているというのである。むしろ国民保険と福祉、国有産業と私企業が共存する「混合経済」は、国民的な合意を得た。鉄・鉄鋼の国有化、物価と消費の統制については反動が起こったのかもしれない。しかし「過去六年半の間に起こった規模の革命の後には反動は不可避ではないであろうか」。二度のアトリー政権の下で政治の重心は左に動き、「クレムについては彼の業績は安全、むしろ歴史の一部になっている」。現実にチャーチル新内閣の蔵相バトラー（Butler）の提出した予算は、ゲイツケル（Gaitskell）の大枠を継承しており、新聞はそれを、二人の蔵相の名を組み合わせてバツケリズム（Butskellism）の予算と評した。

第八章　晩年

党指導者にとどまる

アトリー夫妻は、アトリーの首相辞任に備えて準備していたバッキンガムシャー、グレート・ミッセンデンのチェリー・コテッジという名の家に移った。一〇月末の週末には、新居から一〇キロばかりのチェッカーズの首相別荘に行って、少しばかりの夫妻の私有物を車に積み込んだ。そこから家までの道中にはドールトンも同乗した。アトリーは今は野党労働党の指導者の地位にあったものの、妻ヴァイオレットはそれも早く引退することを望んでいた。ドールトンはその日のうちにロンドンに帰ったが、その日の日記に「もしアトリーが死ぬか、あるいはヴァイの説得が成功すれば、厄介なことになるであろう」と記している。

クリップスとベヴィンが去り、ドールトンは今ではモリソンとも疎遠になっていた。若いゲイツケルとベヴァンは、「影の閣僚」として保守党との論戦に立っていたが、党指導者に選ばれるだけの党内の支持をまだ固めてはいなかった。ドールトンはいつかゲイツケルが党指導者になることを望んでいたが、少なくともここしばらくはアトリーに指導者としてとどまってほしいというのが、彼の希望であった。そうできれば、モリソンが指導者になるのも阻止できるであろう。

ドールトンも過去にはアトリーの指導に不満を持ち、三度も「アトリー降ろし」に加わった。当時の日記では、アトリーのことを「ネズミ」とか「小男」とか呼んでいたが、今では愛称で「クレム」と書いていた。アトリーはドールトンの説得で、党指導者にとどまるのを承諾した。

アトリーは首相として公務に当たる間に、それまであまり関心のなかったイギリスの古い制度、特に王室への愛着を持つようになっていた。国王の一族であるマウントバッテンがインド総督として見事な手腕を発揮したのも影響していた。一九五二年二月に国王ジョージ六世が死去したことは、彼を深く悲しませた。死去の知らせを聞くと、彼は折から開かれていた党議員の集会に出て、「国王が死去した。彼はいつも私には鄭重であった」と発言している。ベヴァン派の左派議員として重みを増していたクロスマンは、「このことについて真の感情を吐露した人としては、私はクレメント・アトリーの他に知らない」と書いている。「イギリス紳士は感情を抑える、人前で泣いたりはしない」とよく言われるが、チャーチルもルーズヴェルトの死を下院に報告した時には、手放しで泣いた。チャーチルとアトリーはともに参内して、王妃に弔辞を贈った。

下院の労働党は、アトリーの指導の下、保守党政権を効果的に攻撃した。蔵相バトラーの教育予算削減が第一の標的であった。第二の標的はチャーチル首相の朝鮮戦争政策であった。先のアトリー政権は朝鮮戦争のためのイギリスの軍備増強をアメリカに公約しており、チャーチル政権はその方針を継承していた。他方で党内のベヴァン派は、国民保険予算の削減の原因になったとして、戦争そのものに批判的であった。アトリーの基本方針は、戦争批判に集中するあまり、第二次大戦前の労働党のように軍事予算そのものに反対し、自ら議会の政策論争の外に孤立してしまった轍を踏まないようにすることであった。モリソン前外相の影響力は低下しており、外交と軍事は、もっぱらアトリーが担当した。

しかしベヴァン派との和解の試みは、行われることはなかった。一九五二年一月に開かれた党下院議員の集会で、戦いを政府との戦いにまで高めねばならないというベヴァンの発言を聞くと、アトリーとモリソンは直ちに退場した。その後、喫煙室でアトリーがお茶を飲んでいた時、隣のテーブルにベヴァンが座ったが、アトリーはベヴァンの存在を完全に無視したと言われている。ただ、ここでもクロスマンが、「無礼なまでに内気なこの男には、大した意味のあることではなかったのかもしれない」という証言を残している。

他方でアトリーはチャーチルを攻撃した。チャーチルはアメリカ訪問から帰国したばかりであったが、ワシントンでは台湾の蔣介石政権を支持して、朝鮮での戦争を中国本土での戦争にまで拡大しようとしているアメリカ共和党の「危険な分子」を支持したという攻撃であった。チャーチルは一九五〇年一二月のワシントンで、アトリーはアメリカと国連による戦争を「全面的に支持した」と反論したが、アトリー政権の軍備拡張政策には軍備の費用、特に原料と機械を調達する費用について詳細な留保条件が付けられていたから、これは事実に反する攻撃であった。

他方でベヴァンは、五一年二月の閣議で自分が再軍備を支持したのを撤回させてもらいたいと発言して、アトリーを激怒させた。閣議の内容を漏らすのは閣僚と元閣僚の義務違反であるとして、冷ややかに応酬した。ベヴァン派にたいしては党の統一を堅持し、同時にチャーチルを攻撃するのは、難しい離れ業であった。アトリーはヨーロッパの安全のためにはアメリカの協力を得ることが絶対的な条件と信じていたから、一層困難であった。党内の論争は夏の休会まで続いたが、ベヴァン派との和解の可能性は遠のくばかりであった。それでもアトリーは、ベヴィンがいなくなってからも、秋の全国労働組合会議の大会で軍備増強にたいする組合の支持を取り付けるのに成功していた。

長老外交

長老クラスの政治家によく見られるように、アトリーは外交政策について、今では公職の拘束から自由に、率直に語った。彼はソ連帝国主義の批判でよく知られており、アメリカ国務省でも評判はよかった。当選したばかりのアメリカ共和党の大統領D・アイゼンハウアーにたいしては、アメリカ議会がアメリカ外交政策の形成に大きく介入しているために、まだ「彼自身の家で主人にはなっていない」と批判した。

この発言には、アメリカ議会の上院議員J・マカーシーが嚙みついた。民主党政権下の国務省が共産党同調者の浸透を受け、アメリカは「中国を失う」ことになったとして攻撃するマカーシズムの脅威が絶頂にあった時期のことであった。マカーシーは、一九三七年にアトリーがスペイン内戦で戦っていた国際義勇軍の兵士たちに額に拳を当てる人民戦線流の敬礼をしている写真と、彼が閲兵している共産党員の部隊の武勇を称えた自筆の手紙の複写を記者団に配布して、攻撃した。アトリーは、イギリス労働党はマカーシーが共産主義という言葉を聞くはるか以前から、国の内外の共産主義との戦いの前衛であったし、彼が閲兵したのは政党の党派を超えた国際義勇軍であったと反撃した。

マカーシーとの衝突はそれだけで終わったが、アトリーは恐れることなく一九五三年にユーゴスラヴィア大統領J・B・チトーと会談したし、翌年の夏には労働党代表団に加わって中国を訪問し、毛沢東と会談している。彼はかねてから、ユーゴスラヴィアはチェコスロヴァキア、ハンガリー、ポーランドと同じくソ連圏から離脱する可能性があると信じていた。中国については、中華人民共和国が四九年に建国を宣言した時にその政権を承認していれば（事実、イギリス外務省はその意向を強く持っていた）中国はソ連の衛星国にはならなかっただろうと信じていた。また台湾については、国連の管理下に置くことを主張していた。五三年の夏、朝鮮戦争が休戦に近づきつつある時には、中国が国連安保理事会の常任理事国になるよう主張していたし、またアメリカ国務省がアジア各地での平和と安全のための国際会議からインドを締め出そうとしているのを批判した。このようなテーマは、五三年九月の党の年次大会での彼の演説に織り込まれていた。国内問題では、保守党政権が計画経済を放棄し、物価の統制を怠り、食糧価格の急上昇を招いたと批判した。さらにはチャーチルのお株を奪って、スターリンの死後のソ連首相マレンコフとの首脳会談を提唱していた。

アトリーとチャーチル、最後の対決

一九五四年、アトリーの七一歳の誕生日を祝って、彼の自伝『起こったがままに』が刊行された。表題は「起こった」(happened) と過去形になっていた。彼自身が言ったように「あまり面白くない」本であった。すべての書評家が著者の意見に賛成であった。チャーチルとの出会いと過去に何度も起こった対立、ポツダムでのスターリンとの会談、五〇年一二月のトルーマンとの交渉についてはすべて触れられていたが、暴露や内輪話、人柄の批評やドラマはまったくなかった。ニューヨーク・タイムズ紙の書評が言うように、読者は世界史の運命がかかっている「崖っぷちまで連れてこられて、そこで放り出された」。アトリーは、面白くなりそうな話を面白くなくする達人であった。

同じ年、八〇歳になるチャーチルは、彼の皇太子と目されているイーデンに譲位するという気配はまったく見せていなかった。世論調査の保守・労働党間の支持率の差は縮まりつつあり、保守党議員は落ち着かなかった。彼らはむしろ、アトリーが党にたいして確固とした指導を行っているのを羨ましく思っていた。

チャーチルとアトリーの間の最後の対決は悪罵の応酬に終始し、双方が傷ついて終わった。一九五四年三月、アメリカはビキニ環礁で水爆実験を行い、広島の原爆より一〇〇〇倍の破壊力があることが証明されたが、それが議題であった。アトリーは核兵器開発について政府が透明度をもっと高くするよう求めた。それにたいしてチャーチルは、アトリーが彼の政権の副首相であった時、ルーズヴェルトとの交渉で、首相になってからはトルーマンとの交渉で、原爆製造の情報共有に参画するのに失敗したこと、また不正規な閣議決定でイギリスの原爆製造を決定したことを暴露して応酬した。

しかしチャーチルは、下院の反応の予測を誤っていたようであった。野党席からは、「浮浪者」、「ブタ」、「辞任しろ」のヤジが飛び、チャーチルが驚いたことに保守党の議員は不機嫌そうな沈黙を続けるだけであった。いつもはアトリーに批判的であったベヴァン派のクロスマンは、アトリーの反撃は「党益より国益を優先させ、愛国的な指導者として完璧であった」と証言している。皮肉なことに、アトリーの党首辞任が間近に迫った時になって、党内の左派議員たちは、いかなる時にも党の結束を守り抜いてきたアトリーの指導力を評価しつつあった。

ベヴァン自身は支持を失いつつあり、本人にも焦燥が見られた。それから数日後、下院でアトリーが極東問題について論じている最中に、ベヴァンは発言中止を求める動議を提出した。下院の議事規則に反する異様な行動であった。ベヴァンは翌日の党議員の集会に召喚され、ベヴァン派の議員からも非難されて、会場から飛び出した。ゲイツケルの証言では、アトリーはヘイリベリー校の軍事教練の口調で、ベヴァンに「待て」と制止した。「何故、君は、男らしく〔非難の〕音楽に直面できないのか」。その後、アトリーは非常に長々と、和解を求める口調で党内の人的な抗争をやめるよう訴えた。ベヴァンにたいする譴責、さらには党からの除籍を求める声も上がったが、アトリーはそれを断固として退けた。

議会が夏の休会に入る前の七月、チャーチルはアトリーによる一連のアメリカの対中政策への非難にたいして、それは結局のところ「長い非難の嘆きの声」でしかないと演説している。アトリーは、中国の国際的な承認を求め、中国との関係が正常化するまでは、台湾を国連の管理下に置くことを提案して、アメリカを苛立たせていたからである。

アトリーがベヴァンも含めた労働党代表団を率いて中国を訪問したのは、その夏のことであった。北京への途上ではソ連政府の招待でモスクワを訪れ、スターリンの衣鉢をめぐって展開されているマレンコフ、モロトフ、ミコヤン、フルシチョフなどの間の権力抗争についてイギリス大使館の報告を聞いた。北京では、日焼けして健康そうで、闊達なユーモアにあふれる毛沢東に会い、中国のソ連にたいする態度を変えるよう提案している。また、中国が台湾については、平和的な降伏しか求めていないことを知った。帰路にはシンガポール（そこでヴァイが夫に合流した）、オーストラリアとニュージーランドを訪ねた。

それまでは、アジアにおける主要な帝国主義国はイギリスであったが、今ではアメリカがその地位を継ぎつつあるように見えた。かつてはオーストラリア、ニュージーランドは、アジア共産主義の脅威を感じていたが、今ではこの二国もアメリカの外交政策に批判的であった。米ソ二大国の間に立つ「第三勢力」にイギリスの立ち位置を移していく構想が生まれつつあるようであった。

一九五四年秋の党年次大会の主要な論点は、西ドイツの再軍備問題であった。アトリーはこれまで二度ドイツと戦ったが、西ドイツをソ連に対抗する軍事力に加えたいと願っていた。ベヴァンは反対で、ドイツ社会民主党の指導者E・オーレンハウアーを党大会に招待して、西ドイツが再軍備を望んでいないことを表明させようと計画した。しかしこの時点でアトリーの路線は世論の支持を集めつつあった。世論調査で下野後初めて労働党支持が保守党支持を上回っていた。オーレンハウアーは西ドイツ再軍備に反対であったが、皮肉なことに西ドイツでは「ドイツのアトリー」と呼ばれるようになる。「第三勢力」には、北ヨーロッパに西ドイツの社会民主主義が加わる見通しが生まれつつあった。しかし北ヨーロッパに社会主義による統合の可能性があるだけに、アトリーは独仏を中心に進められている経済統合には冷淡であった。

この頃になると翌年の選挙を意識して、保守、労働両党の指導者交代が盛んに論議されるようになった。チャーチルは、今では首相の任務をほとんど完全にイーデンに移譲していた。しかし労働党では、アトリーに代わって指導者になれるだけの支持を得ているのは、モリソンだけであった。そしてモリソンは、アトリーは自分の指導者就任を阻止することだけを目的に居座っていると感じていた。アトリー本人は、党の統一を維持して選挙に臨むことが至上の命題であり、選挙前に指導者選挙を行うのは、党の統一にとって有害であると判断していた。

党指導者たちの間では、西ドイツ再軍備の問題が今も論議されており、ドールトンはおそらくもっとも強く再軍備に反対していた。彼はアトリーを取り込んで反対を貫こうと考えており、そのためには党内の役職を辞任することまでほのめかしていた。ドールトンは日記に、「アトリーは第一次大戦に従軍し、党内の良心的反戦主義者やクェーカー教徒以上にこの問題を意識している」と書いていた。現実に今では、若い世代の党員たちは、多くが西ドイツ再軍備に反対であった。この問題はそのまま選挙に持ち越された。アトリーは、おそらく彼の最後の選挙戦に備えていたが、膝の痛みのために二階に上がれなくなっていた。

党指導者を辞任

保守党政権は下院の任期満了を待たずに一九五五年五月に下院を解散した。五月末にかけての選挙戦で、アメリカのボルチモア・サン紙の記者がアトリーを担当して同行したが、「アトリー爺さん」はいたるところで大歓迎を受けた。彼はいつものような熱心さで政策を語った。

保守党の新指導者イーデンは、映画の主演俳優のようにハンサムで、女性有権者の人気を集め、テレビ出演を見事にこなした。熟練した外交担当者として、ソ連の新政権との間に、新しい友好的な英ソ関係を作り出す希望を打ち出した。アトリーの方は昔通りのタウン・ホールでの演説会が得意で、乳母車を引いた女性がいれば、赤ん坊の額にキスをして、写真を撮らせた。浮動票を集められるという点では、アトリーは党にとって最高の政治資産であった。しかし労働党にとっては、所詮この選挙は勝利を目指す戦いというよりは、党の新しい指導者が現れてくるまでの持久戦であった。全国の得票数では、保守党は一三二八万六五六九票、労働党は一二四〇万四九七〇票、保守党は労働党との議席差を六七に伸ばして勝った。

アトリーは直ちに党指導者の地位を辞任したいと申し出たが、全国執行委員会は次の指導者の見通しが立つまで、もう二、三か月、指導者にとどまるようアトリーを説得した。モリソンの指導者就任を妨げるためだと示唆するものもいたが、彼はこの趣旨の質問は完全に黙殺した。

八月に軽い心臓発作があり、しばらく病床についたが、一二月六日の兄トムへの私信で、その翌日に辞任すると伝えている。アトリーを貴族に叙するという内聞があり、その機会に辞任すると決意していたのである。

一二月七日の午前一一時、労働党は下院の一四号委員会室で会合を開き、そこでアトリーの辞任の発表を聞いた。アトリーは一一時二〇分には早々と部屋から出ている。「二〇年間、党指導者であった人が五分で辞任発表を終えると、誰が信じるであろうか」というのが、クロスマンの感想であった。アトリーは、アトリー・オブ・ウォルサムストウ伯爵およびプレストウッド・オブ・ウォルサムストウ子爵に叙せられ、上院に移ることになった。元首相として、二万ポンドの年金が贈られることになった。妻ヴァイオレットは記者から感想を訊かれて、おかげで下院の深夜の採決を終えて、深夜過ぎにグレート・マッセン駅に帰ってくる夫を迎えに行く必要はなくなった、「それ以外は、私はこれまでどおり、家事とその他すべてをやる」と答えた。

同じく感想を求められた保守党本部の戦略担当者は、デイリー・エクスプレス紙に次のように答えている。「アトリー辞任によって労働党は二つの大きな資産、党をまとめていく能力と浮動層に訴えていく能力を失った」。次の指導者については、六七歳のモリソンは「死火山」、五八歳のベヴァンは「野生の猫」、四九歳のゲイツケルは「アトリーの姿に一番に近いがアトリーの貧弱な影でしかない」というのである。一二月一四日の労働党下院議員の集会で、ゲイツケルが一五七票を集めて楽々と新指導者に選出された。ベヴァンの得票は七〇票、モリソンは四〇票しか得られなかった。モリソンは、一九三五年、四五年と同じく、またもやアトリーが自分のチャンスをつぶしたという不満を漏らした。

ベヴァンは指導者選挙に敗北したにもかかわらず、トリビューン誌にアトリーを称賛する文章を発表している。アトリーは多くの場合、「熟慮する時間がないままに直感的に判断できるという特異な才能を持っていた」と、ベヴァンは書いた。一般の党員は、時として彼の決断が遅く、「穏健なまでに用心深い」ように感じたが、その指導に安心していた。自分としては、アトリーの下で働けたことに「喜びと感謝」を抱いたというのである。他方でアトリーは、党指導部にたいして再三再四反抗したベヴァンについて、部下たるものは「真にそう感じたならば」指導者に挑戦する資格があると語っていた。後にベヴァン派の党員に、「彼には指導者になる資格があった。私はいつもそれを望んでいた。しかし彼は、叛徒と指導者の両方に同時になろうとした」と語っている。アトリーがベヴァンに求めたのは、指導者としての責任感であった。

ここでベヴァンとアトリーが互いに交わした論評はいわば純然たる指導者論で、そこには左翼と右翼とか、プロレタリア的とかブルジョワ的とかのイデオロギー的な要素がまったく見られないことに注目していただきたい。アトリーは現実に反して、「労働党は左から指導すべきだ」と感じており、ゲイツケルを指導者として公然と推したことは一度もなかった。

アトリーは一九五六年四月にさらにもう一つの栄誉としてガーター勲章を与えられた。受勲の式では、アトリーはエリザベス女王とチャーチルの間に座った。兄トムに宛てて彼には珍しく自慢げな五行の戯作詩を送っている。「彼が出走馬と思った人はほとんどいなかった、彼より自分が利口だと思った人々がいた、しかし彼はついにはP.M.、C.H.とO.M.、そして伯爵とガーター騎士になった」。ここでのP.M.は首相（Prime Minister）、C.H.は名誉勲爵士（Companion of Honour）、O.M.は大勲功章（Order of Merit）であった。アトリーの生前には、おそらく兄以外には見た人のいない詩であった。

同志アトリー

アトリー内閣の主要閣僚では、文相ウィルキンソンが一足早く一九四七年に在職中に死に、ベヴィンは五一年、クリップスは五二年に、ベヴァンは六〇年に、モリソンは六五年に死んだ。閣僚の中で一番身体が弱そうであったゲイツケルも、アトリーに先立って六三年に死んだ。閣僚の中で一番身体が弱そうであったアトリーが一番長く生きた。アトリーが内なる思いを打ち明けてきたただ一人の人、兄トムは六〇年に死んでいる。妻のヴァイオレットは、夫の方が先に死ぬと思っていたが、六四年六月、チェリー・コテッジの台所で脳内出血で倒れて死んだ。そしてチャーチルは、六五年一月に死ぬ。病床のチャーチルは、見舞いの客で「あの馬鹿でおいぼれのアトリー」という言葉を口にしたものは、チャートウェルの自邸に二度と入れなかった。

セント・ポール大聖堂で行われたチャーチルの国葬に先立って、前日にリハーサルが行われたが、アトリーは医者の忠告を退けて、そのすべてに参加した。式当日は棺の付添人を務めた。大聖堂の幅広く長い石段に置かれた椅子に座り、棺を見送る八二歳のアトリーの写真がオブザーバー紙の一面に載った。

それからの二年半、彼はロンドンのフラットに住み、子供たちの家を訪ねて暮らした。孫たちが学校から帰るとすぐテレビの前に座るのに驚いた。長く愛読したジェーン・オースティンを繰り返し読んだ。最後に読んだのはA・バカンによるウォルター・バジョットの伝記であった。バジョットは有名な『イギリス憲政論』の著者で、自由主義をもっとも熱烈に支持するエコノミスト誌の第三代の編集長である。

クレメント・アトリーは、一九六七年一〇月八日、肺炎のためにウエストミンスター病院で死んだ。八四歳だった。一一月七日にウエストミンスター寺院で追悼ミサが行われ、彼の生前の希望でジョン・バニヤンの詩などが歌われた。遺灰もこの寺院に埋葬された。

私がテレビ以外で実物のアトリーを見たのは、一九六三年のゲイツケルの急死の直後、オックスフォード大学の労働党クラブが開いた追悼行事にアトリー夫妻が招かれた時のことであった。アトリーは、「ヒュー・ゲイツケルの死は、党が被った最大の損失である」という言葉で口を切った。質疑応答では当然、「あなたは次の党指導者として、誰が最善だと思いますか」という質問があった。アトリーはもうおぼつかなくなっていた足取りでマイクロホンまで出てきて、「最善の人《ザ・ベスト・マン》」とだけ答え、にんまりと笑って夫人の隣の椅子に帰っていった。

ゲイツケルは一九六〇年の党大会で、党指導者として生産手段の公有化を掲げた党綱領第四条の修正を提案して、多数の差で否決され、決議が撤回されるまで自分は「戦い、戦い、戦う」という有名なセリフを残しているが、アトリーはそのことにはまったく触れなかった。一九一八年制定のこの綱領第四条は党員証の表紙に特に印刷されており、労働党員にとっては党の伝統的な大原則であった。アトリーはこの事件の後、伝記の筆者に「あの提案は非現実的であった」と述懐している。

夫妻が退場して、アトリーの話があまりに短かったせいか、会は部会に分かれて討論した。私の出ていた部会では、最後に幹事が感謝決議の提案で、「われわれはいつも、いざ決戦という時には同志アトリーはわれわれと同じバリケードの側にいると信じている」と語った。いかにも過激な学生らしい発言であったが、党の統一を守り抜いたアトリーのような指導者がいなければ、「バリケードの同じ側」の結束は望み得ないだろう、それだけは確実だと、私は思った。

あとがき

私がこのアトリー伝の執筆を思い立ったのには、二つの動機があった。一つには、かつて刊行した『チャーチル』（中公新書、初版一九七九年、増補版一九九八年）において、アトリーの評価が不当なまでに低かったと、かねてから感じていたからである。

チャーチルは総選挙の敗北の後、特別の許可を得て戦時中の政府公文書をすべて自宅に持ち帰り、『第二次大戦史』（全六巻、一九四八〜五三年）の執筆にとりかかった。この『大戦史』は回想録と呼ばれることも多いが、彼自身にとってはどこまでも自分自身の歴史観を貫いて書いた歴史であり、彼が党派の別を超えたイギリス国民の圧倒的な支持を背景に、いかにしてイギリスを勝利に導いたかを書いた歴史でもあった。しかし彼の歴史観は、アトリーの歴史観とは明確に異なっていた。例えば『大戦史』の最終巻は「勝利と悲劇」という表題になっているが、その悲劇とはもちろん、一九四五年総選挙におけるチャーチルの敗北を指していた。この、チャーチルにとっての悲劇は、アトリーにとっては勝利であり、労働党内で長く準備されていた社会福祉国家建設を実行に移していく出発点であった。けれどもチャーチルが史料と史料の解釈権を独占した状態で書かれた『大戦史』にたいする世上の評価は極めて高く（全六巻が完成した一九五三年にはノーベル文学賞を受賞している）、結果としてアトリーの評価が低くなる大きな理由となった。私も世上の英雄崇拝に影響されていたのかもしれない。このあたりの事情は、本書の序章にも記したとおりである。

アトリーについての不当な歴史的評価を正すのが第一の動機であったとすれば、もう一つの動機は、イギリスの社会主義なるものの近未来の展望にかかわっていた。

ご承知のようにイギリスは、二〇一六年六月の国民投票で、ヨーロッパ連合（EU）からの離脱を四％の僅差ではあったが可決した。一九四〇年六月、チャーチル挙国政権が成立したばかりの頃、フランスに派遣されたイギリス軍は、イギリス対岸のダンケルクで完全に孤立させられていた。このイギリス軍を救出する撤退作戦が始まっていた時、チャーチルは新任の閣僚たちと初顔合わせをする最初の閣議で、「もちろんダンケルクで何が起きようと、われわれは戦い続ける」と発言して、新閣僚から熱烈な支持を受けたが、この時のイギリスは、ヒットラーの軍事力によってヨーロッパ大陸からたたき出されたといえる。それにたいして七六年後の国民投票では、イギリス国民は自らの意志によってヨーロッパ離脱を決定した。これはいわば、「第二のダンケルク」ではなかったか。

国民投票を前にした宣伝活動において、離脱派は「イギリスの主権を取り返そう」と訴えた。それはたんにEU官僚からイギリスの国家主権を取り戻すだけでなく、それまでイギリスの政治を牛耳ってきた政治階級、英語でいうエスタブリッシュメントから国民主権を奪還しようという訴えでもあった。つまりはEU離脱の混乱の中から、政府と国民の間に新しい社会契約を求める動きが生じていたのである。かつて死力を尽くして第二次大戦を勝ち抜いたイギリス国民が、戦後の再建をアトリーに託したのとちょうど同じように、この状況からいわば第二のアトリー政権が選ばれるのではないか――歴史におけるアトリー復権に着手していた私の念頭に、その可能性が二重写しに浮かんできたのである。

この二〇年ばかりのイギリスでは、歴史家や一般の人々にたいし、「二〇世紀でもっとも偉大な首相は誰だと思うか」といった類の調査がよく行われるようになった。一九九九年にBBC放送が、二〇人の著名な歴史家、政治家、BBCの議会報道解説者を対象に行った調査がおそらく最初のものだと思うが、チャーチルが一位、ロイド・ジョージが二位、アトリーが三位、四位がアスキス、五位がサッチャーという順位であった。もっと新しい二〇一六年一〇月、国民投票から四か月後にリーズ大学がイギリス史専門家にたいして行った、一九四五年以後の偉大な首相を尋ねる調査では、アトリー一位、サッチャー二位、チャーチルは七位であった。一九四五年以後と限定されているために、このチャーチルの評価は彼の第二次政権にたいするものである。こうした、過去の偉大な首相を問う調査は、もちろん、未来にどんな首相を希望するかにもかかわってくる。

折しも二〇一九年二月一六日号のエコノミスト誌は「ミレニアル・ソシアリズム」と題する特集記事を掲載していた。ここでのミレニアルとは二〇〇一年から三〇〇〇年にかけての千年紀を指しているが、それほど長期ではなくとも、二一世紀の社会主義に新しい潮目の変化が萌していたようであった。この特集に引かれたギャラップ調査によると、一八歳から二九歳にかけての若年層アメリカ人の五一％が社会主義について「肯定的な見解」を抱いており、この世代について言えば、二〇一六年のアメリカ大統領選挙に先立つ予備投票において、独立社会主義者と自称するバーニー・サンダース上院議員の得票は、共和党候補のドナルド・トランプと民主党候補のヒラリー・クリントン、この二人の得票の合計を上回っていた。また、二〇一七年フランスの大統領選挙では、二四歳以下の有権者の三分の一近くが極左の候補者に投票しているなど、アメリカとフランスでは、若い世代の明確な社会主義支持が示された。対照的にイギリスでは、この年七〇歳になる労働党党首ジェレミー・コービンが、若年層だけでなく自分と同じ年配の有権者からも支持されていた。もともとコービンは党内の最左派、反主流に属しており、NATOとイギリスの核兵器にはもちろん反対し、泡のように現れまた消えていくいわゆる失敗国家の独裁者はすべて反米的であるとして支持し、またアラブ民族主義者を支持したために反ユダヤ主義者という評判の人であった。首相になるにはもっとも相応しくない政治家とも評されていたが、このときのエコノミスト誌の特集では、「ダウニング街一〇番地の首相官邸の鍵」に一番に近い位置にいると目されていた。

ちなみにエコノミスト誌編集長は二〇二〇年年頭、定期購読者あての私信メールで、「この特集は昨年を通じて読者にもっとも好評のカヴァー・ストーリーであった」と書き送っている。

二〇一六年六月の国民投票でイギリス国民がEU離脱を選んだ背景には、募りゆくグローバリゼーションとともに進行する社会的格差にたいする大きな不満があることは、誰もが感じていた。エコノミスト誌の指摘した、社会主義への支持が復活していることを表す数字は、その不満を端的に示していた。国民投票を行った保守党のキャメロン首相は辞任し、テリーザ・メイ前内相が首相に就任したが、彼女は二〇一七年一〇月の保守党大会で、「燃えさかる不平等の火」について警告を発した。一週間後の労働党大会では、党首コービンが「アイ・ラヴ・クレム」と記したTシャツ（「ラヴ」には赤いハートの絵文字が使われていた）を着て現れた。それ以降、イギリスの新聞紙上にアトリーの名が挙がる頻度がにわかに高くなった。社会福祉国家政策によって戦後イギリスの再建に当たったアトリーのような首相が、EU離脱後の混乱を収拾することになるかもしれないと広く予想されたからであった。

メイ政権はそれから三年ばかり存続したが、さまざまな離脱案とそれにたいする修正案が次々に下院で否決されていった。保守党も労働党も離脱か残留かをめぐって同じように大きく分裂しており、「協定なき離脱」も辞さない保守党内の強硬離脱派の主張が通れば巨額の財政支出が必要になるだろうという恐怖感と、解散、総選挙の運びになれば労働党が勝つかもしれないという恐怖感との狭間で、場当たり的な対処を続ける政権となった。二〇一九年六月にメイは万策尽きて辞任し、党員投票で党首に選ばれたボリス・ジョンソンの政権が生まれた。新首相は保守党議員から政府の政策に服従するという誓約を取り付け、党内から残留派を一掃した。こうして一九年一二月の総選挙は、離脱か残留かを改めて問う、事実上二度目の国民投票となった。保守党は一九七九年総選挙におけるサッチャー以上の総得票を得て勝った。労働党は一九三五年以降守り続けてきたイングランド北東部の議席を大きく失って敗れた。こうして、離脱をめぐる混乱がいわば第二のアトリー政権によって収拾されるかもしれないという筋書きは、私だけの空想に終わったのである。

しかし話はここで終わらなかった。イギリスで総選挙が行われた二〇一九年一二月、新型コロナウイルスによる感染症が発生し、数か月のうちに全世界に波及した。国際通貨基金は、一九二九年に始まった世界恐慌を上回る大恐慌を予測している。そして、コロナは戦争と同じく平等化への要求を促進する。チャーチル戦時内閣が成立して間もなく、ケインズがタイムズ紙に「戦争をいかに賄うか」と題する投書を送り、時の労働党幹部のケインズ学習が始まったことは本文で述べたが、今ではすでに全世界で「コロナをいかに賄うか」の論議が始まっている。コロナ禍によって破綻した諸国民の生活と経済を修復する大規模な「ニュー・ディール」も、多数者が平等と感じられる方向で施行されねばならない。あるいは、二一世紀の社会主義がその中で成長していくことになるかもしれない。一九三三年、大恐慌下のアメリカで再選を目指した共和党のフーヴァー大統領を破って、民主党のF・D・ルーズヴェルトが大統領に就任し、ニュー・ディールへの道が開かれたような変化が生じるかもしれない。おそらくそれは、イデオロギー抜きのきわめて実務的、常識的な社会主義であり、思想的、理論的な分析においては社会主義という用語が使われるとしても、世論のレベルでは社会主義を名乗らないことになるかもしれない。

最後に、二〇一九年総選挙で第二のアトリー政権が実現しなかったために私が書く場を失ったイギリス社会主義論、エンゲルスの言う「中流階級の世論における社会主義」、オーウェルの言う「特殊にイギリス的な社会主義」についての私の見解を記しておきたい。アトリーが何度か言っているように、彼にとってイギリスの中流階級は「一九世紀が生んだ偉大な階級」であった。その階級の心理的な特徴は「虚栄心」、あるいは「見栄っ張り」である。英語のスノッバリィは辞書では、「自分の富と地位を実際以上に大きく偽ること」と定義されている。いかにも上流と下流の間に挟まれた階級に相応しい心理である。道徳的には「偽善（ヒッポクリシィ）」、自分は真の善人でないことを自覚して善人たろうと努める態度である。文学の上ではディケンズや、アトリーが最後まで愛読したJ・オースティンの『高慢と偏見』、J・ゴールズワージーの『フォーサイト家の物語』が見事に描いた階級である。イギリス社会主義は社会主義知識人と労働運動の同盟によって推進されていった。そしてオーウェルが指摘したように、「階級闘争の闘士たちは闘争を通じて中流階級に上昇していく」。ついでに言っておくと、近代日本文学の夏目漱石―芥川龍之介の系譜は凡俗を軽蔑し、偽善を悪よりも憎んだ。そこでは知識人と一般大衆との間に大きな谷間が口を開いていた。

この本を書くに当たっては、以下の三冊を主に参照した。アトリー自身と家族に面談し、彼の私信も利用したため公式のアトリー伝とされている Kenneth Harris, *Attlee*, 1982 そして Trevor Burridge, *Clement Attlee : a political biography*, 1985 と、John Bew, *Clement Attlee : the man who made modern Britain*, 2017 である。イギリス政治の面白さを日本の読者にわかりやすく解説するよう努めたが、説明不足の箇所が多いのではないかと懸念している。また今日、クレメント・アトリー関係の史料はすべて彼の母校、オックスフォード大学ユニヴァーシティ・コレッジに寄託されている。

中央公論新社の校閲は丹念な仕事で私を多くの過ちから救ってくれた。編集の高橋真理子さんは「チャーチルを破った男」という副題を提案してくれた。大中真君（桜美林大学教授）は第二校を通読して、適切な訂正加筆を提案してくれた。私は緑内障のために視力が衰えており、妻久子はゲラを音読して赤字を入れてくれた。彼らの援助がなければ、この本は陽の目を見なかったかもしれない。

不要不急の外出を自粛している幽囚の日々に、このあとがきを記す。

二〇二〇年四月

河合秀和

クレメント・アトリー年表

一八八三年一月	三日、ロンドン南西部のパトニーに生まれる。	
一八九三年	独立労働党が結成される。	
一八九六年	ヘイリベリー・コレッジに進学。	
一九〇〇年	労働党が結成される。	
一九〇一年	オックスフォード大学ユニヴァーシティ・コレッジに入学。	
一九〇四年	サー・フィリップ・グレゴリー（事務弁護士）の事務所に入所。	
一九〇五年一〇月	ステプニーのヘイリベリー・クラブでの活動開始。後、クラブの専従の運営者になる。	
一九〇八年	独立労働党（一九〇六年より労働党に合流中）に加入。	
一九一二年	ロンドン大学ロンドン経済学学校で教師として採用される。	
一九一四年	第一次大戦に従軍。	
一九一九年一月	除隊。	
同年一一月	ステプニー市長に選任される。	
一九二二年一月	ヴァイオレットと結婚。	
同年一一月	総選挙に、労働党候補としてステプニー・ライムハウス選挙	ボナー・ロウ内閣

	区から出馬し、当選する。労働党党首マクドナルドの議員秘書になる。	(保守党)
一九二三年五月	ボナー・ロウ辞職により、ボールドウィンが首相に。	第一次ボールドウィン内閣(保守党)
同年一二月	総選挙。	第一次マクドナルド内閣(労働党)
一九二四年一〇月	総選挙。	第二次ボールドウィン内閣(保守党)
一九二七年一一月	サイモン委員会設置。委員に任命される。	
一九二九年五月	総選挙。	第二次マクドナルド内閣(労働党)
一九三〇年五月	ランカスター公爵領尚書となる。	
同年六月	サイモン委員会の報告書が発表される。	
一九三一年三月	内閣改造で郵政長官となる。	
同年八月	挙国一致内閣成立。	第三次マクドナルド内閣(挙国一致)
同年一〇月	総選挙。労働党副指導者に。	第四次マクドナルド内閣(挙国一致)
一九三二年七月	独立労働党が労働党を離脱。	
一九三三年年末～	労働党党首ランズベリー入院のため、九か月間、実質的な代行を務める。	

一九三五年六月	マクドナルド辞職により、ボールドウィンが首相に。	第三次ボールドウィン内閣（挙国一致）
同年一一月	総選挙。労働党党首に選出される。	
一九三六年八月	ソ連訪問。	
一九三七年五月	ボールドウィン辞職により、チェムバレンが首相に。	第一次チェムバレン内閣（挙国一致）
同年八月	『労働党の展望』刊行。	
同年一〇月	ボーンマス労働党大会が銀行、石炭、電気、ガス、鉄道の国有化等の案を可決。	
同年年末	労働党代表団としてスペイン訪問。	
一九三八年九月	英仏独伊がミュンヘン協定締結。	
一九三九年九月	ドイツがポーランド侵攻を開始し、英仏が対独宣戦。第二次大戦始まる。	第二次チェムバレン内閣（挙国一致）
一九四〇年五月	第一次チャーチル内閣が成立。内閣副首相格、国璽尚書卿として入閣。	第一次チャーチル内閣（挙国一致）
一九四一年三月	アメリカで武器貸与（レンド・リース）法案可決。	
同年八月	チャーチルとルーズヴェルト大統領が「大西洋憲章」を宣言。	
同年一〇月	訪米、ルーズヴェルト大統領と会談。	
同年一二月	イギリス、対日宣戦。	
一九四二年二月	戦時小内閣の改造で正式に副首相となり、自治領相も兼任。	
同年一二月	ベヴァリッジ報告が発表される。	

一九四五年四月	サンフランシスコ会議に出席。ドイツ降伏。	
同年五月	連立政権解消、保守党の選挙管理内閣に改組。	（選挙管理）
同年七月	ポツダム会談に出席。総選挙で労働党大勝。	第一次アトリー内閣（労働党）
同年八月	日本降伏、第二次大戦終結。	
同年一一月	訪米、上下両院の合同会議で演説。	
一九四六年	イングランド銀行など、重要産業の国有化が始まる。国民健康保険を含む社会保障関連法案を可決。	
一九四七年一月	炭鉱を国有化。	
同年八月	イギリス、インドから撤兵。	
同年一二月	マーシャル計画がアメリカ議会に提出される。	
一九四八年三月	英仏ベネルックス三国がブリュッセル条約を結ぶ。	
同年五月	イギリスのパレスチナ委任統治終了。	
一九四九年年始	前年からの体調不良により、アトリー引退説広がる。	
一九五〇年二月	総選挙で労働党勝利。	第二次アトリー内閣（労働党）
同年六月	朝鮮戦争勃発。	
同年一二月	朝鮮戦争に関して、アメリカによる核兵器使用の可能性が浮上したため、訪米。	
一九五一年二月	鉄・鉄鋼業を国有化。	
同年一〇月	総選挙、保守党勝利、労働党下野。	第二次チャーチル

一九五四年四月	自伝『起こったがままに』刊行。	内閣（保守党）
一九五五年四月	チャーチル辞職により、イーデンが首相に。	イーデン内閣（保守党）
同年五月	総選挙、保守党勝利。	
同年一二月	労働党党首を辞任。アトリー・オブ・ウォルサムストウ伯爵およびプレストウッド・オブ・ウォルサムストウ子爵に叙せられる。	
一九五六年四月	ガーター勲章受勲。	
一九五七年一月		マクミラン内閣（保守党）
一九六三年一〇月		ダグラス＝ヒューム内閣（保守党）
一九六四年六月	妻ヴァイオレット死去。	
同年一〇月	総選挙で労働党勝利。	第一次ウィルソン内閣（労働党）
一九六五年一月	チャーチル死去。	
一九六七年一〇月	八日死去。同月一一日テンプル教会で葬儀。一一月七日ウェストミンスター寺院で追悼ミサ。	

327, 329
マックストン，J.　104, 107
マッケンジー・キング→キング
マルクス，K.　16, 28, 29, 31, 50
マレンコフ，G. M.　346, 348
ミカード，I.　278
ミコヤン，A. I.　348
ムッソリーニ，B.　17, 117, 121, 131, 138, 146, 151, 164-167, 169, 180, 188, 195
メイ，G. E.　98
モーガン，K.　24
モズレー，O.　97, 101, 102, 124, 151, 223
モーリー，J.　32
モリス，W.　33, 50, 51, 53, 107, 269, 337
モリソン，H. S.　68, 92, 96, 100, 110-112, 122-125, 143, 171, 174, 183, 184, 186, 195, 197, 199, 205, 214, 219-221, 223, 229, 230, 235, 236, 238, 239, 243, 247, 251, 261, 263, 264, 270, 273, 285, 292, 301-305, 307, 311, 317, 318, 321, 327, 329-331, 334, 335, 341-343, 350-352, 354
モロトフ，V. M.　244, 256, 279, 348
モントゴメリー，B. L.　209, 210, 233, 284, 288

【ラ行】

ラヴァル，P.　137
ラスキ，H. J.　43, 127, 153, 177, 195-197, 201, 219, 226, 228, 232, 242, 248, 249
ラスキン，J.　33, 50, 337
ランギィ，H.　233, 234, 244, 245
ランズベリー，G.　67, 68, 101, 102, 104, 105, 111, 119, 121-124, 306
リデル・ハート，B.　176
リトヴィノフ，M.　140
リトルトン，E.　38
リトルトン，O.　208
リンリスゴウ卿（ホープ，V.）　212
ルーズヴェルト，F. D.　22, 90, 117, 156, 195, 196, 200, 201, 203, 204, 211, 212, 217, 223-225, 244, 256, 257, 277, 342, 347
レーニン，V. I.　62, 75, 276
ロイド・ジョージ，D.　14, 27, 55, 60, 67, 70-72, 81, 91, 96, 134, 167, 170, 171, 182, 186, 190, 270, 271
ローソン，J. J.　73, 79, 253
ロンメル，E.　210, 211, 291

ヒットラー，A.　11-13, 16-20, 117, 118, 127, 130-135, 138, 141, 146, 154, 156, 161, 163-171, 173, 178-181, 188, 196, 197, 200, 218, 224, 231, 245, 277, 279, 296, 298, 319
ビュー，J.　274, 275
フィリップス，M.　310
フット，M.　265, 278
ブライス，J.　36
ブラッケン，B.　237
フランコ，F.　108, 142, 144-146, 164
フーリエ，C.　29
ブルガーニン，N. A.　140
フルシチョフ，N. S.　348
ブルック，A. F.　244
ブルム，L.　153
ブレイク，W.　336-338
ブロックウェー，F.　107
ベヴァリッジ，W. H.　33, 217-219, 221, 238, 240, 270, 271, 337
ベヴァン，A.　103, 144, 145, 147, 150, 151, 153, 155, 161, 172, 177, 178, 197, 205, 209, 219, 222, 225, 248, 258, 261, 263-266, 270, 287, 304, 307, 310, 313, 317, 318, 331-333, 338, 339, 342-344, 348, 349, 352-354
ベヴィン，E.　53, 66, 68, 84, 90, 98, 101, 107, 110-112, 118, 120-122, 124, 126, 135, 143-145, 150, 155, 160, 161, 177, 186, 197, 199, 205-208, 214, 215, 219, 221-223, 225, 229, 230, 238, 239, 243, 245-247, 251, 253, 254, 258, 270, 272, 273, 278, 279, 281, 282, 284-288, 291, 292, 295-297, 303, 310, 313, 318, 324, 326, 330, 332, 339, 341, 344, 354
ベケット，J.　69, 102
ベザント，A.　31
ペシック・ローレンス，F.　247, 251
ベラミィ，E.　337
ベンサム，J.　54
ヘンダーソン，A.　58, 68, 70, 73, 76, 84, 99, 101, 102, 109
ホーア，S.　121, 123, 137
ボナー・ロウ，A.　71, 76
ボナム・カーター，V.　148
ホブズボウム，E.　134
ホールデイン，R. B.　36
ボールドウィン，S.　76, 78, 81, 83, 90, 97, 105, 114, 123, 124, 132, 136, 138, 139, 147-150, 153, 165, 183

【マ行】

マイスキー，I. M.　140, 180, 195
マウントバッテン，L.　292-294, 342
マカーシー，J.　345
マクドナルド，R.　27, 28, 58, 68, 73, 75, 76, 78, 79, 84, 87, 90-101, 105-107, 109, 113, 114, 116, 125, 136, 158, 168, 175, 197, 224, 230, 236, 241, 262
マクミラン，H.　237, 331
マコーレー，T. B.　273
マサリク，J.　296
マーシャル，A.　33
マーシャル，G. C.　295, 318
マッカーサー，D.　321, 322, 325,

142, 173, 178, 180, 205, 209, 223, 234, 244-246, 256, 277, 281, 314, 315, 319, 346, 348
ストレーチィ，J.　153
スノウデン，P.　78, 82, 91, 92, 96, 98, 101, 105, 106, 262
ゾンバルト，W.　33

【タ行】

タプセル，W.　91, 92, 161
ダラディエ，É.　169
チェスタートン，G. K.　49
チェムバレン，A.　129
チェムバレン，J.　31
チェムバレン，N.　13-15, 31, 81, 104, 129, 132, 145, 150, 163, 165-171, 173, 179, 182-184, 186-188, 192, 198, 226
チトー，J. B.　345
チャーチル，R.　133
テーラー，A. J. P.　16
トハチェフスキー，M. N.　140
ドールトン，H.　110-112, 124, 135, 143, 144, 146, 149, 154, 155, 159, 160, 172, 174, 183, 186, 206, 214, 243, 247, 251, 266, 270, 283, 284, 292, 299, 301-304, 307, 321, 325, 330-332, 341, 342, 350
トルーマン，H. S.　225, 244, 246, 251, 252, 254-257, 282, 284, 286, 295, 318, 322, 325-327, 329, 346, 347
トレヴェリアン，G. M.　109
トレヴェリアン，C.　109
トロツキー，L.　62, 140

【ナ行】

ニコライ二世　280
ニコルソン，H.　168-170, 217, 311, 312, 315
ネルー，J.　213, 290, 326
ノーマン，M.　98

【ハ行】

ハイエク，F. A.　228
ハイレ・セラシエ皇帝　138
バーカー，E.　43, 44
バカン，A.　355
バカン，J.　127, 141
バーケンヘッド，F. E. S.　87, 129
ハーコート，W.　32
バジョット，W.　355
ハーツホーン，V.　87, 92, 113
ハーディ，K.　221, 238, 270
バトラー，R. A.　199, 223, 263, 293, 340, 343
バニヤン，J.　337, 355
パリー，H.　338
ハリス，K.　16
ハリファックス，E. F. L. W.（アーウィン卿）　14, 15, 89, 93, 145, 161, 165, 180, 182-184, 186, 188, 203, 251, 252, 259
バーリン，I.　312, 314
バーンズ，J. F.　256, 279, 295
バーンズ，C. D.　274, 275
ハント，D.　339
ビーヴァーブルック，M. A.　205-207, 228, 232, 262
ビエルート，B.　245
ビスマルク，O. E. L. v.　59

オーウェル，G.　17-19, 28, 151, 298
オーウェン，R　29, 157, 229
オーキンレック，C. J. E.　209
オースティン，J.　355
オーレンハウアー，E.　349

【カ行】

カガノヴィチ，L. M.　140
カークウッド，D.　74
カドガン，A.　244
カーライル，R.　33, 49, 50, 337
ガンディ，M.　88, 111, 113, 213, 290, 294
ギッシング，G.　31
キップリング，R.　277
ギボン，E.　273-275
キング，W. L. M.　259
クラインズ，J. R.　73, 91, 124, 236
グラッドストーン，W. E.　36
クリップス，S.　100, 104, 108, 110-112, 118, 119, 121-124, 126, 135, 141, 150, 151, 153, 159, 161, 171, 172, 177, 183, 186, 197, 201, 204-208, 213, 215, 216, 243, 247, 251, 263, 264, 268, 270, 273, 284, 289-291, 302-305, 309, 310, 316-318, 323, 330, 331, 341, 354
グリフィス，J.　219, 330
グリーンウッド，A.　14, 15, 124, 125, 144, 145, 169, 172-175, 177, 180-183, 185, 189, 197, 206, 207, 218-220, 223, 243, 304
クルックス，W.　270
グレゴリー，P.　45
クロスマン，D.　278, 285, 316, 342, 343, 347
クローチェ，B.　33
クロムウェル，O.　14, 127, 141, 181
ゲイツケル，H.　304, 309, 310, 331, 332, 335, 340, 342, 348, 352-355
ケインズ，J. M.　16, 33, 82, 90, 98, 106, 176, 177, 199, 221, 240, 249, 251, 252, 258, 283
ゲッベルス，J.　133
コール，G. D. H.　54, 269

【サ行】

サイモン，J.　87, 88, 94, 116, 117, 166
サッチャー，M.　228
サンズ，E. D.　237
ジェイ，D.　268, 270
シェリー，P. B.　277
ジェンキンズ，A.　198, 222
ジェンキンズ，R.　222
シトリン，W. M.　120, 121, 147, 148
ジノヴィエフ，G. J.　80, 232
シューマン，R.　318, 321, 323, 326
ショウ，G. B.　51
ジョージ五世　138
ジョージ六世　316, 342
ジョレス，J.　33
ジョーンズ，J.　161
シンウェル，E.　299, 300, 304
シンクレア，A.　147-149, 165, 170, 205
ジンナー，M. A.　290
スターリン，A.　22, 117, 140-

人名索引

クレメント・アトリーとウィンストン・チャーチルは頻出するため割愛した。

【ア行】

アイゼンハウアー，D. D.　212, 217, 345
アウン・サン　292
アウン・サン・スー・チー　292
芥川龍之介　50
アスキス，H. H.　70, 77, 148, 190, 241
アスター，N.　75
アチェソン，D.　301, 318, 320, 325, 328
アディソン，P.　24
アトリー，V. H.（ヴァイオレット・ヘレン・ミラー）　69, 70, 82, 89, 127, 174, 198, 231, 235, 236, 238, 314, 339, 341, 349, 352, 354
アトリー，E. B.（母）　36, 40, 46, 52, 69
アトリー，T.（兄）　27, 37, 39, 40, 46, 49, 52, 57-59, 61, 62, 69, 89, 98, 100, 105, 118, 126, 135, 140, 154, 162, 173, 199, 202, 220, 252, 265, 267, 274, 293, 324, 333, 339, 340, 351, 353, 354
アトリー，H.（父）　35, 36, 40, 44-46, 52, 55, 112
アトリー，M.（姉）　69, 340
アトリー，L.（弟）　36, 46
アレクサンダー，A. V.　285, 303
アレクサンダー，H.　217
アンダーソン，J　208, 215, 219, 257, 285
イズメイ，H. L.　233
イーデン，R. A.　138, 165, 170, 172, 205-208, 215, 216, 224, 225, 237, 300, 331, 334, 347, 350, 351
ヴィクトリア女王　39, 277, 280, 293
ウィートリー，J.　79
ウイリアムズ，T.　104
ウイリアムズ，R.　268
ウィルキンソン，E.　161, 263, 264, 338, 354
ウィルソン，T. W.　62, 64, 134
ウィルソン，J. H.　332, 333
ヴィルヘルム二世　280
ウェーヴェル，A. P.　291, 293
ウェッブ，S.　51, 56, 78, 160, 172, 270, 306
ウェッブ，B.　51, 66, 78, 160, 172, 270, 306, 320
ウエルズ，H. G.　141
ウォー，E.　315
ウッド，H. K.　15, 182, 183
エドワード八世　146, 147, 153
エメリー，L.　14, 174, 181
エルガー，E.　338
エンゲルス，F.　28-30, 32, 107, 157, 240

河合秀和

1933年生まれ。東京大学法学部政治学科卒業。学習院大学法学部教授などを経て、学習院大学名誉教授。著書に『現代イギリス政治史研究』（岩波書店、1974年）、『レーニン』（中公新書、1971年）、『政党と階級』（東京大学出版会、1977年）、『ジョージ・オーウェル（イギリス思想叢書）』（研究社出版、1997年）、『チャーチル　増補版』（中公新書、1998年）、『トックヴィルを読む』（岩波セミナーブックス、2001年）など。訳書に『ロシア共産主義　新装版』『ドイツ社会主義　新装版』（共にB・ラッセル著、みすず書房、2007年）、『バーリンの政治哲学入門』（J・グレイ著、岩波書店、2009年）ほか多数。

クレメント・アトリー――チャーチルを破《やぶ》った男《おとこ》

〈中公選書〉

著　者　河合秀和《かわいひでかず》

2020年7月10日　初版発行

発行者　松田陽三

発行所　中央公論新社

〒100-8152　東京都千代田区大手町1-7-1
電話　03-5299-1730（販売）
03-5299-1740（編集）
URL http://www.chuko.co.jp/

DTP　市川真樹子

印刷・製本　大日本印刷

Published by CHUOKORON-SHINSHA, INC.
Printed in Japan　ISBN978-4-12-110109-9 C1323
定価はカバーに表示してあります。

中公選書　新装刊

101
ポストモダンの「近代」
——米中「新冷戦」を読み解く
田中明彦著

権力移行は平和的に進むのか。気候変動、貧困問題に世界は対応できるのか。「新しい中世」の提唱から二〇年余、最新の知見と深い洞察が導く国際政治の現在と未来像を提示する。

103
新版　戦時下の経済学者
——経済学と総力戦
牧野邦昭著

二つの世界大戦という総力戦の時代、経済学者たちの主張や行動はどのような役割を果たし、戦後体制へどんな影響を与えたか。第32回石橋湛山賞受賞作に最新の研究成果を加筆。

104
天皇退位　何が論じられたのか
——おことばから大嘗祭まで
御厨　貴編著

二〇一六年七月のNHKスクープと翌月の天皇ビデオメッセージから三年。平成の天皇は退位し、上皇となった。この間に何が論じられたのか。残された課題は皇位継承だけではない。

105
〈嘘〉の政治史
——生真面目な社会の不真面目な政治
五百旗頭　薫著

政治に嘘がつきものなのはなぜか。絶対の権力というものがあるとすれば、嘘はいらない。世界中に嘘が横行する今、近現代日本の経験は嘘を減らし、嘘を生き延びるための教訓となる。